新形式対応

TOEIC® L&R TEST
出る単特急
金の1000問

TEX加藤

JN044056

朝日新聞出版

◀ 音声を聴く方法 ▶

スマートフォンで聴く方法

AI 英語教材アプリ abceed

iOS・Android 対応

無料の Free プランで音声が聞けます。

https://www.abceed.com/

※ご使用の際は、アプリをダウンロードしてください。
※abceed 内には本書の有料アプリ版もあります。
※使い方は、www.abceed.com でご確認ください。

また、mikan アプリにも対応しています。詳細はカバー
内側に記載の QR コードからご覧ください。

パソコンで聴く方法

本書の音声は、下記の朝日新聞出版 HP から
ダウンロードしてください。

https://publications.asahi.com/toeic/

Google などの検索エンジンで

| 朝日新聞出版　金の1000問 |

と入力して検索してください。

編集協力 ── 渡邉真理子
　　　　　　Daniel Warriner

　　　　　　株式会社 Globee
　　　　　　株式会社 mikan

録音協力 ── 英語教育協議会（ELEC）
　　　　　　東健一
　　　　　　Howard Colefield 🇺🇸
　　　　　　Emma Howard 🇬🇧
　　　　　　春田ゆり

もくじ

本書は、私の、14年間、延べ130回以上の受験経験と、日韓の公式教材の分析に基づいた、「TOEICに出る」単語の問題集です。本書と同じ特急シリーズの、『TOEIC® L&R TEST 出る単特急 金のフレーズ』の1000の見出し語もすべて盛り込まれているので、復習にも最適です。

　本書 (計1055問) の内容は以下の通りです。

① 2択問題　830問

　本試験の Part 5 (短文穴埋め問題) は4択で、設問は平均15ワード程度の英文です。本書の問題は2択で、設問は短文またはフレーズです。問題はレベル別に分かれています。重要単語のみを効率よく覚えながら、レベルアップできるよう工夫しました。本書は、正解の選択肢だけでなく、不正解の選択肢も、「TOEICに出る」単語ばかりです。また、設問中にも重要語句が盛り込まれています。問題を解くだけでなく、不正解や語注の表現も覚えれば、語彙力 UP に一層効果的です。重要情報に絞った解説にも必ず目を通してください。

② 設問・選択肢の単語　35問

　設問・選択肢に出る単語と、それぞれの出るパートをまとめました。設問・選択肢の意味の理解は基本ですから、確実に覚えましょう。

③ Part 1単語　130問

　Part 1 (写真描写問題) では、独特の単語が出題されます。特に、ここ最近の公開テストでは、難単語が出題される傾

向にあり、単語を知っているかどうかでスコアに差が出ます。<u>本書に掲載されている130個の単語を頭に入れれば、Part 1 対策は万全です。</u>

④ 前置詞 or 接続詞 or 修飾語　60問

　TOEICで出題される「前置詞 or 接続詞 or 修飾語」問題を2択形式で練習します。正解・不正解の意味と、それぞれの品詞も合わせて覚えましょう。

　本書で使われている記号は以下の通りです。

L：リスニングセクション	R：リーディングセクション

動：動詞	名：名詞	形：形容詞	副：副詞
前：前置詞	接：接続詞	助：助動詞	代：代名詞
類：類義語	反：反意語	関：関連語	例：用例

　従来の特急シリーズ同様、この本に掲載されている単語・フレーズの音声は、下記HPから無料でダウンロードできます。

https://publications.asahi.com/toeic/

　単にダウンロードした音声を聞くだけでなく、短文やフレーズを音読してみてください。五感をフル活用することで、単語をより効果的に覚えられます。

　本書は、AI英語教材アプリ abceed（音声は無料）に対応しています。スマートフォンをお持ちの方は、こちらの無料アプリもぜひご活用ください。スマートフォンだけで音声を聴くことができ、音声速度も簡単に変えられます。詳しくは

P. 2 をご参照ください。

　また、本書は、スマートフォンアプリ mikan にも対応しています。詳細はカバー内側に記載の QR コードからご確認ください。

　語彙力は、TOEIC のスコアアップに最も重要です。この「単語1000本ノック」を最後までやり抜き、目標スコア達成のための土台を築き上げてください。

　最後に、私の勤務先である神田外語学院の皆様をはじめ、TOEIC 講師としてお世話になった方々、出版にあたりご協力を頂いた皆様、実家の家族、愛犬 TEX、私の活力の源である学生たち、私の著作をご支持頂いている読者の皆様に、この場を借りて感謝申し上げます。

2023年2月
TEX 加藤

600点レベル

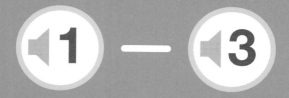

基本の
300問

001

Building vocabulary is not easy, but let's try -------.

(A) anyway
(B) ever

002

The problem is too ------- to solve.

(A) difficult
(B) able

003

The vegetables look -------.

(A) recent
(B) fresh

004

The fund-raising event will be ------- in the courtyard.

(A) shipped
(B) held

005

Our Oak Street outlet will remain ------- during the holidays.

(A) particular
(B) open

006

We hope you will ------- our gallery soon.

(A) visit
(B) work

007

The trains are running more ------- than usual.

(A) slowly
(B) absolutely

008

All our daily ------- are on the back of the menu.

(A) customers
(B) specials

009

The report is ------- not finished.

(A) still
(B) yet

010

For me, working from home has been a ------- change.

(A) famous
(B) welcome

001	**(A) anyway**	😊 単語1000本ノックのスタートです。千里の道も一歩から。やり抜けば、見える世界が変わります。Let's try anyway!
	副 とにかく	
	ever	
	副 今までに、常に	
	ボキャブラリーを増やすのは簡単ではありませんが、とにかくやってみましょう。	

002	**(A) difficult**	😊 TOEICの世界では、困難な問題に直面しても、住民は決して逃げたりあきらめたりせず、解決のためのアイデアを出し合う。
	形 難しい	
	able	
	形 できる	
	□ solve **動** 解決する	
	その問題は、難しすぎて解決できない。	

003	**(B) fresh**	fresh air (新鮮な空気) や fresh produce (新鮮な農産物) といった形でも出る。recentは、recent data (最近のデータ) や recent survey (最近のアンケート調査)、in recent years (近年は) といった形で頻出する重要語。
	形 新鮮な、〜したての	
	recent	
	形 最近の	
	その野菜は新鮮に見える。	

004	**(B) held**	Part 1では「手に持つ」の意味で出る。例 He's holding a book. shipは、TOEICでは、「出荷する」という動詞で頻出する。例 Your order was shipped yesterday. (ご注文は昨日出荷されました) 問題文のfund-raising (募金の) も重要語。
	hold **動** 開催する、手に持つ	
	shipped	
	ship **動** 出荷する **名** 船	
	□ fund-raising **形** 募金の □ courtyard **名** 中庭	
	その募金イベントは中庭で開催されます。	

005	**(B) open**	particularは、particular item (特定の品物) のような形容詞に加え、in particular (特に) の形でも頻出。設問文のoutletも、retail outlet (小売店) や power outlet (電源コンセント) といった形で出る重要語。
	形 開いている **動** 開ける、開く	
	particular	
	形 特定の	
	□ outlet **名** 店舗、コンセント □ remain **動** 〜のままでいる	
	我々のOak通りのお店は、休暇期間中も営業を続けます。	

006	**(A) visit**	visitは他動詞で、workは、「働く」の意味では自動詞。「～で働く」と言いたければ、work at/for Xのように前置詞が必要。語法問題でも狙われるので、頭に入れよう。**例** He works at a bank. (彼は銀行で働いている)
	動 訪れる **名** 訪問	
	work	
	動 働く **名** 仕事、作業、作品	
	□ **gallery** 名 画廊、美術館、展示室	
	近々あなたが当ギャラリーをご訪問されることを願っています。	

007	**(A) slowly**	🌐 TOEICの世界では、人身事故は発生しないので、電車の遅れの原因は主に線路の補修工事である。absolutelyは、absolutely necessary (絶対に必要な) といった形に加え、Part 3で、相手の問いかけに対し、「もちろん!」という強い同意を表す際にも用いられる。
	副 ゆっくり	
	absolutely	
	副 絶対に、間違いなく、もちろん	
	電車は通常よりゆっくり運行している。	

008	**(B) specials**	「特別な」という形容詞で頻出するが、名詞の用法も押さえよう。**例** TV special (TVの特別番組)、monthly special (今月の特価品) customerは、お店や会社から商品やサービスを購入する一般的な客のこと。
	special 名 特別料理、特別番組、特価品 **形** 特別な	
	customers	
	customer 名 客	
	□ **daily** 形 毎日の	
	当店の本日の特別料理はすべてメニューの裏面にあります。	

009	**(A) still**	yetは、The report is not yet finished. のように、notの後に置かれる。stillとの位置の違いに注意。「still not」「not yet」と何度か音読してリズムで覚えよう。yetは、butの意味の接続詞の用法も重要。**例** inexpensive yet reliable car (安価だが信頼性の高い車)
	副 まだ、依然として、それでもなお	
	yet	
	副 まだ、もう **接** しかし	
	その報告書はまだ完成していない。	

010	**(B) welcome**	「歓迎する」という動詞で主に出るが、こうした形容詞や、warm welcome (温かい歓迎) のような名詞でも出る。頭に入れておこう。
	形 歓迎すべき **動** 歓迎する **名** 歓迎	
	famous	
	形 有名な	
	私にとって、自宅からの仕事は、歓迎すべき変化です。	

011

leave on a last-minute business -------

(A) client
(B) trip

012

Ms. Russo ------- listens to classical music to relax.

(A) internationally
(B) often

013

Please have your ticket ------- for scanning.

(A) ready
(B) excellent

014

I'm calling to ------- an order.

(A) tour
(B) place

015

The art course will start ------- next month.

(A) early
(B) far

016

Please make a ------- of your order number.

(A) note
(B) department

017

Ichiro ------- a legendary player.

(A) thought
(B) became

018

I'm sorry, but we no longer ------- that item.

(A) delay
(B) carry

019

------- an agreement

(A) reach
(B) reply

020

The ------- season for moving companies is spring.

(A) busiest
(B) deepest

011	**(B) trip**	ビジネスや旅行等、目的をもってどこかを短期間訪れて帰ってくること。client は、専門家や会社に対価を払ってサービスを受ける顧客のこと。問題文の last-minute は、last-minute change（間際になっての変更）といった形でも出る重要語。
	名 出張、旅行	
	client	
	名 顧客	
	□ **last-minute** 形 間際になっての、土壇場の	
	間際になっての出張で出かける	

012	**(B) often**	😊 TOEICの世界には、クラシック以外に、ポップスやジャズ、ゲーム音楽等は存在するが、ヘビメタやヒップホップ、ラップや演歌などは存在しない。
	副 よく、しばしば	
	internationally	
	副 国際的に	
	Russoさんは、リラックスするため、よくクラシック音楽を聴く。	

013	**(A) ready**	問題文は、「have OC（OをCの状態にする）」の形。readyはこうした補語としてのみ用いられ、名詞を修飾しない語法にも注意。excellentは、excellent service（素晴らしいサービス）や excellent opportunity（素晴らしい機会）といった形で頻出する。
	形 準備ができて	
	excellent	
	形 素晴らしい	
	チケットを、スキャンのためにご準備ください。	

014	**(B) place**	place an order（注文を出す）は重要表現。Part 1でも、Some plants have been placed outside.（植物が屋外に置かれている）といった形で出る。tourは、「ツアー」以外に、「見学（する）」の意味でも頻出。例 tour a facility（施設を見学する）、factory tour（工場見学）
	動（注文等を）出す、置く 名 場所	
	tour	
	動 見学する、旅行する 名 見学、ツアー	
	注文するためにお電話しています。	

015	**(A) early**	形容詞でも頻出。例 early registration（早期登録）farは、so far（今まで）や as far as SV（SがVする範囲では）といった表現も頭に入れよう。例 "Is Kenji planning to come to the party?" "As far as I know, he is." （私が知ってる範囲では、彼はその予定です）
	副 早く 形 早い	
	far	
	副 遠く、はるかに 形 遠い	
	そのアートのコースは、来月初旬に始まります。	

016	**(A) note**	Please note (that) SV. (SがVすることにご留意ください) といった動詞の用法も重要。departmentは、「部」以外に、「売り場」の意味でも出る。例 shoe department (靴売り場) 日本語の「デパート」は、英語では department store。
	名 メモ 動 注意する	
	department	
	名 部、売り場	
	ご注文番号をメモしてください。	

017	**(B) became**	SVCの形を取る語法にも注意。例 The apartment will become available next week. (そのアパートは来週入居可能になります) thinkは、think about/of X (Xについて思う) や think (that) SV (SがVすると思う) の形を取る。
	become 動 〜になる	
	thought	
	think 動 思う	
	□ **legendary** 形 伝説的な	
	イチローは、伝説的な選手になった。	

018	**(B) carry**	「持ち運ぶ」以外に、この「(商品を) 扱う」の意味も頭に入れよう。delayは動詞・名詞のどちらも頻出。例 The flight is delayed. (フライトが遅れている)、cause a delay (遅れを引き起こす) 設問文の no longer (もう〜ない) も重要表現。
	動 (商品を) 扱う、持ち運ぶ	
	delay	
	動 遅らせる、先延ばしにする 名 遅れ	
	□ **no longer** もう〜ない □ **item** 名 品物	
	申し訳ありませんが、その品物はもう取り扱っておりません。	

019	**(A) reach**	I've been trying to reach you. (あなたに連絡を取ろうとしていました) や、You've reached customer service. (こちらはカスタマーサービスです) といった形でも出る。replyは、reply to an e-mail (メールに返事をする) のように、直接目的語の名詞を取らず、前置詞を伴う語法に注意。
	動 達する、連絡を取る、手を伸ばす	
	reply	
	動 返事をする 名 返事、返答	
	□ **agreement** 名 合意	
	合意に達する	

020	**(A) busiest**	TOEIC の世界では、オフィスの移転がしょっちゅう行われるので、moving company (引っ越し業者：moverともいう) が大活躍する。
	busy 形 忙しい、混んでいる	
	deepest	
	deep 形 深い	
	□ **moving company** 引っ越し会社	
	引っ越し会社にとって、最も忙しい季節は春だ。	

021

I will finish the job as ------- as possible.

(A) actually
(B) quickly

022

The play will ------- for three days.

(A) run
(B) select

023

The client ------- pleased.

(A) seems
(B) shows

024

receive the ------- building permits

(A) interested
(B) necessary

025

Renovating the building has proven to be -------.

(A) expensive
(B) past

026

I am ------- that you will like it.

(A) certain

(B) amazing

027

offer a ------- range of products and services

(A) long

(B) wide

028

The company's profits ------- ten percent in the third quarter.

(A) rose

(B) mailed

029

Ms. Morgan's résumé ------- the recruiter's attention.

(A) spent

(B) caught

030

undergo a ------- inspection

(A) careful

(B) delicious

021	**(B) quickly**	quicklyは、品詞問題でも頻出。actuallyは、Lで、新事実や意外なことを述べる際にも出る。例 "Could you fill out an application?" (申請書にご記入頂けますか) "Actually, I already have." (実はもうしました)
	副 すばやく	
	actually	
	副 実際	
できるだけ早くその仕事を終わらせます。		

022	**(A) run**	「継続的に流れる」が基本イメージの多義語。run a business (会社を経営する) のような他動詞でも頻出する。selectは主に動詞で出るが、a select number of X (厳選された数のX) のような形容詞の用法も押さえたい。
	動 続く、走る、運営する、作動させる	
	select	
	動 選ぶ **形** 選び抜かれた	
	□ play **名** 演劇	
その演劇は3日間続く予定だ。		

023	**(A) seems**	SVCの形を取る語法にも注意。showは、show a video (動画を見せる) やI can show you how to do it. (私がやり方をお見せします) のように、通常SVOやSVOOの形を取る。
	seem 動 〜のように思える	
	shows	
	show 動 見せる、示す **名** ショー	
	□ client **名** 顧客　□ pleased **形** 喜んで	
その顧客は喜んでいるようだ。		

024	**(B) necessary**	if necessary (もし必要なら) も重要表現。interested is the position. (私はその職に興味があります) や、interested candidates (興味のある候補者) のように「人」の興味や関心を表す。
	形 必要な	
	interested	
	形 興味がある、関心がある	
	□ permit **名** 許可証	
必要な建築許可証を受け取る		

025	**(A) expensive**	😊 TOEICの世界には、顧客をだまして法外な費用を請求する悪質な改装業者は存在しない。
	形 高価な、値段が高い	
	past	
	形 過去の **前** 〜を過ぎて **副** 通り過ぎて **名** 過去	
	□ renovate **動** 改修する　□ prove **動** 〜だとわかる、判明する	
その建物の改修には、多額の費用がかかることが判明した。		

18

026 (A) certain

形 確かな、特定の、ある決まった

that節を取る語法も押さえよう。「特定の、ある決まった」の意味も重要。例 certain time (決まった時間) amazingは、amazing success (驚くべき成功) やThat's amazing. (それは驚きです) といった形で用いられる。

amazing

形 驚くべき

きっとそれがお気に召すはずです。

---

027 (B) wide

形 幅広い

wide range of X (広範囲のX) の類義表現として、wide variety of X (幅広い種類のX) や、large/wide selection of X (豊富な・幅広い種類のX) も重要。例 wide variety of colors (幅広い種類の色)、large selection of items (豊富な種類の品物)

long

形 長い

□ range 名 範囲

広範囲の製品やサービスを提供する

---

028 (A) rose

rise 動 上がる　名 上昇

自動詞で、直後に副詞を伴う語法が品詞問題で狙われる。rise sharply (急激に上がる) やrise steadily (着実に上がる)、rise slightly (わずかに上がる) といった表現を頭に入れておこう。mailは、TOEICでは「郵送する」の意味で、「メールする (e-mail)」との混同に注意。

mailed

mail 動 郵送する　名 郵便 (物)

□ profit 名 利益　□ quarter 名 四半期

その会社の利益は、第3四半期で10パーセント伸びた。

---

029 (B) caught

catch 動 つかまえる　名 つかまえること

catch X's attention (Xの注意を引く) と合わせて、catch X's imagination (Xの心を捉える) も覚えよう。catch a bus (バスをつかまえる) やI was caught in traffic. (私は渋滞につかまった) といった形でも出る。

spent

spend 動 (お金等を) 使う、費やす、(時間を) 過ごす

□ résumé 名 履歴書　□ recruiter 名 採用担当者　□ attention 名 注意

Morganさんの履歴書は、採用担当者の注意を引いた。

---

030 (A) careful

形 念入りな、注意深い、丁寧な

😊 TOEICの世界では、検査は念入りに行われるが、製品や設備の不具合が多発する。配管もよく詰まるので、ゲームキャラクターのマリオのようなplumber (配管工) は多忙である。

delicious

形 美味しい

□ undergo 動 (検査・研修等を) 受ける　□ inspection 名 検査

念入りな検査を受ける

031

------- you have any questions, please let me know.

(A) Should
(B) Would

032

ensure that each newly assembled oven ------- specifications

(A) sets
(B) meets

033

Let me ------- you to our staff.

(A) introduce
(B) name

034

Emily ------- for a full-time position.

(A) received
(B) applied

035

open a new ------- in Adelaide

(A) research
(B) branch

036

We are ------- of our reputation for quality.

(A) convenient

(B) proud

037

I ------- like Japanese food.

(A) especially

(B) mistakenly

038

They might ------- you a lower rate.

(A) announce

(B) offer

039

The blueprint will ------- be approved.

(A) traditionally

(B) likely

040

The applications each ------- a résumé and letter of reference.

(A) include

(B) suggest

031	**(A) Should**	問題文は、If you should have any questions の if が省略され、should が文頭に出た倒置形。should が平叙文で文頭にあれば、「万一」を表すこの形なので、頭に入れておこう。would はこうした倒置形にならない。
	should 助 万一～ならば、～すべきだ	
	Would	
	would 助 ～かもしれない	
	□ let 動 ～に…させる	
	万一、ご質問があれば、私にお知らせください。	

032	**(B) meets**	「会う」以外に、この「満たす」の意味でも頻出。meet the deadline (締め切りに間に合う)、meet requirements (必要条件を満たす)、meet the needs of X (Xのニーズを満たす) といった表現を頭に入れておこう。
	meet 動 満たす、会う	
	sets	
	set 動 設定する 名 セット	
	□ ensure 動 保証する □ assemble 動 組み立てる □ specification 名 仕様 (書)	
	新たに組み立てられたオープン一台一台が仕様を満たしていることを保証する	

033	**(A) introduce**	「導入する」の意味でも頻出。例 introduce a new service (新たなサービスを導入する) name は動詞でも出る。例 Mr. Kato has been named the new president. (カトウさんは新社長に選出された)
	動 紹介する、導入する、もたらす	
	name	
	動 指名する、選出する、名づける 名 名前	
	当社のスタッフをご紹介します。	

034	**(B) applied**	apply for X (Xに応募する、Xを申請する)、apply to X (Xに申請する、Xに適用される)、apply X to Y (XをYに適用する、XをYに塗る) といった意味で出る多義語。「～に応募する」の意味では自動詞で、前置詞 for を伴う語法に注意。receive は直接目的語を伴う他動詞。
	apply 動 応募する、申請する、適用する、塗る	
	received	
	receive 動 受け取る	
	□ full-time 形 常勤の	
	Emily は常勤職に応募した。	

035	**(B) branch**	Part 1では「枝」の意味で出る。例 Some branches are being loaded into a wagon. (枝がワゴンに積み込まれている) research は、research project (研究プロジェクト) や research proposal (研究計画書) のような「名詞+名詞」の形でも頻出する。
	名 支店、枝	
	research	
	名 調査、研究 動 調査する、研究する	
	アデレードに新たな支店をオープンする	

036	**(B) proud**	be proud of X (Xを誇りに思う) に加えて、be proud to do (〜できて誇りに思う) の形でも頻出。convenient は、人を主語に取らない語法も重要。例 Wednesday is convenient for me. (水曜日が私にとって好都合です)
	形 誇りに思う	
	convenient	
	形 便利な	
	□ reputation 名 評判	
	当社は、質に対する評判を誇りに思っています。	

037	**(A) especially**	😊 TOEIC の世界にも和食は存在するが、具体的なメニューとして登場するのは sushi や tofu 程度である。
	副 特に	
	mistakenly	
	副 誤って	
	私は特に和食が好きです。	

038	**(B) offer**	設問文のようなSVOOや、offer to do (〜することを申し出る) といった形を取る語法も重要。announce は、announce a change (変更を発表する) や announce that SV (SがVすることを発表する) といった形で用いられ、SVOO の形は取らない。
	動 申し出る、提示する、提供する 名 申し出	
	announce	
	動 発表する	
	□ rate 名 料金	
	先方は、あなたにより安い料金を提示するかもしれません。	

039	**(B) likely**	most likely (おそらく) の形で設問文に頻出するほか、be likely to do (〜しそうだ) や It is likely that SV. (SがVしそうだ) といった形容詞でも出る。例 Mr. Burns is likely to come to the meeting. (Burns さんは会議に来そうだ)
	副 おそらく 形 〜しそうだ	
	traditionally	
	副 伝統的に	
	□ blueprint 名 設計図 □ approve 動 承認する	
	その設計図はおそらく承認されるだろう。	

040	**(A) include**	include と suggest は共に、設問文でも頻出。例 What is NOT included in X? (Xに含まれていないのは何ですか)、What does the man suggest? (男性は何を提案していますか)、What is suggested about the book? (その本について何が示唆されていますか)
	動 含む	
	suggest	
	動 提案する、示唆する	
	□ application 名 応募書類 □ résumé 名 履歴書 □ letter of reference 照会状	
	それぞれの応募書類には、履歴書と照会状が含まれている。	

041

We ------- that Ms. Alexander send a new contract.

(A) entered

(B) requested

042

Please download and ------- a claim form.

(A) complete

(B) remain

043

apply for a magazine editor -------

(A) protection

(B) position

044

Fees are ------- to change.

(A) commercial

(B) subject

045

The presentation is ------- to last about two hours.

(A) expected

(B) headed

046

The law firm ------- two paralegals last year.

(A) hired
(B) attended

047

Haruki Murakami's ------- published short story

(A) usually
(B) recently

048

There will be an extra -------.

(A) charge
(B) clothing

049

review manufacturing -------

(A) coworkers
(B) processes

050

distribute marketing -------

(A) entrances
(B) materials

041	**(B) requested**	動詞requestに続くthat節の中では、動詞(ここではsend)が原形になる語法にも注意。enterは、enter a room(部屋に入る)やenter a password(パスワードを入力する)、enter a contest(コンテストにエントリーする)といった形で出る多義語。
	request **動** 求める、依頼する **名** 依頼	
	entered	
	enter **動** 入る、入力する、エントリーする	
	□ contract **名** 契約書	
	Alexanderさんに新たな契約書を送るよう我々は依頼した。	

042	**(A) complete**	complete a survey(アンケートに記入する)やcomplete a job(仕事を完了する)といった動詞以外に、a complete list of X(Xの完全なリスト)のような形容詞でも出る。remainはSVCの形を取る語法に注意。**例** Please remain seated.(そのままご着席ください)
	動 記入する、完了する **形** 完全な、完了した	
	remain	
	動 ～のままでいる	
	□ claim form 請求用紙	
	請求用紙をダウンロードして、ご記入ください。	

043	**(B) position**	😊 TOEICの世界では、editor(編集者)は人気の職種の一つだが、新聞や雑誌に掲載する情報にありえない編集ミスが多発する。
	名 職、位置 **動** 置く、位置を合わせる	
	protection	
	名 保護、防護	
	□ apply for ～に応募する □ editor **名** 編集者	
	雑誌の編集者の職に応募する	

044	**(B) subject**	be subject to X(Xの対象となる、Xになる場合がある)は重要表現。このtoは前置詞で、名詞を伴う語法にも注意(問題文のchangeは名詞)。commercialは、commercial buildings(商業ビル)やcommercial properties(事業用物件)といった形で出る。
	形 ～の対象となる **名** 主題、件名、科目	
	commercial	
	形 商業(用の)、商業的な **名** CM	
	□ fee **名** 料金	
	料金は変更になる場合があります。	

045	**(A) expected**	be expected to do(～すると予想される)以外に、expect that SV(SがVすると予想する)の形を取る語法も重要。headは、be headed/heading to X(Xに向かう)や、head a team(チームを率いる)といった動詞でも出る。
	expect **動** 予期する、予定する	
	headed	
	head **動** 向かう、率いる **名** 長、頭	
	□ last **動** 続く	
	そのプレゼンテーションは約2時間続く予定だ。	

046	**(A) hired**	He's a new hire.（彼は新規採用者だ）といった名詞でも出る。attendは他動詞で頻出するが、attend to X（Xに対応する）の自動詞の用法も押さえよう。例 attend to the needs of students（学生のニーズに対応する）
	hire 動 （一時的に）雇う　名 採用者	
	attended	
	attend 動 出席する、参加する、対応する	
	□ law firm 法律事務所　□ paralegal 名 法律事務職員	
	その法律事務所は、昨年、2名の法律事務職員を雇った。	

047	**(B) recently**	recentlyは、Part 5・6の動詞の時制問題の解答のヒントになるので、原則として、現在完了形や過去形で用いられ、現在形では用いられない語法にも注意。😄 TOEICには、村上春樹のような実在の有名人は登場しない。
	副 最近、少し前に	
	usually	
	副 普段、通常、いつもは	
	□ publish 動 出版する	
	ハルキ・ムラカミの最近出版された短編小説	

048	**(A) charge**	at no charge（無料で）も頻出表現。「料金」の意味に加えて、in charge of X（Xの責任がある）の形でも頻出。例 He is in charge of hiring new employees.（彼は新規採用の責任者だ）動詞でも出る。例 charge a fee（料金を請求する）
	名 料金、責任　動 請求する、充電する	
	clothing	
	名 衣類、衣料品	
	□ extra 形 追加の	
	追加の料金がかかります。	

049	**(B) processes**	「処理する」という動詞でも頻出。例 process an order（注文を処理する）、process a refund（返金処理する）、process paperwork（書類を処理する）😄 TOEICの世界には、同僚との人間関係に悩む人は存在しない。
	process 名 プロセス、工程、過程　動 処理する	
	coworkers	
	coworker 名 同僚	
	□ review 動 再検討する、見直す　□ manufacturing 名 製造	
	製造工程を見直す	

050	**(B) materials**	marketing materialsは、brochure（パンフレット）やflyer（チラシ）、poster（ポスター）やcatalog（カタログ）等の、製品やサービスを市場に売り込むための材料のこと。
	material 名 資料、材料	
	entrances	
	entrance 名 入口	
	□ distribute 動 配布する	
	マーケティング資料を配布する	

051 Pat Turner will be ------- at the reception.
(A) present
(B) industrial

052 Your article will be ------- in the April issue.
(A) published
(B) filled

053 ------- a conference room
(A) act
(B) reserve

054 Your efforts will ------- in the company's success.
(A) guess
(B) result

055 We decided to move ------- with the proposal.
(A) forward
(B) perhaps

056

introduce a new security -------

(A) policy
(B) attention

057

Reserving a room at the hotel is -------
online.

(A) possible
(B) concerned

058

More than 3,000 industry ------- are
expected to attend the expo.

(A) duties
(B) professionals

059

Jerome ------- the agenda.

(A) arrived
(B) prepared

060

The inn has reasonable room -------.

(A) payments
(B) rates

051	**(A) present**	「目の前にいる (ある)、目の前で見せる」が基本イメージの多義語。present members (現会員) のような「現在の」の意味でも出る。動詞でも、present an award (賞を贈呈する)、present a plan (計画を提示する)、present an ID (IDを示す) 等、さまざま意味で頻出する。
	形 その場にいる、現在の 動 見せる 名 現在	
	industrial	
	形 産業の	
	□ reception 名 パーティ	
	Pat Turnerさんがパーティの場にいる予定です。	

052	**(A) published**	publishは、「the public (一般の人)の手に入るようにする」が基本イメージ。publish a book (本を出版する)、publish a report (報告書を公表する) といった形でも出る。fillは、fill out X (Xに記入する) と fill an order (注文を出荷する) が重要表現。
	publish 動 掲載する、公表する、出版する	
	filled	
	fill 動 埋める、満たす、(注文を)出荷する	
	□ article 名 記事 □ issue 名 (雑誌の)号	
	あなたの記事は4月号に掲載される予定です。	

053	**(B) reserve**	😊 TOEICの世界では、登場人物の予約管理が適当で、しばしば会議室がdouble-book (重複予約) され、トラブルが発生する。ただしその場合も、住民は決して激怒しない。
	動 予約する、確保する 名 蓄え	
	act	
	動 行動する	
	□ conference 名 (大規模な) 会議	
	会議室を予約する	

054	**(B) result**	自動詞で、result in X (Xの結果を生む) と result from X (Xに起因する) が重要表現。名詞でも頻出。例 as a result (結果として)、as a result of X (Xの結果として) guessは、I guess I'll see you tomorrow. (ではまた明日お会いしましょう) といった形で用いられる。
	動 (結果を)生む、(結果が)生じる 名 結果	
	guess	
	動 推測する、〜だろうと思う	
	□ effort 名 努力	
	皆さんの努力は会社の成功につながるでしょう。	

055	**(A) forward**	move forward with X (Xを進める)は出題例がある重要表現。forwardは、look forward to (doing) X (〜を楽しみにしている) の形が最頻出。このtoは前置詞で、名詞や動名詞を伴う語法も押さえよう。動詞でも出る。例 forward an e-mail (メールを転送する)
	副 前方に 動 転送する、(情報や書類を)送る	
	perhaps	
	副 もしかすると、多分、よろしければ	
	□ proposal 名 提案	
	我々はその提案を進めることに決めた。	

056	**(A) policy**	TOEIC では、「規定」の意味が最頻出。hiring policy（採用規定）や return policy（返品規定）、travel policy（出張規定）といった形でも出る。attention を用いた、pay attention to X（X に注意を払う）も覚えよう。**例** pay attention to the details（細部に注意を払う）
	名 規定、方針、政策	
	attention	
	名 注意、注目	
	□ **introduce** 動 導入する	
	新しい安全規定を導入する	

057	**(A) possible**	「人」を主語に取らない語法も重要。**例** It is possible for you to work from home.（在宅勤務が可能です） concerned は、What is the man concerned about?（男性は何を心配していますか）といった形で設問文でも頻出。
	形 可能な	
	concerned	
	形 心配して	
	□ **reserve** 動 予約する	
	そのホテルの部屋の予約はオンラインで可能です。	

058	**(B) professionals**	形容詞でも頻出。**例** professional conference（専門家会議）、professional development（キャリア開発）、professional reference（職業上の照会先） duty を用いた on duty（勤務中）でも重要表現。**例** Dr. Lopez is on duty.（Lopez 先生は勤務中です）
	professional 名 専門家、プロ 形 職業上の、プロの	
	duties	
	duty 名 任務、関税	
	□ **industry** 名 産業、業界 □ **expect** 動 予期する □ **attend** 動 出席する □ **expo** 名 展示会	
	3000名以上の業界の専門家がその展示会に出席すると予想される。	

059	**(B) prepared**	prepare for X（X の準備をする）の形の自動詞でも頻出。**例** prepare for a speech（スピーチの準備をする） arrive は自動詞。**例** I arrived at the hotel at 2:00 P.M.（私は午後2時にホテルに到着しました）
	prepare 動 準備する、用意する、支度する	
	arrived	
	arrive 動 到着する、届く	
	□ **agenda** 名 議題表（会議で話し合われる議題をリストにしたもの）	
	Jerome がその議題表を用意した。	

060	**(B) rates**	「評価する」という動詞でも出る。**例** rate a product（製品を評価する） 設問文の inn は、「（小さな）ホテル、宿」のこと。「東横イン」や「ドーミーイン」のようなホテル名として、TOEIC でも出る。
	rate 名 料金、割合 動 評価する	
	payments	
	payment 名 支払い	
	□ **inn** 名 ホテル、宿 □ **reasonable** 形 （価格が）手ごろな	
	その宿は部屋代が手ごろだ。	

061

Ms. Dunn currently ------- as the mayor of Laxton.

(A) serves

(B) files

062

------- employees to work remotely

(A) allow

(B) succeed

063

pay an electricity -------

(A) quality

(B) bill

064

We are ------- to announce the opening of our new office.

(A) pleased

(B) private

065

Today ------- our tenth anniversary.

(A) promises

(B) marks

066

------- the keynote address

(A) deliver
(B) invest

067

Ms. Gomez has already ------- our invitation.

(A) accepted
(B) appeared

068

John ------- that the negotiations would end this month.

(A) permitted
(B) stated

069

------- overnight delivery to the order

(A) raise
(B) add

070

------- the quality of a product

(A) improve
(B) assist

061	**(A) serves**	serve as X（Xとしての役割を果たす、Xとして勤務する）は重要表現。例 This letter serves as a reminder of X.（この手紙はXの再確認です） file は、「（正式に）提出する」の意味も重要。例 file a complaint（苦情を出す）
	serve 動 役割を果たす、勤務する、（食事を）出す	
	files	
	file 動 ファイルする、（正式に）提出する **名** ファイル	

□ **currently 副** 現在 □ **mayor 名** 市長、町長

Dunnさんは、現在、Laxtonの市長として勤務している。

062	**(A) allow**	語法問題でも狙われるので、allow X to do（Xが〜することを許す・可能にする）の形を取る語法も押さえよう。allow for X（Xを可能にする）も重要表現。例 The bridge will be closed tomorrow to allow for repair work.（補修作業のため、その橋は明日閉鎖されます）
	動 許す、可能にする、（時間等を）見ておく	
	succeed	
	動 成功する、後任となる	

□ **remotely 副** リモートで

社員がリモートで働くことを許す

063	**(B) bill**	😊 TOEICの世界では、請求ミスは日常茶飯事。使っていないサービスの料金をホテルが請求する等、とんでもないミスもあるが、客は決して切れたりせず、ミスした人間も責められない。
	名 請求書、請求額、法案 **動** 請求書を送る	
	quality	
	名 クオリティ、質 **形** 質が高い	

□ **electricity 名** 電気

電気代の請求を支払う

064	**(A) pleased**	be pleased to do（〜できてうれしい）と合わせて、be pleased that SV（SがVしてうれしい）と、be pleased with X（Xに満足している）の表現も頭に入れよう。例 I am pleased with the results.（私は結果に満足している）
	形 喜んで、満足して	
	private	
	形 私的な、個人の、私立の	

□ **announce 動** 発表する □ **opening 名** オープン

当社の新オフィスのオープンを発表できてうれしく思います。

065	**(B) marks**	動詞のmarkは、イベント等の宣伝文句でも用いられる。例 Mark your calendars now.（今すぐカレンダーに印を付けましょう） promise は、What does the man promise to do?（男性は何をすることを約束していますか）といった形で設問文でも出る。
	mark 動 記念する、印をつける **名** 的、足跡	
	promises	
	promise 動 約束する **名** 約束	

□ **anniversary 名** 記念日

本日は当社の10周年記念日です。

066 **(A) deliver**

動 (演説や講義等を) 行う、配達する

invest

動 投資する

□ keynote address 基調講演 (基本方針を説明するメインの講演)

基調講演を行う

「配達する」以外に、この「(演説や講義等を) 行う」の意味も重要 (言葉を届けるイメージ)。invest は、invest X in Y (X を Y に投資する) と、invest in X (X に投資する) の形を押さえよう。例 invest in a company (会社に投資する)

---

067 **(A) accepted**

accept 動 受け入れる、受け付ける、受け取る

appeared

appear 動 現れる、掲載される、~のように思える

□ invitation 名 招待 (状)

Gomez さんはすでに我々の招待を受け入れた。

accept an offer (オファーを受け入れる) の形も頻出。appear は、appear in/on X (X に現れる) や、appear to be X (X のように思える) といった形を取る。例 The item appears to be damaged. (その品物は傷ついているように思える)

---

068 **(B) stated**

state 動 述べる 名 状態、州

permitted

permit 動 許可する 名 許可証

□ negotiation 名 交渉

John は交渉が今月終わるだろうと述べた。

state that SV (S が V すると述べる) の形に加え、What is stated about X? (X について何が述べられていますか) の形で設問文でも出る。permit は、「許可する」という動詞に加え、「許可証」という名詞でも頻出。例 parking permit (駐車許可証)

---

069 **(B) add**

動 加える

raise

動 (お金を) 集める、上げる、高める 名 昇給

□ overnight delivery 翌日配達

注文に翌日配達を加える

add X to Y (X を Y に加える) の形で押さえよう。raise は、raise funds (お金を集める) や raise prices (価格を上げる) といった形で出る。設問中の overnight delivery (翌日配達) は、Part 7 の配達日を答える問題で、正解根拠にもなる重要表現。

---

070 **(A) improve**

動 改善する、改良する

assist

動 助ける、手伝う 名 (スポーツの) アシスト

□ product 名 製品

製品の質を改善する

自動詞でも出る。例 The quality of the product has improved. (その製品の質は向上した) assist は、品詞問題でも狙われるので、「(スポーツの) アシスト」の意味以外では動詞で、名詞は assistance (助け) であることにも注意。

071 Paul Miller's first novel was ------- in the United Kingdom.

(A) former

(B) successful

072 The airline ------- passengers of a change in baggage policy.

(A) explained

(B) informed

073 treat personal information with the utmost -------

(A) care

(B) situation

074 The suite has a stunning ------- of the bay.

(A) agency

(B) view

075 Please ------- your opinions with management.

(A) borrow

(B) share

076

------- gratitude for a donation

(A) claim
(B) express

077

give ------- to a building

(A) directions
(B) differences

078

------- 4,000 people participated in the event.

(A) Closely
(B) Almost

079

Enjoy complimentary breakfast ------- between 7:00 A.M. and 9:00 A.M.

(A) daily
(B) unusually

080

explain the ------- of a contract

(A) employees
(B) terms

071	**(B) successful**	求人広告で頻出する successful appli-cant や successful candidate は、うまく採用される人、合格者という意味。former は、former colleague（元同僚）や former president（元社長）といった形で出る。
	形 成功した、うまく行く	
	former	
	形 前の、かつての　名 前者	
	□ novel 名 小説	
	Paul Miller の最初の小説は英国で成功した。	

072	**(B) informed**	inform〈人〉about/of X（人にXを知らせる）や、inform〈人〉that SV（SがVすると人に知らせる）のように、「人」を目的語に取る語法も重要。explain は、explain X to〈人〉（人にXを説明する）や explain that SV（SがVすることを説明する）の形を取る。
	inform 動 (人に)知らせる、影響を与える	
	explained	
	explain 動 説明する	
	□ passenger 名 乗客　□ baggage 名 手荷物　□ policy 名 規定	
	その航空会社は、手荷物規定の変更を乗客に知らせた。	

073	**(A) care**	take care of X（Xを世話する、Xに対処する）の形でも頻出。例 I'll take care of it.（それは私が対処します）動詞でも出る。例 We care about the environment.（当社は環境を気にかけています）
	名 注意、ケア　動 気にかける	
	situation	
	名 状況	
	□ treat 動 扱う　□ personal 形 個人の　□ utmost 形 最大限の	
	個人情報を最大限に注意して扱う	

074	**(B) view**	動詞でも出る。例 The woman is view-ing art in a museum.（女性がミュージアムでアートを眺めている）agency は、travel agency（旅行代理店）や、employment agency（職業紹介所）、government agency（政府機関）といった形で頻出。
	名 眺め、意見　動 眺める	
	agency	
	名 代理店	
	□ suite 名 スイートルーム、一続きの部屋　□ stunning 形 驚くほど美しい　□ bay 名 湾	
	そのスイートルームからは、湾の驚くほど美しい眺めが楽しめる。	

075	**(B) share**	☺ TOEIC の世界では、減給や降格、左遷はないので、社員の意見は気軽に経営陣とシェアできる。
	動 共有する、シェアする　名 株、占有率	
	borrow	
	動 借りる	
	□ opinion 名 意見　□ management 名 経営陣	
	皆さんの意見を経営陣とシェアしてください。	

076	**(B) express**	形容詞や名詞でも出る多義語。例 express delivery（速達）、express consent（明白な同意）、express train（急行電車） claim は、「文句を言う（complain）」の意味ではないことに注意。主に名詞で出る。例 baggage claim area（手荷物受取所）、claim form（請求用紙）
	動 (気持ちを)表す **形** 急ぎの、明白な **名** 速達、急行	
	claim	
	動 主張する、所有権を主張する **名** 申し立て、請求	
	□ **gratitude** **名** 感謝　□ **donation** **名** 寄付	
	寄付に対する感謝を表す	

077	**(A) directions**	「道順」以外に「指示」の意味も重要（TOEIC の各パートの最初の説明は directions）。例 follow the directions on the label（ラベルの指示に従う）Part 1 では「方向」の意味で出る。例 The cars are parked in the same direction.（車が同じ向きに駐車している）
	direction **名** 道順、指示、方向	
	differences	
	difference **名** 違い	
	建物までの道順を伝える	

078	**(B) Almost**	数詞を修飾する副詞として、almost 以外に、nearly（ほぼ）、roughly（おおよそ）、approximately（約）、exactly（ちょうど）も覚えよう。closely は、「密接に、注意深く」の意味で、特に work closely（密に仕事をする）は重要表現。数字の近さは表さないことにも注意。
	almost **副** ほぼ、もう少しで	
	Closely	
	closely **副** 密接に、注意深く	
	□ **participate** **動** 参加する	
	4000人近い人がそのイベントに参加した。	

079	**(A) daily**	daily／weekly／monthly／yearly は、形容詞としても頻出する。例 daily commute（日々の通勤）、weekly event（毎週のイベント）、monthly magazine（月刊誌）、yearly inspection（年次検査）
	副 毎日 **形** 毎日の **名** 日刊紙	
	unusually	
	副 異常に、めったにないほど、いつになく	
	□ **complimentary** **形** 無料の	
	無料の朝食を毎日午前7時から9時までお楽しみください。	

080	**(B) terms**	「枠」が基本イメージの多義語。例 terms and conditions（諸条件）、schedule for next term（次の期の予定）、in terms of price（価格の点で）　形容詞の short-term／long-term（短期の／長期の）も重要。例 short-term contract（短期契約）
	term **名** 条件、期間、観点、用語	
	employees	
	employee **名** 社員、従業員	
	□ **explain** **動** 説明する　□ **contract** **名** 契約（書）	
	契約条件を説明する	

081

I need to have my watch -------.

(A) fixed
(B) provided

082

The documentation ------- confidential information.

(A) forecasts
(B) contains

083

The rent is ------- high.

(A) enough
(B) quite

084

------- a grocery store

(A) manage
(B) complain

085

The pool will be closed for ------- maintenance on March 25.

(A) various
(B) regular

086

A robotics specialist will ------- be joining our team.

(A) entirely
(B) finally

087

request ------- assistance

(A) further
(B) missing

088

I ------- to accept the offer.

(A) belong
(B) intend

089

due to damage ------- by storms

(A) caused
(B) found

090

The film is long but ------- enjoyable.

(A) highly
(B) newly

081	**(A) fixed**	Part 1でも出る。例 They're fixing a car.(彼らは車を直している) provide は、provide details (詳細を提供する)や provide information(情報を提供する)といった形で超頻出。「XにYを提供する」は、provide X with Yまたは、provide Y for/to Xで、いずれも重要表現。
	fix 動 直す、固定する、(日程等を)定める	
	provided	
	provide 動 提供する	
	私は腕時計を直してもらう必要がある。	

082	**(B) contains**	contain は、「(中身として)含む」という意味。forecast は、動詞・名詞の両方で出る。例 We forecast that the economy will grow by five percent this year. (我々は経済が今年5%成長すると予想している)、weather forecast (天気予報)
	contain 動 含む、中に入っている	
	forecasts	
	forecast 動 予想する、予測する 名 予想、予測	
	□ documentation 名 証明書類　□ confidential 形 機密の	
	その証明書類には機密情報が含まれている。	

083	**(B) quite**	動詞を修飾しない語法や、quite a few (かなりの数)や quite a while (かなりの間)といった語順にも注意。副詞の enough は、語法問題でも頻出するので、The fence is high enough. (そのフェンスは十分高い)のように、形容詞の後に来る語順も頭に入れよう。
	副 かなり	
	enough	
	副 十分に　形 十分な　代 十分	
	□ rent 名 家賃	
	家賃はかなり高い。	

084	**(A) manage**	「なんとか〜する」の意味も重要。例 (助けの申し出に対し) I can manage it.(自分でなんとかできます)、I managed to fix my computer. (私は何とかPCを直した) complain は、complain about a service (サービスについて文句を言う)といった形で出る。
	動 経営する、運営管理する、なんとか〜する	
	complain	
	動 文句を言う	
	□ grocery 名 食料雑貨	
	食料雑貨店を経営する	

085	**(B) regular**	regular business hours(通常営業時間)や、regular prices (通常価格)、regular customers (常連客)といった形でも頻出。various は、various styles (さまざまな様式)や various ways (さまざまな方法)といった形で用いられる。
	形 定期的な、通常の、頻繁な　名 常連客	
	various	
	形 さまざまな	
	□ closed 形 閉まっている　□ maintenance 名 保守点検	
	そのプールは、3月25日に、定期保守点検のため閉鎖されます。	

086	**(B) finally**	TOEICの世界でも、ロボットはさまざまな場面で活用されている。ソフトバンクの「Pepper（ペッパーくん）」のようなお店の接客ロボットも登場したが、古い価格をインプットされ、お客様に誤った情報を伝えるトラブルが発生した。
	副 最終的に、ついに	
	entirely	
	副 完全に	

□ **robotics** 名 ロボット工学　□ **specialist** 名 専門家

ロボット工学の専門家がついに我々のチームに加わります。

087	**(A) further**	for further information（詳しくは）や until further notice（別途通知があるまでは）も重要表現。副詞でも出る。例 look no further than（〜以外は探さなくてよい） missingは、(D) A document is missing.（書類が紛失中だ）のように選択肢でも出る。
	形 さらなる　副 さらに	
	missing	
	形 行方不明の、紛失中の	

□ **assistance** 名 助け、援助

さらなる援助を求める

088	**(B) intend**	intend to do（〜するつもりだ）と、不定詞を伴う語法も重要。belongは、前置詞 to を伴い、Part 7の位置選択問題の設問文のほか、Part 2でも出る。例 Who does this book belong to?（この本は誰の持ち物ですか）
	動 意図する	
	belong	
	動 〜に属する、〜の所有物である	

□ **accept** 動 受け入れる

私はその申し出を受け入れるつもりです。

089	**(A) caused**	名詞でも頻出。例 cause of a problem（問題の原因）、donate to a worthy cause（価値ある理念に寄付する） findは、SVOCの形を取る語法がPart 5で狙われる。I found the seminar informative.（私はそのセミナーを有益だと思った）
	cause 動 引き起こす　名 原因、理念	
	found	
	find 動 見つける、思う、わかる	

□ **due to** 〜が理由で　□ **storm** 名 暴風雨、嵐

暴風雨によって引き起こされた損害が理由で

090	**(A) highly**	highly recommend（強く薦める）やspeak highly of X（Xを非常にほめる）といった決まり文句を除き、通常は動詞を修飾しない語法も重要。newlyは、newly opened store（新たにオープンした店）のように、主に過去分詞を修飾する。
	副 非常に、高く	
	newly	
	副 新たに、新しく	

□ **film** 名 映画　□ **enjoyable** 形 楽しめる

その映画は長いが、非常に楽しめる。

091 the company's ongoing ------- to protect the environment

(A) efforts
(B) figures

092 provide legal ------- and tips

(A) industry
(B) advice

093 Paychecks are typically issued -------.

(A) mostly
(B) weekly

094 reduce energy consumption to a considerable -------

(A) degree
(B) collection

095 compare two ------- dairy products

(A) fortunate
(B) similar

096

offer a ------- shipping service

(A) narrow
(B) standard

097

------- a solution

(A) propose
(B) agree

098

wear ------- shoes

(A) financial
(B) comfortable

099

We are moving to a more ------- facility.

(A) favorite
(B) modern

100

Your order will be shipped -------.

(A) visually
(B) immediately

091	**(A) efforts**	in an effort to do (〜しようと努力して) と make every effort to do (〜するためにあらゆる努力をする) も重要表現。figure は、sales figures (売上数値) や historical figures (歴史上の人物) といった形で出る。
	effort 名 努力	
	figures	
	figure 名 数字、数値、人物	

□ ongoing 形 継続中の　□ protect 動 保護する　□ environment 名 環境

環境を保護するためのその会社の継続的な努力

092	**(B) advice**	😊 TOEIC の世界には、困っている人を見捨てたり、相手の助言を無視したりする人は存在しない。
	名 アドバイス、助言	
	industry	
	名 産業、業界	

□ provide 動 提供する　□ legal 形 法律の　□ tip 名 アドバイス、コツ

法律に関する助言やコツを提供する

093	**(B) weekly**	形容詞でも頻出。例 weekly event (毎週のイベント)、weekly magazine (週刊誌)、weekly meeting (毎週の会議)　週に1回発行される新聞や雑誌のタイトルとして名詞でも用いられる。例 *Asahi Weekly* (朝日ウィークリー)
	副 毎週　形 毎週の　名 週刊誌	
	mostly	
	副 主に、ほとんど、たいてい	

□ paycheck 名 給料　□ typically 副 通常　□ issue 動 出す

給料は、通常、週1回出ます。

094	**(A) degree**	「程度」以外に「学位」の意味でも頻出。例 university degree (大学の学位)、advanced degree (上級学位：大学院卒以上の学位)　collection は、「(博物館等の) 所蔵品、収集 (物)、回収、(ファッションブランドの) 新作」といった意味で出る多義語。
	名 程度、学位、度	
	collection	
	名 コレクション	

□ reduce 動 減らす　□ consumption 名 消費　□ considerable 形 かなりの

エネルギーの消費をかなりの程度減らす

095	**(B) similar**	be similar to X (Xに似ている) の形も重要。例 Your problem is similar to mine. (あなたの問題は私のと似ている) fortunate は、be fortunate that SV (SがVして幸運だ) や be fortunate to do (〜できて幸運だ) といった形で出る。
	形 似た	
	fortunate	
	形 幸運な	

□ compare 動 比較する　□ dairy product 乳製品

2つの類似した乳製品を比較する

096	(B) standard	名詞でも頻出。例 quality standards (品質基準)、safety standards (安全基準) standard-sized (標準サイズの) の形も重要。例 standard-sized doors (標準サイズのドア)
	形 標準の 名 基準、標準	
	narrow	
	形 狭い	
	標準的な配送サービスを提供する	

097	(A) propose	propose (that) SV の形では、V が原形動詞になる語法にも注意。例 We proposed that the city build a new stadium. (我々は市が新たなスタジアムを建設することを提案した) agree は、agree with X (X に同意する) や agree to do (〜することに同意する) といった形を取る。
	動 提案する	
	agree	
	動 同意する、同感である	
	□ solution 名 解決策	
	解決策を提案する	

098	(B) comfortable	Please make yourself comfortable. (くつろいでください) や、I feel comfortable speaking German. (私はドイツ語を話すことに自信があります) といった形でも出る。financial は、financial institution (金融機関) や financial report (財務報告書) といった形で頻出する。
	形 心地よい、快適な、くつろいだ、自信がある	
	financial	
	形 お金の、財務の、金融の	
	心地よい (履き慣れた) 靴を履く	

099	(B) modern	modern appearance (近代的な外観) や modern appliances (近代的な電化製品) といった形でも出る。類義語の contemporary (現代の) も重要。例 contemporary art (現代アート)、contemporary writer (現代作家)
	形 近代的な、現代的な	
	favorite	
	形 一番好きな	
	□ facility 名 施設	
	当社はより近代的な施設に移転します。	

100	(B) immediately	The position is available immediately. (その職は即時採用です) といった形でも出る。immediately after X (X 後すぐに) も重要表現。例 immediately after the lunch break (昼食休憩後すぐに)
	副 ただちに、即座に	
	visually	
	副 視覚的に	
	□ ship 動 出荷する	
	ご注文はただちに出荷されます。	

101

Mr. Rhee has an outstanding ------- to lead a team.

(A) ability
(B) booking

102

The human resources manager is ------- for hiring decisions.

(A) responsible
(B) obvious

103

The venue is ------- accessible by public transportation.

(A) easily
(B) tightly

104

The work will take ------- three years to complete.

(A) suddenly
(B) nearly

105

Ms. Santori ------- special orders.

(A) handles
(B) lasts

106

The play, ------- Amelia Weber, opened last night.

(A) starring

(B) creating

107

The apartment building is very popular due to its ------- location.

(A) sincere

(B) central

108

------- to similar products, this humidifier is relatively inexpensive.

(A) Noticed

(B) Compared

109

I've ------- some feedback from residents.

(A) decided

(B) collected

110

I am ------- with the new system.

(A) familiar

(B) separate

101	**(A) ability**	
	名 能力	😊 TOEICの世界には、統率力がなくチームを迷走させるリーダーは存在しない。
	booking	
	名 予約	
	□ outstanding 形 卓越した、抜きん出た	
	Rheeさんには、チームを率いる卓越した能力がある。	

102	**(A) responsible**	be responsible for (doing) X（〜の責任がある）は重要表現。Part 2でも出る。例 Who's responsible for ordering office supplies? (オフィス用品の注文の責任者は誰ですか) 関連表現として、take on/assume responsibility for X (Xの責任を担う) も押さえよう。
	形 責任がある、担当している	
	obvious	
	形 明らかな	
	□ human resources 人事 □ hiring decision 採用の決定	
	その人事マネージャーは、採用の決定の責任者だ。	

103	**(A) easily**	「簡単に」の意味で主に出るが、最上級と合わせて「間違いなく」の意味も表す。例 This is easily her best album to date.(これは間違いなく彼女のこれまでで最高のアルバムだ) tightlyは、close the lid tightly (フタをきつく閉める) といった形で用いられる。
	副 簡単に、間違いなく	
	tightly	
	副 きつく	
	□ venue 名 会場 □ accessible 形 アクセスできる □ public transportation 公共の交通機関	
	その会場へは、公共の交通機関で簡単にアクセスできる。	

104	**(B) nearly**	almostの意味で、数字の近さを表す以外に、The work is nearly complete. (作業はほぼ完了している) や、I nearly missed my flight. (私はもう少しでフライトを逃すところだった) といった形でも用いられる。場所の近さは表さないことにも注意。
	副 もう少しで、ほぼ	
	suddenly	
	副 突然	
	□ complete 動 完了する	
	その作業は、完了するのに3年近くかかるだろう。	

105	**(A) handles**	「対処する」の意味でも出る。例 handle customer inquiries (顧客の問い合わせに対処する) lastは動詞でも頻出。例 The meeting lasted for three hours. (その会議は3時間続いた)
	handle 動 扱う、対処する、手で扱う 名 取っ手	
	lasts	
	last 動 続く 形 最後の、この前の	
	Santoriさんが特注を扱います。	

106 (A) starring

star 動 主演する　名 スター、星

creating

create 動 創造する、作り出す

□ **play** 名 演劇

star は自動詞でも出る。Amelia Weber stars in the play. (Amelia Weber が、その演劇で主演している) create は他動詞で、create a new logo (新しいロゴを作る) のように用いられる。

その演劇は、Amelia Weber の主演で、昨夜開幕した。

107 (B) central

形 中心の、中央の

sincere

形 心からの、誠実な

□ **due to** ~が理由で

😊 TOEIC の世界には、アパートの事故物件や、心霊スポットは存在しない。

そのアパートは、中心地にあるため、とても人気だ。

108 (B) Compared

compare 動 比べる

Noticed

notice 動 気づく　名 通知

□ **humidifier** 名 加湿器　□ **relatively** 副 比較的　□ **inexpensive** 形 安価な

compared to/with X (X と比べて) のどちらの形も出る。例 compared with other banks (他の銀行と比べて) 動詞の notice は、notice an error (間違いに気づく) や notice that SV (S が V することに気づく) といった形で出る。that 節を取る語法は、Part 5 での出題例もある。

類似製品と比べて、この加湿器は比較的安価だ。

109 (B) collected

collect 動 集める、収集する

decided

decide 動 決める

□ **feedback** 名 感想　□ **resident** 名 住民

collect information (情報を集める)、collect data (データを集める) といった形でも出る。decide は、decide to do (~することに決める)、decide on X (X に決める)、decide whether SV (S が V するかを決める) といった形が重要。

私は住民からの意見をいくつか集めました。

110 (A) familiar

形 よく知っている、おなじみの

separate

形 別々の、個別の　動 分ける

be familiar with X (X をよく知っている) は、何度も出題例のある重要表現。「family (家族) のようによく知っている」イメージで覚えよう。separate は、separate form (別の用紙) や separate dining room (個別のダイニングルーム) といった形で出る。

私はその新システムをよく知っています。

111 The position requires ------- of graphic design software.

(A) chapter
(B) knowledge

112 ------- a degree in business

(A) earn
(B) book

113 ------- data from reviewers

(A) solve
(B) gather

114 in an attempt to ------- publicity

(A) gain
(B) rush

115 The price is -------.

(A) healthful
(B) reasonable

116

Our sales have almost ------- this year.

(A) doubled
(B) retired

117

Hanna is ------- to work overtime.

(A) willing
(B) legal

118

Ms. Sato is widely ------- as the magazine's top writer.

(A) performed
(B) regarded

119

The scientist ------- analyzed the data.

(A) firmly
(B) carefully

120

Dr. Stewart is ------- booked today.

(A) politely
(B) completely

111 (B) knowledge

名 知識

chapter

名 章、支部

knowledge of X（Xの知識）の形で頻出。chapterは、「（本などの）章」以外に、「（団体やクラブの）支部」の意味でも出るのに注意。例 the Nagano chapter of the association（同協会の長野支部）

□ position 名 職　□ require 動 必要とする

その職には、グラフィックデザインソフトの知識が必要です。

112 (A) earn

動 得る、獲得する、稼ぐ

book

動 予約する　名 本

earn points（ポイントを獲得する）やearn money（お金を稼ぐ）といった形でも出る。SVOOの形を取る語法にも注意。例 The film earned her several awards.（その映画で彼女はいくつか賞を獲得した）bookは動詞でも頻出。例 book a room（部屋を予約する）

□ degree 名 学位

ビジネスの学位を得る

113 (B) gather

動 集める、集まる

solve

動 解決する

😀 TOEICの世界でも、ネガティブなレビューはときどき投稿されるが、「やらせレビュー」は存在しない。

□ reviewer 名 レビュアー、論評者

レビュアーからのデータを集める

114 (A) gain

動 得る　名 増加、改善、利益

rush

動 急ぐ　名 急ぎ

gain a reputation（評判を得る）やgain more customers（より多くのお客様を獲得する）といった形でも出る。名詞も重要。例 gain in productivity（生産性の向上）rushは、rush a shipment（出荷を急ぐ）やI'm not in a rush.（急いではいません）といった形で出る。

□ in an attempt to do ～しようとして　□ publicity 名（メディアからの）注目

注目を集めようとして

115 (B) reasonable

形（値段が）手ごろな、妥当な

healthful

形 健康に良い

「reason（理）にかなっている」イメージ。price以外に、fee/rate（料金）やcost/expense（費用）、charge（請求）といった単語と合わせて主に用いられる。類義語のaffordable（手ごろな）とinexpensive（安価な）、economical（低コストの）も覚えよう。

その値段は手ごろだ。

116 (A) doubled

double 動 倍になる、倍にする　形 二重

retired

retire 動 退職する、引退する、(古いモノを)撤去する

□ **almost** 副 ほぼ、もう少しで

他動詞でも出る。例 double an order（注文を倍にする）関連語の double-check（二重にチェックする）と double-book（重複予約する）も覚えよう。retire は、「退職する」の意味では自動詞。例 She has recently retired.（彼女は最近退職した）

当社の売り上げは今年、ほぼ倍になった。

117 (A) willing

形 ～する気がある、～するのを嫌がらない

legal

形 法律に関する、合法の

□ **overtime** 副 時間外で

be willing to do は、面倒なことや自分にとって得にならないことでも、自らの will（意思）で進んで行うこと。😊 TOEIC の世界の住人は、他人を助けてくれる優しい人ばかりなので、この表現も頻出する。

Hanna は残業を嫌がらない。

118 (B) regarded

regard 動 みなす　名 観点

performed

perform 動 遂行する、演じる、公演する

□ **widely** 副 広く

be regarded as X（X としてみなされる）は重要表現。highly regarded（高く評価されている）も覚えよう。例 He is a highly regarded chef.（彼は高く評価されているシェフだ）regard は名詞でも出る。例 in this regard（この点で）、in/with regard to X（X に関して）

サトウさんは、その雑誌のトップのライターとして広く認められている。

119 (B) carefully

副 注意深く、慎重に、丁寧に

firmly

副 がっちり、堅く

😊 TOEIC の世界には、研究不正を行う科学者は存在しない。

□ **scientist** 名 科学者　□ **analyze** 動 分析する

その科学者は、データを注意深く分析した。

120 (B) completely

副 完全に

politely

副 礼儀正しく、丁重に

completely satisfied（完全に満足している）や completely sold out（完全に売り切れる）、completely fill out X（X に全部記入する）といった形でも出る。

□ **book** 動 予約する

Stewart 先生は、今日は全部予約で埋まっています。

121

change the ------- of a Web site

(A) appearance

(B) consumer

122

The shipping cost ------- on the destination.

(A) depends

(B) covers

123

Listeners can ------- for their favorite songs.

(A) vote

(B) develop

124

Mr. Torres is my ------- supervisor.

(A) minimum

(B) immediate

125

the perfect gift for any -------

(A) occasion

(B) impression

126 Your parking permit must be -------
visible.

(A) sincerely
(B) clearly

127 The wallet ------- the description
Mr. Galotti provided.

(A) prefers
(B) matches

128 a ------- addition to our team

(A) seated
(B) valuable

129 The documentary has received -------
from critics.

(A) praise
(B) atmosphere

130 The accountant is ------- of the serious
problem.

(A) medical
(B) aware

121	(A) appearance	「出現」「出演」の意味でも出る。例 make a public appearance (公の場に姿を現す)、make a guest appearance (ゲスト出演する) consumer は、品詞問題でも狙われるので、consumer survey (消費者調査) といった「名詞+名詞」の形にも注意。
	名 外見、外観、出現、出演	
	consumer	
	名 消費者	
	ウェブサイトの見た目を変える	

122	(A) depends	depend on は Part 2でも出る。例 "What do you usually do on the weekend?" (普段週末は何をしていますか) "It depends on the weather." (天気次第です) cover は多義語。例 The local media covered the event. (地元メディアがそのイベントを報道した)
	depend on ～次第だ、～に頼る	
	covers	
	cover 動 覆う、報道する、含む 名 カバー、表紙	
	□ shipping cost 送料 □ destination 名 目的地	
	送料はお届け先によって異なります。	

123	(A) vote	vote for/against X (Xに賛成・反対票を投じる)、vote on X (Xに関して投票する)、vote to do (～するために投票する) はすべて重要表現。develop は、develop a new product (新製品を開発する) や develop a plan (計画を作り上げる) といった形で頻出する。
	動 投票する 名 投票 (数)	
	develop	
	動 (スキル等を)伸ばす、開発する、(計画等を)作り上げる	
	□ favorite 形 一番好きな	
	リスナーは、一番好きな曲に投票できます。	

124	(B) immediate	求人広告の immediate opening (即時採用)、プレスリリースの immediate release (即時発表) も重要表現。immediate area (近隣地域) や immediate family (近親者) といった表現も覚えておこう。
	形 すぐの、差し迫った、すぐ近くの	
	minimum	
	形 最低限の 名 最低限	
	□ supervisor 名 上司	
	Torres さんは、私の直属の上司です。	

125	(A) occasion	「(何かが起こる)時」の意味でも出る。例 on a previous occasion (前に)、on several occasions (何度か) impression は、give a good first impression (良い第一印象を与える) といった形で用いられる。
	名 特別な行事、(何かが起こる) 時、好機	
	impression	
	名 印象	
	どんな行事にもぴったりなギフト	

126 (B) clearly

副 はっきりと、明確に

sincerely

副 心から

TOEICの世界には、交通ルールを守らない人は存在しないはずだったが、2022年、駐車禁止に違反して車をレッカー移動される人物が登場。その違反切符が文書で出題され、「TOEICの世界からの警告では」と、TOEICファンの間で話題になった。

□ permit 名 許可証　□ visible 形 目に見える

駐車許可証は、はっきり目に見えるようにしてください。

127 (B) matches

match 動 合う、合わせる、匹敵する　名 試合

prefers

prefer 動 ～の方を好む

多義語。例 My current job matches my skills. (今の仕事は自分のスキルに合っています)、No one can match our quality. (誰も当社のクオリティには及びません) preferは、prefer to doの形も重要。例 I prefer to work alone. (私は一人で仕事をする方が好きです)

□ wallet 名 財布　□ description 名 描写、説明　□ provide 動 提供する

その財布は、Galottiさんが行った説明と合っている。

128 (B) valuable

形 貴重な　名 (常に複数形で) 貴重品

seated

形 座っている、着席している

名詞のvaluables (貴重品) も覚えておこう。例 leave valuables in a safe(金庫に貴重品を預ける) 類義語のvalued (大切な) も重要。例 valued customer(大切なお客様) seatedはPart 1でも出る。例 Some people are seated at a café. (数名がカフェで座っている)

□ addition 名 新たに加わった人

当チームにとっての貴重な新戦力

129 (A) praise

名 称賛　動 ほめる、称賛する

atmosphere

名 雰囲気

動詞でも出る。例 The product has been praised for its quality.(その製品はクオリティの高さで称賛されている)、widely praised magazine (広く称賛されている雑誌)

□ documentary 名 記録映画　□ critic 名 評論家

その記録映画は、評論家から称賛されている。

130 (B) aware

形 気づいて

medical

形 医療の

be aware of X (Xに気づいている) と合わせて、be aware that SV(SがVすることに気づいている) の形も重要。例 Please be aware that the prices are subject to change. (価格は変更になる場合がありますこと、ご承知おきください)

□ accountant 名 会計士　□ serious 形 重大な、真剣な、重要な

その会計士は、重大な問題を認識している。

131 The experiment has ------- to be a success.

(A) accessed

(B) proven

132 the ------- of on-site parking facilities

(A) lack

(B) audience

133 You have ------- registered for the forum.

(A) successfully

(B) gladly

134 emphasize the ------- of education

(A) envelope

(B) importance

135 We are ------- for your substantial contribution to the project.

(A) local

(B) grateful

136

one of the most ------- economists

(A) respected
(B) based

137

a ------- increase in fuel prices

(A) sharp
(B) popular

138

It ------- ever snows in Okinawa.

(A) nationally
(B) hardly

139

The sound is too -------.

(A) principal
(B) loud

140

discrepancies between the estimated and ------- costs

(A) actual
(B) crowded

131	**(B) proven**	SVCと、prove that SV(SがVすると証明する)の形を取る語法も重要。例 The book has proven popular with children.（その本は子供に人気だとわかった）access は他動詞で、access a system のように直接目的語を取る語法に注意。
	prove 動 わかる、判明する、証明する	
	accessed	
	access 動 アクセスする 名 アクセス	
	□ experiment 名 実験	
	その実験は成功だと判明した。	

132	**(A) lack**	lack of X（Xの不足）の形の名詞に加え、動詞でも出る。例 Tex lacks confidence.（Texには自信が足りない）audience は Part 1での出題例もある。例 An audience is listening to a presentation.（観客がプレゼンを聴いている）
	名 不足 動 ～が不足している	
	audience	
	名 聴衆、観客	
	□ on-site 形 その場での、現場での □ facility 名 施設	
	現場での駐車施設の不足	

133	**(A) successfully**	😊 TOEICの世界では、たいていの人が成功するので、success（成功）の派生語も頻出する。ただし、「サクセス」のような薬用育毛トニックは存在しない。
	副 うまく、無事	
	gladly	
	副 喜んで	
	□ register 動 登録する □ forum 名 討論会	
	あなたは討論会に無事登録されました。	

134	**(B) importance**	importance of (doing) X（～の重要性）は重要表現。例 importance of protecting the environment（環境を守ることの重要性）envelope を用いた self-addressed envelope（返信用封筒）も押さえよう。
	名 重要性	
	envelope	
	名 封筒	
	□ emphasize 動 強調する □ education 名 教育	
	教育の重要性を強調する	

135	**(B) grateful**	be grateful for X（Xに感謝している）は重要表現。I would be grateful if you could ～.（～して頂けるとありがたいです）の表現も頭に入れよう。local は形容詞として頻出するほか、名詞でも出るのに注意。例 tourists and locals alike（観光客も地元の人も同様に）
	形 感謝している	
	local	
	形 地元の、地域の 名 地元の人	
	□ substantial 形 かなりの、大きな □ contribution 名 貢献	
	我々は、プロジェクトに対するあなたの大きな貢献に感謝しています。	

136	**(A) respected**	品詞問題でも狙われるので、-ed形であることも頭に入れよう。basedは、based on X (Xに基づいて)の形で頻出。例 based on our research (当社の調査に基づいて) Part 7で、London-based firmとあれば、「Londonに本社がある」の正解根拠になることにも注意。
	形 尊敬されている、尊敬を集めている	
	based	
	形 拠点を置く、本社がある	
	□ economist 名 経済学者	
	最も尊敬されている経済学者の一人	

137	**(A) sharp**	sharp increase/rise (急増)とsharp decline/drop/fall (急落)は、折れ線グラフが鋭角で上下するイメージ。「鋭い」の意味でも出る。例 sharp knife (鋭いナイフ) 「(時刻)ちょうどに」の意味の副詞も押さえよう。例 at 10:00 A.M. sharp (午前10時ちょうどに)
	形 急激な、鋭い 副 (時刻)ちょうどに	
	popular	
	形 人気の	
	□ increase 名 増加、上昇 □ fuel 名 燃料	
	燃料価格の急激な上昇	

138	**(B) hardly**	hardlyは、「ほとんど〜ない」の意味で、副詞のhard (一生懸命)との混同に注意。nationallyは、nationally known artist (全国的に有名なアーティスト)のように用いられる。
	副 ほとんど〜ない	
	nationally	
	副 全国的に	
	沖縄ではほとんど雪は降らない。	

139	**(B) loud**	☺ TOEICの世界では、隣席の人のヘッドホンから漏れる音量がうるさくても、住民は決して激怒せず、"Would you mind turning down the volume?" (音量を下げて頂いて構いませんか)のように丁寧に注意を促す。
	形 (音量が)大きい、うるさい	
	principal	
	形 主要な 名 校長	
	その音はうるさすぎる。	

140	**(A) actual**	actual price (実際の価格)やactual size (実際のサイズ)といった形でも出る。crowdedは、crowded street (混雑した通り)やcrowded restaurant (混雑したレストラン)といった形で用いられる。
	形 実際の	
	crowded	
	形 混雑した	
	□ discrepancy 名 食い違い □ estimated 形 推定の	
	見積もりと実際のコストの食い違い	

141

The company has launched a ------- for a new CEO.

(A) search

(B) income

142

The copy machine has been -------.

(A) trusted

(B) serviced

143

Please ------- to the manual for details.

(A) remove

(B) refer

144

The housing units will be ------- beginning on April 1.

(A) available

(B) usual

145

a wide assortment of -------

(A) majority

(B) items

146

Mr. Santos will be the ------- person during my absence.

(A) contact
(B) moment

147

------- the opening of an arts and crafts store

(A) advertise
(B) possess

148

the year-end performance -------

(A) workforce
(B) review

149

The exhibitor manufactures audio-visual -------.

(A) confidence
(B) equipment

150

The farmers ------- output to meet demand.

(A) rented
(B) increased

141	**(A) search** 名 捜索、検索　動 探す、検索する **income** 名 (個人の) 収入	job search(仕事探し)やsearch committee (採用委員会:適任の候補者を探す委員会) の形でも出る。動詞のsearchは、「～を探す」の意味の場合、自動詞で、search for X (Xを探す) の形になる語法に注意。例 search for a new office space(新オフィスの場所を探す)
	□ launch 動 開始する　□ CEO 最高経営責任者 (chief executive officerの略)	
	その会社は、新CEO探しを始めた。	

142	**(B) serviced** service 動 点検する　名 サービス **trusted** trust 動 信用する　名 信用	serviceは名詞で頻出するが、この動詞の用法も重要。trustedは、「信頼できる」という形容詞としても出る。例 Rex Repair is a trusted repair service. (Rex Repairは、信頼できる修理サービスだ)
	そのコピー機は点検済みだ。	

143	**(B) refer** 動 参照する、言及する、差し向ける **remove** 動 取り出す、取り外す、取り除く、脱ぐ	多義語で、「(別の場所や人に) 差し向ける」「紹介する」 の意味でも出る。例 refer a patient to another doctor (患者を別の医者に紹介する) removeはPart 1でも頻出。例 She's removing her jacket. (彼女は上着を脱ごうとしている)
	□ detail 名 詳細	
	詳細はマニュアルをご参照ください。	

144	**(A) available** 形 入手・利用・購入可能な、都合が付く **usual** 形 通常の、いつもの	「手に入れようと思えば手に入る、購入しようと思えば購入できる、都合を付けようと思えば付けられる」 といったイメージのTOEIC超頻出語。反意語のunavailableも覚えよう。例 The item is temporarily unavailable. (その品物は一時的に入手できません)
	□ housing unit 住戸	
	その住戸は、4月1日から入居可能になります。	

145	**(B) items** item 名 品物、モノ、項目 **majority** 名 大多数、大部分	wide/broad assortment of X(幅広い種類のX) は重要表現。itemは「項目」の意味でも出る。例 the first item on the agenda (最初の議題) majorityは、the majority of our customers (当社のお客様の大多数) といった形で用いられる。
	□ assortment 名 種類、詰め合わせ	
	幅広い種類の品物	

146 (A) contact

名 連絡 (先)、知人　動 連絡する

contact information (連絡先情報) も重要表現。動詞も頻出。例 I will contact you by e-mail. (メールであなたにご連絡します) moment は、Please take a moment to fill out the survey. (少しお時間を頂き、アンケートにご記入ください) といった形で出る。

moment

名 瞬間、一瞬

□ **during** 前 〜の間　□ **absence** 名 不在

私が不在の間、Santosさんが連絡先になります。

147 (A) advertise

動 宣伝する

😊 TOEICの世界では、広告内容のミスはよくあるが、差別的な表現による炎上は絶対に起こらない。

possess

動 所有する、保有する

□ **opening** 名 オープン

美術工芸品店のオープンを宣伝する

148 (B) review

名 再検討、レビュー　動 再検討する、レビューする

re (もう一度) view (見る) が語源で、「しっかり見直す」イメージ。performance review/evaluation (勤務評価) は重要表現。「レビュー」の意味でも出る。例 write a book review (本のレビューを書く) 動詞も頻出。例 review a budget (予算を再検討する)

workforce

名 労働人口、全従業員

年末の勤務評価

149 (B) equipment

名 機器

Part 1では、「copy machine→office equipment (オフィス機器)」「microscope (顕微鏡)→laboratory equipment (実験器具)」といった言い換えに注意。confidence を用いた consumer confidence (消費者信頼感：消費者の景気に対する意識) も重要表現。

confidence

名 自信、確信

□ **exhibitor** 名 出展者　□ **manufacture** 動 製造する

その出展者は、AV機器を製造している。

150 (B) increased

increase 動 増やす、増える　名 増加

自動詞でも出る。例 The prices have increased. (価格が上がった) 名詞も頻出。例 an increase in population (人口の増加) rent も、動詞・名詞の両方で出る。例 rent a car (車をレンタルする)、apartment for rent (賃貸用アパート)

rented

rent 動 賃貸借する　名 家賃、賃貸

□ **farmer** 名 農家　□ **output** 名 生産量　□ **meet demand** 需要を満たす

農家は、需要を満たすため生産量を増やした。

151

the grand ------- celebration of a home furnishings store

(A) opening
(B) preparation

152

All workers are ------- to attend an annual training workshop.

(A) refused
(B) required

153

The exhibition ------- sculptures by Monica Flores.

(A) realizes
(B) features

154

take ------- measures to reduce labor costs

(A) effective
(B) stuck

155

Mr. Wilson's ------- to the post of general manager

(A) approach
(B) appointment

156

The Springfield mill will resume -------
later this week.

(A) opportunity
(B) production

157

I highly ------- Mr. Nowak for the position.

(A) recommend
(B) influence

158

a tour of a car manufacturing -------

(A) furniture
(B) facility

159

This is to ------- that we have received
your application.

(A) confirm
(B) celebrate

160

Your new credit card has been -------.

(A) issued
(B) divided

151	**(A) opening**	品詞問題でも狙われるので、openは動詞または形容詞で、名詞はopeningであることにも注意（グランドオープンは和製英語）。preparationを用いた in preparation for X（Xに備えて）も重要表現。**例** in preparation for a business trip（出張に備えて）
	名 オープン、仕事の空き　形 オープニングの	
	preparation	
	名 準備、用意	
	□ celebration 名 祝典　□ furnishings 名（カーテン等を含む）家具	
	家具店のグランドオープンの祝典	

152	**(B) required**	他動詞で、能動態なら require X to do と目的語が必要な語法にも注意。require that SV（SがVすることを求める）の形では、Vが原形になる語法も押さえよう。refuseは、refuse to answer questions（質問への回答を拒む）といった形で用いられる。
	require 動 必要とする、要求する	
	refused	
	refuse 動 拒否する	
	□ attend 動 出席する　□ annual 形 年に一度の	
	全従業員が、年に一度の研修会に出席することを求められます。	

153	**(B) features**	「目玉にする」イメージの頻出語。文脈によって、「特集する」「メインで展示する」「特徴とする」といったさまざまな意味になる。名詞も重要。**例** new feature of the product（その製品の新しい特徴）realizeは、realize (that) SV（SがVすることに気づく）の形で主に出る。
	feature 動 目玉にする　名 特徴、特集	
	realizes	
	realize 動 気づく、実現する	
	□ exhibition 名 展示（会）　□ sculpture 名 彫刻	
	その展示会は、Monica Flores の彫刻を目玉にしている。	

154	**(A) effective**	「(法律や契約等が) 有効な」の意味も重要。日付を直接伴う語法にも注意。**例** Her appointment is effective April 1.（彼女の任命は4月1日付で有効です）stuckは、stuck in traffic（渋滞にはまる）が重要表現。**例** I was stuck in traffic.（渋滞にはまりました）
	形 効果的な、有効な	
	stuck	
	形 立ち往生した、はまった	
	□ measure 名 対策　□ reduce 動 下げる　□ labor 名 労働、労働者	
	人件費を下げるための効果的な対策を講じる	

155	**(B) appointment**	「アポ」の意味以外に、この「指名、任命」の意味も重要。approachは、approach to (doing) X（〜に対する方法、取り組み方）の形を頭に入れよう。**例** practical approach to starting a business（会社を始めるための実践的な方法）
	名 指名、任命、アポ、約束	
	approach	
	名 方法、手法、取り組み方　動 近づく	
	□ post 名 職	
	Wilson さんの本部長への任命	

156	**(B) production**	「生産」以外に、「(映画や劇の) 製作、作品」の意味でも出る。例 film production (映画製作)、musical production (ミュージカル作品) opportunity は、opportunity to do (〜する機会) の形も重要。例 opportunity to work abroad (海外で仕事をする機会)
	名 生産、(映画や劇の) 製作、作品	
	opportunity	
	名 機会	
	□ **mill** 名 (繊維や鉄鋼の) 工場、製粉所　□ **resume** 動 再開する	
	Springfield工場は、今週この後、生産を再開します。	

157	**(A) recommend**	recommend doing (〜することを薦める) と、recommend that SV (SがVすることを薦める) の形も頻出。例 recommend attending a presentation (プレゼンに出席することを薦める)、I recommend that you join us. (あなたも参加されることをお薦めします)
	動 薦める	
	influence	
	動 影響を与える　名 影響	
	□ **highly** 副 非常に　□ **position** 名 職	
	私は、その職に、Nowakさんを強く推薦します。	

158	**(B) facility**	🚗 TOEICの世界では、「工場見学」は人気のツアーの一つ。参加者は、見学終了後、ギフトショップで商品を割引価格で購入できることも多い。
	名 施設	
	furniture	
	名 家具	
	□ **tour** 名 見学　□ **manufacturing** 名 製造	
	車の製造施設の見学	

159	**(A) confirm**	この設問文のような confirm that SV (SがVすることを確認する)や、confirm a reservation (予約を確認する)、confirm whether SV (SがVするかを確認する) といった形で用いられる。celebrate は、celebrate an anniversary (記念日を祝う) といった形で出る。
	動 確認する	
	celebrate	
	動 祝う	
	□ **application** 名 応募	
	あなたの応募を受け付けたことの確認です。	

160	**(A) issued**	「中から出す」が基本イメージ。例 issue a refund (返金する)、issue a statement (声明を出す)、the next magazine issue (雑誌の次号)、environmental issues (環境問題) divide は、divide X into Y (XをYに分ける)や divide X among Y (XをYの間で分ける) が重要表現。
	issue 動 出す、発行する　名 (雑誌の) 号、課題	
	divided	
	divide 動 分ける	
	あなたの新しいクレジットカードが発行されました。	

161

The outstanding balance is ------- by August 10.

(A) specific
(B) due

162

reward employees for their excellent -------

(A) wealth
(B) performance

163

We would like the vegetarian ------- for dinner.

(A) option
(B) connection

164

We are ------- hiring a catering company for the luncheon.

(A) struggling
(B) considering

165

You need to ------- the batteries.

(A) determine
(B) replace

166

find a way to ------- shipping costs

(A) reduce
(B) deserve

167

We offer paid training, excellent -------, and opportunities to advance.

(A) species
(B) benefits

168

purchase an annual -------

(A) adjustment
(B) membership

169

------- a new flavor of ice cream

(A) sample
(B) respond

170

New members are strongly ------- to attend the orientation.

(A) encouraged
(B) analyzed

161	**(B) due**	be due to do (~する予定だ) も重要表現。 例 The store is due to reopen tomorrow. (その店は明日再オープンする予定だ) specific は、specific example (具体例) や specific product (特定の製品) といった形で出る。
	形 期限の、~する予定である	
	specific	
	形 具体的な、特定の	
	□ **outstanding** 形 未払いの □ **balance** 名 残額	
	未払いの残額は8月10日が支払期限です。	

162	**(B) performance**	musical performance (音楽の公演) や performance review (勤務評価)、financial performance (財務業績) といった形で頻出する多義語。wealth は、a wealth of X (豊富なX) が重要表現。 例 a wealth of experience (豊富な経験)
	名 成績、公演、性能	
	wealth	
	名 富	
	□ **reward** 動 ほうびを与える、報いる □ **excellent** 形 素晴らしい	
	素晴らしい成績に対し、従業員にほうびを与える	

163	**(A) option**	😊 TOEIC の世界では、ベジタリアン向けのメニューが豊富なレストランやケータリング業者が人気で、しばしばイベントの会場や業者選定の際の決め手になる。
	名 オプション、選択肢	
	connection	
	名 接続、つながり、関連、乗り継ぎ	
	ディナーにベジタリアン向けのオプションが欲しいです。	

164	**(B) considering**	動詞問題でも狙われるので、consider は動名詞を取る語法も重要。struggle は不定詞を取る。 例 The business is struggling <u>to</u> make a profit. (その会社は利益を出すのに苦労している)
	consider 動 考える、検討する	
	struggling	
	struggle 動 奮闘する、苦労する 名 奮闘、苦闘	
	□ **catering** 名 ケータリング (イベント用の食事の手配) □ **luncheon** 名 昼食会	
	昼食会のためにケータリング会社を雇うことを検討しています。	

165	**(B) replace**	「人」にも用いられる。例 I'm replacing Robert on the team. (私はチームでRobertの後任になります) determine は、「term (枠) を決める」イメージの重要語。determine the budget (予算を決める)、determine if/whether SV (S が V するかどうかを判断する) といった形で出る。
	動 交換する、後任となる、取り換える	
	determine	
	動 判断する、決定する、究明する	
	あなたは電池を交換する必要があります。	

166	**(A) reduce**	reduce the amount/number of X（Xの量・数を減らす）といった形も頭に入れよう。deserve は、deserve a promotion（昇進に値する）や deserve recognition（称賛に値する）が重要表現。
	動 下げる、減らす	
	deserve	
	動 値する	
	□ shipping cost 送料	
	送料を下げる方法を見つける	

167	**(B) benefits**	「恩恵」「特典」の意味でも出る。図 benefits of a membership（会員特典）、benefits of organic food（有機食品の恩恵）　動詞も重要。図 You can benefit from our services.（当社のサービスをご利用いただけます）
	benefit 名 福利厚生、恩恵　動 恩恵を受ける	
	species	
	名 （動物や植物の）種	
	□ paid training 有給の研修　□ opportunity to advance 昇進するチャンス	
	当社では、有給の研修、素晴らしい福利厚生、そして昇進の機会を提供しています。	

168	**(B) membership**	monthly membership（月会員の資格）や membership card（会員カード）、membership fees（会費）といった形でも出る。adjustment は、adjustments to X（Xの調整）が重要表現。図 adjustments to a plan（計画の調整）
	名 会員資格、会員（であること）、会員数	
	adjustment	
	名 調整	
	□ purchase 動 購入する　□ annual 形 年間の	
	年間の会員資格を購入する	

169	**(A) sample**	sample は、「サンプル」という名詞に加え、この動詞の用法も重要。respond は、respond to an e-mail（メールに返事をする）のように、直接目的語の名詞を取らず、前置詞を伴う語法に注意。
	動 試食する、試す　名 サンプル	
	respond	
	動 返事をする、応じる	
	□ flavor 名 味	
	アイスクリームの新しい味を試食する	

170	**(A) encouraged**	他動詞で、能動態なら目的語が必要な語法にも注意。図 encourage people to attend an event（人々にイベントに参加するよう勧める）analyze は、analyze the data（データを分析する）や analyze the sales figures（売上数値を分析する）といった形で出る。
	encourage 動 奨励する、促す	
	analyzed	
	analyze 動 分析する	
	□ strongly 副 強く　□ attend 動 出席する　□ orientation 名 新人向け説明会	
	新会員はオリエンテーションに出席することを強く奨励されます。	

171

Please contact the ------- manager to schedule a tour.

(A) property
(B) consideration

172

The city council ------- the building plan.

(A) assured
(B) approved

173

the ------- of a new album

(A) release
(B) occupation

174

the ------- section of a supermarket

(A) difficulty
(B) produce

175

a detailed budget -------

(A) traffic
(B) proposal

176

broadcast the ------- news about the weather

(A) worried
(B) latest

177

reimbursement for travel -------

(A) expenses
(B) expectations

178

------- work experience in an office setting is preferred.

(A) Previous
(B) Original

179

I'm writing to ------- you that the office will be closed tomorrow.

(A) insist
(B) remind

180

Click the highlighted ------- of the page.

(A) strength
(B) section

171	**(A) property** 名 不動産、物件、資産 **consideration** 名 検討、考慮、検討事項	「不動産、物件」の意味で主に出るが、「資産、所有物」の意味も押さえたい。例 You can report lost property online.（紛失物はオンラインで報告できます）considerationは、Thank you for your consideration.（ご検討よろしくお願いします）といった形で出る。
	□ contact 動 連絡する　□ manager 名 管理人　□ tour 名 見学	
	見学のご予約は、不動産の管理人にご連絡ください。	

172	**(B) approved** approve 動 承認する、賛同する **assured** assure 動 保証する、請け合う	他動詞で主に出るが、approve of X（Xに賛同する）の自動詞の用法も押さえたい。例 approve of a policy（方針に賛同する）assureは、assure X that SV（SがVすることをXに請け合う）や、rest assured that SV（SがVするのでご安心ください）の形を取る語法も重要。
	□ city council 市議会	
	市議会は、その建設計画を承認した。	

173	**(A) release** 名 発売、公表　動 発売する、公表する **occupation** 名 職業	何かをavailable（入手可能）にすること。アルバムなら「発売（する）」、映画なら「公開（する）」、情報なら「公表（する）」の意味になる。occupationは、設問文でも出る。例 What most likely is the man's occupation?（男性の職業はおそらく何ですか）
	ニューアルバムの発売	

174	**(B) produce** 名 農産物　動 生産する、製作する、生み出す **difficulty** 名 困難さ	「生産する」「(映画や演劇等を)製作する」「(結果や効果を)生み出す」という動詞で主に出るが、この名詞も重要。difficultyは、have difficulty doing（〜するのが難しい）が重要表現。例 I'm having difficulty accessing the Internet.（ネットにアクセスするのが難しい）
	□ section 名 コーナー	
	スーパーの農産物コーナー	

175	**(B) proposal** 名 提案（書） **traffic** 名 交通（量）、通行（量）	submit a proposal（提案を出す）やapprove a proposal（提案を承認する）といった形でも出る。trafficは、traffic congestion（交通渋滞）やtraffic report（交通情報）、stuck in traffic（渋滞にはまる）といった形で頻出。
	□ detailed 形 詳細な　□ budget 名 予算	
	詳細な予算案	

176	**(B) latest**	
	形 最新の	TOEICの世界では、犯罪や、人命にかかわる事件・事故のニュースは決して放送されない。
	worried	
	形 心配して	
	□ broadcast 動 放送する	
	天気に関する最新のニュースを放送する	

177	**(A) expenses**	
	expense 名 費用、経費	expense report (経費報告書) の形でも頻出。expectationは、exceed expectations (期待を超える) とmeet expectations (期待に応える) が重要表現。
	expectations	
	expectation 名 期待	
	□ reimbursement 名 払い戻し	
	旅費の払い戻し	

178	**(A) Previous**	
	previous 形 前の、以前の	Part 7の求人広告で、この問題文のように、preferred/preferable (好ましい) とあれば、requirement (必須条件) ではないことにも注意。必須条件を答える問題では、「不正解」の根拠になる。
	Original	
	original 形 元々の、オリジナルの 名 オリジナル、原本	
	□ setting 名 環境 □ prefer 動 ～の方を好む	
	オフィスの環境で以前働いた経験があれば尚可。	

179	**(B) remind**	
	動 再確認する、念押しする	remind〈人〉that SV (SがVすることを人に念押しする) や、remind〈人〉about/of X (Xについて人に念押しする) といった「人」を目的語に取る語法も重要。insistは、insist that SV (SがVすることを主張する) や、insist on (doing) X (～を主張する) といった形になる。
	insist	
	動 主張する、要求する	
	オフィスが明日閉まることを皆さんに再確認するためのご連絡です。	

180	**(B) section**	
	名 一部、コーナー、欄、章	fruit and vegetable section of a supermarket (スーパーの果物・野菜コーナー) や、travel section of a magazine (雑誌の旅行欄)、local news section of a newspaper (新聞の地元のニュース欄) といった形でも出る。
	strength	
	名 強さ、強度、強み、(液体等の) 濃さ	
	□ highlight 動 強調する	
	ページの強調表示された部分をクリックしてください。	

181 Questions about the mural should be ------- to the curator in writing.

(A) investigated

(B) directed

182 discuss ------- options for new graduates

(A) employment

(B) climate

183 host a lecture -------

(A) crop

(B) series

184 The coat comes in a wide ------- of colors.

(A) variety

(B) contract

185 The travel agency ------- in multiple countries.

(A) operates

(B) stresses

186

**Mr. Fisher is the founder of a -------
Canadian investment firm.**

(A) natural

(B) leading

187

We should ------- wasting paper.

(A) affect

(B) avoid

188

receive complaints from local -------

(A) spending

(B) citizens

189

We are actively ------- a new supplier.

(A) seeking

(B) departing

190

take ------- of a special offer

(A) advantage

(B) export

181	**(B) directed**	「正しい方向に導く」「向ける」が語源の多義語。例 How may I direct your call?（お電話をどちらにおつなぎしますか）、He's directing traffic.（彼は交通整理をしている）、direct a play（劇を監督する） 形容詞でも出る。例 direct flight to Paris（パリまでの直行便）
	direct 動 向ける、監督する、導く 形 直接の	
	investigated	
	investigate 動 (科学的・組織的に) 調査する	
	□ **mural** 名 壁画　□ **curator** 名 学芸員　□ **in writing** 書面で		
	壁画に関するご質問は、学芸員宛に書面で行ってください。	

182	**(A) employment**	品詞問題でも狙われるので、employment contract（雇用契約）や employment opportunities（雇用機会）といった「名詞+名詞」の形にも注意。TOEIC の世界でも、排ガス規制等、climate change（気候変動）に対するさまざまな対応策が取られている。
	名 雇用	
	climate	
	名 気候、情勢	
	□ **discuss** 動 話し合う　□ **graduate** 名 卒業生		
	新卒者に対する雇用の選択肢について話し合う	

183	**(B) series**	series of X（X のシリーズ、一連の X）の形も重要。例 Ms. Rowling has written a series of books for children.（Rowling さんは、児童書のシリーズを書いた） crop は、annual rice crop（年間のコメの収穫量）といった形で出る。
	名 シリーズ	
	crop	
	名 作物、収穫量	
	□ **host** 動 主催する		
	講義シリーズを主催する	

184	**(A) variety**	wide variety of X（幅広い種類の X）は重要表現。contract は、renew a contract（契約を更新する）や sign a contract（契約を交わす）といった形で頻出。動詞でも出る。例 We recently contracted with Tex Inc.（当社は最近 Tex 社と契約を結んだ）
	名 種類	
	contract	
	名 契約 (書)　動 契約を結ぶ	
	□ **come in** 〜で販売される		
	そのコートは、豊富なカラーバリエーションで展開されています。	

185	**(A) operates**	他動詞でも頻出。例 A man is operating a machine.（男性がマシンを操作している） 関連表現として、operating costs（運営費）や operating hours（営業時間）も押さえよう。動詞の stress は、stress the importance of X（X の重要性を強調する）といった形で出る。
	operate 動 営業する、運営する、操作する	
	stresses	
	stress 動 強調する　名 強調、ストレス	
	□ **travel agency** 旅行代理店　□ **multiple** 形 複数の		
	その旅行代理店は、複数の国で営業している。	

186 (B) leading

形 首位の、一流の

natural

形 自然の、天然の

「他をリードする」イメージのTOEIC頻出形容詞。leading companies (トップ企業) といった形で会社を表す他、leading researcher (主任研究員) といった形で人も表す。

□ founder 名 創業者　□ investment 名 投資　□ firm 名 会社

Fisherさんは、カナダでトップの投資会社の創業者だ。

187 (B) avoid

動 避ける

affect

動 影響する

avoid は、動名詞を伴う語法も重要。affect は、affect employees (従業員に影響する)、affect business (ビジネスに影響する)、affect the schedule (予定に影響する) といった形で出る。

□ waste 動 無駄にする

我々は紙を無駄にするのを避けるべきだ。

188 (B) citizens

citizen 名 市民

spending

名 支出、出費

😄 TOEICの世界では、市民からの苦情の主な内容は、工事の騒音や環境への影響、歴史的建造物の取り壊し反対、駐輪場が少ない、といったもので、個人攻撃は決して行われない。

□ complaint 名 苦情　□ local 形 地元の

地元市民から苦情を受ける

189 (A) seeking

seek 動 探し求める

departing

depart 動 出発する

他動詞で、直接目的語を取る語法にも注意。seek to do (〜しようとする) の形も重要。例 We are seeking to hire an experienced marketing manager. (当社は経験豊富なマーケティングマネージャーを採用しようとしています)

□ actively 副 積極的に　□ supplier 名 供給業者

当社は新たな供給業者を積極的に探し求めています。

190 (A) advantage

名 長所、利点、優位性

export

名 輸出 (品)　動 輸出する

take advantage of X(Xを利用する)は重要表現。「長所」「利点」「優位性」の意味でも出る。例 What is an advantage of the new product? (その新製品の長所の一つは何ですか)、We have an advantage over our competitors. (当社には競合他社に対して優位性がある)

特典を利用する

191

The paint is formulated to ------- its vivid color over many years.

(A) exchange
(B) maintain

192

Read the product care ------- on the garment.

(A) label
(B) addition

193

We will ------- Mr. Hanada at tonight's employee awards ceremony.

(A) honor
(B) reflect

194

Space is limited and ------- registration is required.

(A) therefore
(B) nevertheless

195

------- files to a new computer

(A) appreciate
(B) transfer

196

------- the price by 100 dollars

(A) lower
(B) expose

197

We offer a wider ------- of choices online.

(A) range
(B) attitude

198

hire an ------- administrative assistant

(A) additional
(B) unable

199

The project is ------- by a grant from the city government.

(A) tracked
(B) funded

200

Ms. Batista deserves all the ------- for the turnaround at the hotel.

(A) credit
(B) packet

191	**(B) maintain**	Part 7の同義語問題で狙われるので、maintain that SVの形で、「SがVすると主張する」の意味もあるのに注意。exchangeは、exchange X for Y(XをYと交換する)の形が重要。例 exchange a sweater for a larger one (セーターをより大きなサイズと交換する)
	動 維持（管理）する、主張する	
	exchange	
	動 交換する 名 交換	

□ formulate 動 調合する　□ vivid 形 鮮やかな　□ over many years 長年

その塗料は、鮮やかな色を長年維持するよう調合されている。

192	**(A) label**	labelは、Lでも出るので発音に注意。「ラベル」ではなく「レイブゥ」のように発音される。additionは、人が加われば「新戦力」、建物が加われば「増築部分」といった意味になる。例 Bob will be a valuable addition to our team. (Bobは当チームの貴重な新戦力になるだろう)
	名 ラベル、表示	
	addition	
	名 追加、新たに加わった人、増築部分	

□ garment 名 服

服の製品取り扱いラベルを読んでください。

193	**(A) honor**	「(契約や約束等を)守る」の意味も重要。例 honor the terms of a contract(契約条件を守る) 名詞も出る。例 in honor of Mr. Hanada(ハナダさんを称えて) reflectは、Part 1での出題例もある。例 Buildings are reflected in the water. (建物が水面に映っている)
	動 称える、(契約等を) 守る　名 名誉	
	reflect	
	動 反映する、(像が) 映る、よく考える	

□ awards ceremony 授賞式

我々は、今夜の従業員授賞式で、ハナダさんを称えます。

194	**(A) therefore**	thereforeやneverthelessは副詞で、カンマだけでは節 (SV)をつなげない語法も重要 (設問文のandのような接続詞が必要)。例 The traffic was bad. Nevertheless, I arrived at work on time. (交通状況は悪かった。それでも、私は職場に時間通りに到着した)
	副 したがって	
	nevertheless	
	副 それにもかかわらず、それでもなお	

□ limited 形 限られている　□ registration 名 登録　□ require 動 必要とする

スペースには限りがありますので、登録が必要です。

195	**(B) transfer**	「転勤させる (する)」の意味も重要。例 Kyoko is transferring to the Kyoto branch. (キョウコは京都支店に転勤する) 名詞も出る。例 request a transfer to Tokyo (東京への転勤を要望する)
	動 移す、転勤させる (する)　名 転勤、移動	
	appreciate	
	動 ありがたく思う、感謝する	

ファイルを新しいコンピューターに移す

196 | **(A) lower**
動 下げる　形 より低い

expose
動 さらす、触れさせる、暴露する

価格を100ドル下げる

形容詞の比較級としても出る。例 Our prices are lower than those of our competitors.（当社の価格は競争相手より安い）exposeは、expose X to Y(XをYにさらす)の形が重要。例 Do not expose the device to moisture.（機器を湿気にさらさないでください）

---

197 | **(A) range**
名 範囲　動 範囲に渡る

attitude
名 態度

当店は、オンラインでより広範囲の選択肢を提供しています。

wide/broad range of X（広範囲のX）と、full range of X（全範囲のX）の形も頭に入れよう。動詞でも出る。例 The apartment units range from one to three bedrooms.（そのアパートの住戸には1つから3つの寝室がある）

---

198 | **(A) additional**
形 追加の

unable
形 できない

□ hire 動（一時的に）雇う　□ administrative assistant 管理アシスタント

追加の管理アシスタントを雇う

😃 TOEICの世界では、事務アシスタントの求人でも、大卒以上、PCスキル、高い語学力、優れたコミュニケーション力等、ハイスペックが求められることが多いが、TOEICのスコアは求められない。

---

199 | **(B) funded**
fund 動 資金を提供する　名 資金、基金

tracked
track 動 追跡する　名 追跡、線路、走路

□ grant 名 助成金

そのプロジェクトは、市政府の助成金で賄われています。

名詞でも出る。例 raise additional funds for a program（プログラムのために追加の資金を集める）trackは、track progress（進行状況を追跡する）や tracking information（追跡情報）、keep track of X（Xを追跡記録する）といった形で頻出する。

---

200 | **(A) credit**
名 称賛、単位、入金　動 功績があるとする

packet
名 パック、（情報一式が入った）袋

□ deserve 動 値する　□ turnaround 名 立て直し

Batistaさんは、そのホテルの立て直しすべての功績を受けるに値する。

学校の「単位」や、「お金の代わりに使えるモノ」の意味でも出る。例 earn credits（単位を得る）、store credit（店内クーポン）store creditはクレーム対応で出るので、頭に入れておこう。動詞のcredit X with Y（Yの功績はXにあるとする）の用法も押さえたい。

201 follow safety -------
(A) regulations
(B) significance

202 receive a credit card -------
(A) development
(B) statement

203 Our household products are ------- for their high quality.
(A) recognized
(B) rescheduled

204 the use of personal electronic -------
(A) devices
(B) repairs

205 Please sign the ------- form.
(A) housed
(B) attached

206 The bridge will be closed for the ------- month of January.

(A) entire
(B) sensitive

207 We need to hire ------- workers for the holiday season.

(A) temporary
(B) slight

208 the ------- of a new version of software

(A) lodging
(B) introduction

209 Mr. Vargas is currently ------- as a hotel manager.

(A) congratulated
(B) employed

210 provide a comfortable working -------

(A) resource
(B) environment

201	**(A) regulations**	safety regulations（安全規則）以外に、government regulations（政府規制）や environmental regulations（環境規制）といった形でも出る。派生語の動詞 regulate（規制する、調節する）も頭に入れよう。例 regulate temperature（温度を調節する）
	regulation 名 規制、規則	
	significance	
	名 重要性	
	□ follow 動 従う	
	安全規則に従う	
202	**(B) statement**	bank statement（銀行の取引明細）や financial statement（財務諸表）も重要表現。「声明」「公式発表」の意味でも出る。例 issue a statement（声明を出す） development は多義語。例 product development（製品開発）、housing development（住宅地）
	名 明細（書）、声明、公式発表	
	development	
	名 開発、立案、成長、新たな出来事、住宅地	
	クレジットカードの明細書を受け取る	
203	**(A) recognized**	「称える」の意味も重要。例 recognize Hiro Maeda for his hard work（ヒロ・マエダさんの努力を称える） reschedule も頻出語。例 reschedule an appointment（アポを変更する）、reschedule a meeting（会議の予定を変更する）
	recognize 動 （業績等を）認める、称える、認識する	
	rescheduled	
	reschedule 動 予定を変更する	
	□ household 形 家庭用の	
	当社の家庭用製品は、高品質で認められています。	
204	**(A) devices**	electronic devices（電子機器）以外に、mobile devices（携帯機器）や recording devices（記録装置）といった形でも出る。repair は、名詞・動詞の両方で頻出。例 building repairs（建物の補修）、repair a computer（コンピューターを修理する）
	device 名 機器、装置	
	repairs	
	repair 名 修理、補修 動 修理する、補修する	
	個人用電子機器の使用	
205	**(B) attached**	Attached is a copy of my résumé.（履歴書を添付いたします）のような倒置形も重要。house は、「所蔵する」「保有する」といった意味の動詞でも出るのに注意。例 The painting is housed in the Louvre Museum.（その絵画はルーブル美術館に所蔵されている）
	attach 動 添付する、取り付ける	
	housed	
	house 動 所蔵する、保有する、収容する 名 家	
	添付の用紙にご署名ください。	

206 **(A) entire**

形 全部の、全体の

sensitive

形 取扱注意の、敏感な、高感度の

for the entire month of Xとあれば、「X丸1か月」の意味。Part 7で、期間を答える問題の正解根拠にもなるので頭に入れよう。sensitiveは多義語。例 sensitive information（取扱注意の情報）、highly sensitive camera（高感度カメラ）、sensitive equipment（精密機器）

□ **closed** 形 閉まっている

その橋は、1月いっぱい閉鎖されます。

207 **(A) temporary**

形 臨時の、一時的な

slight

形 わずかな

temporary workersの派遣大手の社名が「テンプスタッフ」。slightは、slight change（わずかな変更）や slight increase（わずかな増加）、slight decrease（わずかな減少）といった形で用いられる。

休暇シーズンに備えて、我々は臨時の従業員を雇う必要があります。

208 **(B) introduction**

名 導入、紹介、前書き

lodging

名 宿泊場所

😊 TOEICの世界では、受賞者や、講演者、寄付者等のintroduction（紹介）が頻繁に行われる。その際、司会者や本人がつかみのジョークを飛ばし、会場が笑いに包まれることは絶対にない。

新バージョンのソフトの導入

209 **(B) employed**

employ 動 雇用する、用いる　名 雇用

congratulated

congratulate 動 祝う

「用いる」の意味もあるのに注意。例 employ a different strategy（異なる戦略を用いる）congratulateは、congratulate〈人〉on Xの形が重要。例 I'd like to congratulate you on your recent promotion.（最近のご昇進をお祝いしたく思います）

□ **currently** 副 現在

Vargasさんは、現在、ホテルのマネージャーとして雇われている。

210 **(B) environment**

名 環境

resource

名 資源

派生語の environmental（環境の）やenvironmentally（環境に）も頻出。例environmental impact（環境への影響）、environmentally friendly product（環境にやさしい製品）resourceは、human resources（人事）の形で主に出る。

□ **provide** 動 提供する　□ **comfortable** 形 快適な

快適な職場環境を提供する

211

Your name will be entered into a -------
for prizes.

(A) drawing
(B) correction

212

------- permission to use drones

(A) grant
(B) regret

213

The printer is not working -------.

(A) freshly
(B) properly

214

find an ------- location to start a
business

(A) ideal
(B) instant

215

The book is ------- by a DVD.

(A) objected
(B) accompanied

216

a ------- in inventory

(A) committee
(B) decrease

217

Artificial intelligence enables robots to perform ------- tasks.

(A) tasty
(B) complex

218

results of chemical ------- of soil

(A) analysis
(B) workload

219

have an ------- reputation

(A) excited
(B) established

220

Our programs are ------- for all ages.

(A) agricultural
(B) suitable

211	**(A) drawing**	TOEICの世界では、景品が当たる「抽選会」が盛んに行われるので、drawingは重要語。「スケッチ」の意味でも出る。例 sign up for a drawing class (スケッチのクラスに登録する)
	名 抽選会、スケッチ	
	correction	
	名 訂正	
	□ enter 動 エントリーする	
	あなたのお名前は、賞品が当たる抽選会にエントリーされます。	

212	**(A) grant**	動詞のgrantは、「求めに応じる」イメージ。grant a request (依頼に応じる) といった形でも出る。「補助金、助成金」という名詞でも頻出。例 apply for a research grant (研究助成金を申請する)
	動 与える、許可する　名 補助金、助成金	
	regret	
	動 残念に思う、後悔する　名 後悔	
	□ permission 名 許可	
	ドローンを使用する許可を与える	

213	**(B) properly**	特にPart 3・4で、What is the problem? に対する解答の選択肢で頻出する。例 (C) His phone is not working properly. (彼の電話がちゃんと機能していない) freshlyは、過去分詞を修飾する形で用いられる。例 freshly baked bread (焼き立てのパン)
	副 ちゃんと、適切に	
	freshly	
	副 〜したばかりで	
	プリンターが適切に作動していません。	

214	**(A) ideal**	idealは、求人の要件でも頻出。例 The ideal candidate will have a university degree in mechanical engineering. (理想の候補者は、機械工学の大学の学位を持っている方です)
	形 理想的な、理想の	
	instant	
	形 瞬間的な	
	ビジネスを始めるのに理想的な場所を見つける	

215	**(B) accompanied**	「〜に同行する、伴奏する」の意味でも出る。X is accompanied by Y. の形では、Xが「主」でYが「従」、能動態ならそれが逆になることに注意。例 A DVD accompanies the book. (DVDが本に付いてくる) 動詞のobjectは、object to X (Xに反対する) の形で主に出る。
	accompany 動 同行する、付いてくる、伴奏する	
	objected	
	object 動 反対する　名 物、目的	
	その本には、DVDが付属しています。	

216	**(B) decrease**	名詞の場合、decrease in X(Xの減少)の形が重要。動詞でも出る。例 Our sales have decreased recently.(当社の売り上げは最近減った) 😅 TOEIC の世界では、ささいなことでもすぐに委員会が結成されるので、committeeは超頻出語。
	名 減少、低下　動 減る、減らす	
	committee	
	名 委員会	
	□ **inventory** 名 在庫	
	在庫の減少	

217	**(B) complex**	「建物の集合体」を表す名詞でも頻出。例 housing complex(集合住宅)、office complex(オフィスビル)、sports complex(スポーツの複合施設)
	形 複雑な　名 複合ビル、複合施設	
	tasty	
	形 美味しい	
	□ **enable** 動 可能にする　□ **perform** 動 行う　□ **task** 名 仕事、任務	
	AI(人工知能)は、ロボットが複雑な仕事を行うことを可能にする。	

218	**(A) analysis**	data analysis(データ分析)や market analysis(市場分析)といった形でも出る。workloadは、reduce workload(作業量を減らす)や increase workload(作業量を増やす)といった表現を頭に入れよう。
	名 分析	
	workload	
	名 作業量	
	□ **chemical** 形 化学的な　□ **soil** 名 土壌	
	土壌の化学的分析結果	

219	**(B) established**	「長年にわたってしっかりestablish(築き上げ)られた」イメージの形容詞。例 established customers(お得意様) excitedは、be excited about X(Xに興奮している)とbe excited to do(〜することに興奮している)の形が重要。
	形 確固たる、定評のある、定番の	
	excited	
	形 興奮して	
	□ **reputation** 名 評判	
	確固たる評判を持つ	

220	**(B) suitable**	be suitable for X(Xに適した)は重要表現。suitable candidate(適任の候補者)やsuitable replacement(適切な交換品・後任)といった表現も覚えよう。agriculturalは、agricultural products(農産物)や agricultural technology(農業技術)といった形で出る。
	形 ふさわしい、適切な	
	agricultural	
	形 農業の	
	我々のプログラムは、あらゆる年代に適しています。	

221

create a ------- password

(A) secure
(B) native

222

a guided tour to ------- a picturesque town and its castle

(A) explore
(B) translate

223

clean up a ten-kilometer ------- of highway

(A) stretch
(B) wage

224

------- new business opportunities

(A) transport
(B) identify

225

The autobiography is ------- popular with young people.

(A) particularly
(B) exactly

226

The garden is an ------- feature of the property.

(A) attractive

(B) electronic

227

take preventive ------- against the virus

(A) measures

(B) deposits

228

The applicant has an extensive ------- in social media marketing.

(A) checkout

(B) background

229

The company reorganized its corporate -------.

(A) bargain

(B) structure

230

The hotel will ------- sometime next spring.

(A) reopen

(B) highlight

221	**(A) secure**	「(難しいものを) 確保する」「しっかり固定する」という動詞も重要。例 secure funding (資金を確保する)、A bicycle is secured to a post. (自転車が柱に固定されている) native は、native plants (土着の植物) や、native of Japan (日本生まれの人) といった形で出る。
	形 安全な 動 確保する、しっかり固定する	
	native	
	形 出身の、土着の 名 出身の人	
	□ create 動 創造する	
	安全なパスワードを作る	

222	**(A) explore**	「(可能性やアイデア等を) 精査する」の意味でも出る。例 explore a possibility (可能性を精査する)、explore a proposal (提案を精査する) translate は、translate X into Y (XをYに翻訳する) の形が重要。例 translate an e-mail into Japanese(メールを日本語に訳す)
	動 散策する、探索する、精査する	
	translate	
	動 翻訳する	
	□ guided tour ガイド付きのツアー □ picturesque 形 絵のように美しい □ castle 名 城		
	絵のように美しい町とお城を探索するガイド付きのツアー		

223	**(A) stretch**	😄 TOEICの世界では、ボランティアによる清掃活動は盛んに行われるが、ごみを不法投棄する人は存在しない。
	名 区域、期間 動 伸ばす、伸びる	
	wage	
	名 賃金	
	□ clean up 清掃する □ highway 名 幹線道路		
	幹線道路の10キロの区域を清掃する		

224	**(B) identify**	探していたモノや人を、「これだ!」と見つけるイメージ。例 identify a problem (問題を特定する) transportは主に名詞で出るが、動詞がPart 1で出るのに注意。例 Some materials are being transported on a truck. (トラックで資材が輸送されている)
	動 特定する、見つける	
	transport	
	動 輸送する 名 輸送	
	□ opportunity 名 機会	
	新たなビジネスチャンスを見つける	

225	**(A) particularly**	be particularly interested in X (Xに特に関心がある) も重要表現。exactlyは、exactly one hour (ちょうど1時間) のような数詞の前や、I don't know exactly why. (正確になぜなのかは知りません) といった疑問詞の前に置かれる形で主に出る。
	副 特に	
	exactly	
	副 まさしく、正確に、ちょうど	
	□ autobiography 名 自叙伝	
	その自叙伝は、特に若い人に人気です。	

226 **(A) attractive**

形 魅力的な

electronic

形 電子の

□ **feature** 名 特徴　□ **property** 名 不動産

Part 7の2・3文書問題で、不動産の物件紹介が出たら、借主が最も重要視している条件や、一つだけ満たしてない希望条件が、クロス問題（複数の文書上の情報を関連付けて解く問題）の出題ポイントとなる可能性が高い。頭に入れておこう。

その庭園は、その不動産の魅力的な特徴の一つです。

227 **(A) measures**

measure 名 対策、手段 動 測定する、評価する

deposits

deposit 名 保証金、敷金、預金 動 預け入れる

□ **preventive** 形 予防の

take measures (対策を講じる) は重要表現。動詞でも出る。例 A man is measuring a cabinet. (男性が戸棚を測っている) deposit は、敷金や、何かをレンタル・購入する際の保証金や手付金、頭金のこと。例 pay a security deposit (敷金を支払う)

ウィルスに対する予防策を講じる

228 **(B) background**

名 経歴、背景

checkout

名 チェックアウト、(スーパーの) レジカウンター

□ **applicant** 名 応募者　□ **extensive** 形 幅広い

background in X(Xの経歴) は重要表現。「背景」の意味でも出る。例 white letters on a blue background(青地に白文字)、historical background of an event (イベントの歴史的背景) checkout は、「(ホテルの) チェックアウト」以外に「レジカウンター」の意味も重要。

その応募者は、ソーシャルメディアマーケティングの幅広い経歴を持っている。

229 **(B) structure**

名 構造 (物)、建造物

bargain

名 お買い得 (品) 動 (値段等を) 交渉する

□ **reorganize** 動 再編成する　□ **corporate** 形 会社の

Part 1でも出るのに注意。例 A wooden structure is under construction.(木の建造物が建設中だ) bargainは名詞・動詞の両方で出る。例 look for a bargain (お買い得品を探す)、bargain for a raise (昇給を求めて交渉する)

その会社は、自社の組織を再編成した。

230 **(A) reopen**

動 再オープンする

highlight

動 強調する、強調表示する 名 見どころ

Part 7で、reopenとあれば、それ以前に一時的に閉まっていたことの正解根拠になる。highlightは、「何かにlight (光) を当てて強調する」イメージ。「強調表示する」の意味でも出る。例 highlighted section of the page(ページの強調表示された部分)

そのホテルは、来春営業を再開する予定だ。

231 on a quarterly -------
(A) proof
(B) basis

232 The apartment is ------- furnished.
(A) verbally
(B) fully

233 The botanical garden in Singapore is ------- known.
(A) widely
(B) respectively

234 Ms. Umaga has a charming ------- and is always positive.
(A) phase
(B) personality

235 visit a ------- exhibition at a museum
(A) permanent
(B) conscious

236

The store manager was ------- apologetic about the delay.

(A) presently
(B) extremely

237

The region ------- on tourism.

(A) relies
(B) recovers

238

Kanda University was ------- in 1987.

(A) attracted
(B) founded

239

Howard has been ------- president of the Wexford Business Association.

(A) described
(B) appointed

240

We have ------- submitted a bid for the construction project.

(A) formally
(B) severely

231	**(B) basis**	on a daily/weekly/monthly/yearly basis (日・週・月・年単位で) の形も重要。関連表現として、on a first-come, first-served basis (先着順で) も覚えよう。proofは、proof of purchase (購入証明) やproof of identity (身分証明) といった形で出る。
	名 ベース、基準、根拠	
	proof	
	名 証明	
	□ quarterly 形 四半期の	
	四半期ごとに	

232	**(B) fully**	fully booked (予約で一杯で) や、fully renovated (全面改装されて)、fully restored (全面復旧して) といった形でも出る。
	副 完全に	
	verbally	
	副 口頭で	
	□ furnish 動 (家具を) 備え付ける	
	そのアパートは家具完備です。	

233	**(A) widely**	過去分詞を修飾する形で主に出る。例 widely circulated magazine (広く流通している雑誌) respectivelyは、2つ以上の事柄を列記する形で用いられる。例 Tex and Masaya, 16 and 18, respectively (Texとマサヤ、それぞれ16歳と18歳)
	副 広く	
	respectively	
	副 それぞれ、各々	
	□ botanical garden 植物園	
	そのシンガポールの植物園は広く知られている。	

234	**(B) personality**	😊 TOEICの世界には、常にネガティブな人は存在しない。
	名 人柄、個性	
	phase	
	名 段階	
	□ charming 形 魅力的な	
	Umagaさんは、人柄が魅力的で、常にポジティブだ。	

235	**(A) permanent**	「常にそこにある (いる)」という意味。例 permanent home (永住する家)、permanent position (常勤職)、permanent staff (常勤のスタッフ) 髪の毛のperm (パーマ) は、permanent wave の略で、ずっとウェーブが崩れない髪型のこと。
	形 常設の、永久の、常雇用の	
	conscious	
	形 意識した、意識的な	
	□ exhibition 名 展示 (会)	
	ミュージアムでの常設展示を訪れる	

236 (B) extremely

副 きわめて、すごく

presently

副 現在

extremely は、通常動詞を修飾せず、形容詞や副詞を修飾する語法にも注意。例 extremely important（きわめて重要な）、work extremely diligently（きわめて勤勉に働く）

□ apologetic 形 申し訳なさそうな　□ delay 名 遅れ

その店長は、遅れについて非常に申し訳なさそうだった。

237 (A) relies

rely 動 頼る

recovers

recover 動 回復する、取り戻す　名 回復

常に rely on X（Xに頼る）の形で用いられ、間に副詞を挟む形でも出る。例 rely heavily on X（Xに強く依存する）、rely solely on X（Xのみに頼る）　recover は、recover from X（Xから回復する）の形が重要。例 recover from a cold（風邪から回復する）

□ region 名 地域　□ tourism 名 観光業

その地域は、観光業に依存している。

238 (B) founded

found 動 設立する、創立する

attracted

attract 動 呼び込む、引き付ける、誘致する

お金を出して会社や学校、病院等を立ち上げることで、「foundation（基盤）を築く」イメージ。attract は、磁石のように、人やモノを「呼び込む、引き付ける」こと。例 attract new customers（新規顧客を呼び込む）、attract attention（注意を引く）

カンダ大学は、1987年に設立された。

239 (B) appointed

appoint 動 指名する、任命する、選出する

described

describe 動 説明する、描写する

appoint X to do（〜するようXを指名する）や、appoint X (as) Y（XをYに指名する）の形を取る語法も重要（問題文はSVOCの受動態）。describe は、どんな人やモノ、内容なのかを詳しく説明すること。例 describe the history of a company（会社の歴史を説明する）

Howardは、Wexford商業組合の会長に指名された。

240 (A) formally

副 正式に

severely

副 ひどく、厳しく

😊 TOEICの世界では、競争入札での談合（入札業者間で事前に話し合って落札する業者を決め、その業者が落札できるように入札内容を調整する違法行為）は絶対に行われない。

□ submit 動 提出する　□ bid 名 入札　□ construction 名 建設

当社は、その建設プロジェクトの入札を正式に行いました。

241

allocate the ------- funds

(A) remaining
(B) cheerful

242

Mr. Whitman seems to be a very ------- candidate.

(A) promising
(B) rapid

243

I am ------- to improve my English communication skills.

(A) economic
(B) eager

244

------- the problem from recurring

(A) prevent
(B) hesitate

245

You can select ------- renewal of your subscription.

(A) relative
(B) automatic

246

There is a ------- demand for our electric stoves.

(A) steady

(B) guided

247

-------, Ms. Patel has been working overtime.

(A) Lately

(B) Smoothly

248

due to ------- weather conditions

(A) personal

(B) unexpected

249

Chris has been ------- to the company for over 20 years.

(A) unique

(B) loyal

250

in the event of a power -------

(A) relief

(B) failure

241	**(A) remaining**	文法問題でも出題例があるので、-ing形であることも押さえよう（過去分詞のremainedは名詞を修飾しない）。例 There are a few tickets remaining for the seminar.（そのセミナーのチケットはまだ数枚残っている）
	形 残りの	
	cheerful	
	形 陽気な	
	□ **allocate** 動 割り当てる　□ **fund** 名 資金	
	残りの資金を割り当てる	

242	**(A) promising**	文法問題でも出題例があるので、-ing形であることも押さえよう。例 promising future（有望な未来）rapidは、rapid growth（急成長）やrapid increase（急増）、rapid expansion（急拡大）といった形で出る。
	形 有望な、前途有望な	
	rapid	
	形 急速な	
	□ **seem** 動 〜のように思える　□ **candidate** 名 候補者	
	Whitmanさんは、とても有望な候補者に思える。	

243	**(B) eager**	不定詞を伴う語法も重要。名詞を修飾する形でも用いられる。例 eager young students（意欲にあふれた若い学生たち）economic は、economic development（経済発展）やeconomic policy（経済政策）といった形で出る。
	形 〜したがる、熱望する、意欲的な	
	economic	
	形 経済の	
	□ **improve** 動 改善する、向上させる	
	私は、自分の英語のコミュニケーション能力を向上させることを強く望んでいます。	

244	**(A) prevent**	prevent X from doing（Xが〜することを防ぐ）の形を取る語法も重要。hesitate は自動詞で、do not hesitate to do（遠慮なく〜してください）の形で頻出する。例 Please do not hesitate to contact me.（遠慮なく私にご連絡ください）
	動 防ぐ、阻む	
	hesitate	
	動 ためらう	
	□ **recur** 動 再発する	
	問題が再発することを防ぐ	

245	**(B) automatic**	automatic payment（自動支払い）や、automatic reply（自動応答）、automatic withdrawal（自動引き落とし）といった表現も押さえよう。relativeは名詞でも出る。例 I'm going to see my relatives tomorrow.（私は明日親戚に会いに行きます）
	形 自動の	
	relative	
	形 相対的な、他と比べての　名 親戚	
	□ **renewal** 名 更新　□ **subscription** 名 長期契約	
	お客様は、長期契約の自動更新をお選びいただけます。	

246	**(A) steady**	「着実な」の意味でも出る。例 steady increase in sales (売り上げの着実な増加) guidedは、guided tour (ガイド付きのツアー)の形で頻出する。例 I took a guided tour of the museum. (私はそのミュージアムのガイド付きのツアーに参加した)
	形 安定した、着実な、動かない	
	guided	
	形 ガイド付きの	

□ demand 名 需要 　□ electric stove 電気コンロ

当社の電気コンロには、安定した需要があります。

247	**(A) Lately**	late (遅く) の意味ではないことに注意。動詞問題でも狙われるので、文修飾の形に加え、原則として現在完了形で用いられる時制も頭に入れよう。smoothlyは、go smoothly (スムーズに進む) が重要表現。
	lately 副 この頃、最近	
	Smoothly	
	smoothly 副 スムーズに	

□ overtime 副 時間外で

この頃、Patelさんはずっと残業している。

248	**(B) unexpected**	😎 TOEICの世界では、悪天候、機体や空港設備の不具合、乗務員不足、滑走路の混雑、乗継便の遅延といった理由でフライトの遅れは日常的に発生するが、航空事故やテロは絶対に起こらない。
	形 予想外の	
	personal	
	形 個人的な、個人の	

□ due to ～が理由で

予想外の気象条件が理由で

249	**(B) loyal**	be loyal to X (Xに対して忠実である) 以外に、loyal customers (愛用者) の形でも頻出。uniqueは、「オンリーワン」のイメージ。例 unique opportunity (他にはない機会) Part 7で、unequaled/unmatched (並ぶもののない、比類のない) との言い換えにも注意。
	形 忠実な、忠誠心のある	
	unique	
	形 独自の、オンリーワンの	

Chrisは、20年以上、会社のために尽くしてきた。

250	**(B) failure**	「停電」は power failure または power outage。failure to do (～しそこなう、～するのに失敗する) の形も押さえよう。例 failure to keep an appointment (アポを守りそこなう) reliefは、That's a relief. (ほっとしました) がLの重要表現。
	名 不具合、失敗	
	relief	
	名 安心感、(苦痛や悩みなどの) 緩和	

□ in the event of ～の場合 　□ power 名 電力

停電の場合

251

I found the workshop ------- engaging and informative.

(A) equally
(B) diligently

252

The book is ------- long.

(A) fairly
(B) routinely

253

The event is popular among tourists and residents -------.

(A) either
(B) alike

254

depend on food -------

(A) imports
(B) sums

255

My decision was ------- based on my desire to work in Tokyo.

(A) largely
(B) readily

256

I'm ------- familiar with the subject.

(A) beautifully
(B) somewhat

257

request an ------- to a policy

(A) exception
(B) element

258

------- a problem immediately

(A) address
(B) retain

259

The machine has a ------- design.

(A) glad
(B) compact

260

conduct an ------- interview

(A) empty
(B) informal

251	**(A) equally**	「均等に、平等に」の意味でも出る。例 treat all customers equally(すべてのお客様を平等に扱う) diligentlyは、work diligently(勤勉に働く)が重要表現。問題文中のengaging(魅力的な)も重要語。例 write an engaging story(魅力的なストーリーを書く)
	副 同等に、均等に、平等に	
	diligently	
	副 勤勉に	
	□ **engaging 形** 興味をそそる、魅力的な　□ **informative 形** 役に立つ	
	私はその研修会が、興味深く、かつ有益だと思った。	

252	**(A) fairly**	
	副 かなり	😊 TOEICの世界には、fairy(妖精)は存在しない。
	routinely	
	副 日常的に、いつも	
	その本はかなり長い。	

253	**(B) alike**	X and Y alike (XもYも同様に)は重要表現。eitherは、either X or Y (XかYか)のペア表現がPart 5で定期的に出題される。both X and Y (XもYも)とneither X nor Y (XもYも～ない)のペア表現も合わせて覚えよう。
	副 同様に　**形** よく似た	
	either	
	副 どちらも～ない　**代** どちらか(も)　**形** どちらの	
	□ **resident 名** 住民	
	そのイベントは、観光客にも住民にも同様に人気だ。	

254	**(A) imports**	動詞も重要。例 import agricultural products(農産物を輸入する)　sumは、large sum of money(多額のお金)といった形で出る。
	import **名** 輸入(品)　**動** 輸入する	
	sums	
	sum **名** 額	
	□ **depend on** ～に頼る	
	食品の輸入に頼る	

255	**(A) largely**	X is largely due to Y. (Xは主にYが理由だ)や、thanks largely to X (主にXのおかげで)といった形でも出る。readilyは、readily available(簡単に入手できる)が重要表現。
	副 主に、大半が	
	readily	
	副 すぐに、簡単に	
	□ **decision 名** 決定、決断　□ **based on** ～に基づいて　□ **desire 名** 願望	
	私が決断したのは、東京で働きたいという思いが大きかったからです。	

256	**(B) somewhat**	Part 7で、アンケートの回答の選択肢としても出る。例 somewhat attractive (多少魅力的だ) beautifullyは、beautifully landscaped garden (美しく造園された庭)といった形で用いられる。
	副 幾分、多少	
	beautifully	
	副 美しく	
	□ **familiar** 形 なじみがある □ **subject** 名 主題、テーマ、科目	
	私はそのテーマにある程度なじみがあります。	

257	**(A) exception**	be no exception (例外ではない) も重要表現。例 The law applies to all countries, and Japan is no exception. (その法律はすべての国に適用され、日本も例外ではない) elementは、architectural elements (建築要素) といった形で出る。
	名 例外	
	element	
	名 要素	
	□ **policy** 名 規定	
	規定に対する例外を求める	

258	**(A) address**	「まっすぐに向ける」が語源の多義語。問題に立ち向かえば「対処する」、人に向かえば「話しかける」といった意味になる。例 address the audience (聴衆に話しかける) retainは、retain skilled workers (熟練した作業員を確保する) といった形で出る。
	動 対処する、話しかける 名 演説、住所	
	retain	
	動 保持する、維持する、確保する	
	□ **immediately** 副 ただちに、即座に	
	問題にただちに対処する	

259	**(B) compact**	compact car (小型車) の形でも頻出。gladは、glad (that) SV (SがVしてうれしい) や glad to do (〜してうれしい) の形が重要。例 I'm glad I could help. (お役に立ててよかったです)、I'm glad to hear that. (それを聞いてうれしいです)
	形 コンパクトな	
	glad	
	形 うれしい	
	そのマシンは、デザインがコンパクトだ。	

260	**(B) informal**	formal (正式な、フォーマルな) の反義語。informal interviewは、形式ばった堅い面接ではなく、雑談中心のくだけた面接のこと。emptyは、Part 1では動詞でも出る。例 She's emptying out the contents of a cup. (彼女はカップの中身を出して空にしている)
	形 非公式の、形式ばらない、カジュアルな	
	empty	
	形 空の 動 空にする	
	□ **conduct** 動 行う	
	形式ばらない面接を行う	

261

provide a detailed -------

(A) explanation
(B) competition

262

We have ------- made progress.

(A) indeed
(B) purely

263

This cubicle will fit ------- in your office.

(A) perfectly
(B) personally

264

I was surprised by the employees' -------
to the new dress code.

(A) operation
(B) reaction

265

------- employees into carpooling groups

(A) split
(B) achieve

266

The number of subscribers has increased ------- in recent months.

(A) dramatically

(B) safely

267

------- a new security policy

(A) proceed

(B) adopt

268

receive an ------- for exceptional community service

(A) aspect

(B) award

269

transform ------- business practices into new ones

(A) upset

(B) traditional

270

The CEO ------- appears in public.

(A) seldom

(B) soon

261	**(A) explanation**	brief explanation（手短な説明）や simple explanation（簡単な説明）といった形でも出る。competition は、「競技会」「コンテスト」の意味が最頻出。例 cooking competition（料理コンテスト）、sports competition（スポーツの競技会）
	名 説明	
	competition	
	名 競技会、競争、競争相手	
	□ provide 動 提供する　□ detailed 形 詳細な	
	詳細な説明を提供する	

262	**(A) indeed**	indeed は、「実際」「本当に」といった強調の意味で主に出る。purely は、Participation is purely voluntary.（参加はあくまで任意です）といった形で用いられる。
	副 実際、本当に、とても	
	purely	
	副 純粋に	
	□ progress 名 進歩	
	我々は、実際進歩しました。	

263	**(A) perfectly**	fit perfectly（ぴったり合う）以外に、That works out perfectly.（それで完璧です）も重要表現。personally は、I know the author personally.（私はその著者を個人的に知っている）のように用いられる。
	副 完璧に、ぴったり	
	personally	
	副 個人的に	
	□ cubicle 名 （パーテーションで区切られた個別の）作業スペース　□ fit 動 合う	
	この作業スペースは、あなたのオフィスにぴったり合うでしょう。	

264	**(B) reaction**	😊 TOEIC の世界でも、「働き方改革」のため、企業は新たな規定を次々に導入している。会社が週休3日になり、「いいわね、この制度。先週末なんて、海外の親戚の家に遊びに行って来たわ。ホホホ（ニュアンス）」と話す優雅な社員も登場した。
	名 反応	
	operation	
	名 運営、操作	
	□ dress code 服装規定	
	私は、新しい服装規定に対する従業員の反応に驚かされた。	

265	**(A) split**	split は、前置詞 into と相性が良いことも押さえよう。achieve は、achieve a goal（目標を達成する）や achieve financial success（財政的成功を収める）といった形で出る。設問中の carpooling（相乗り）も重要語。
	動 分ける、別れる　名 裂け目、分断	
	achieve	
	動 達成する	
	□ carpooling 名 相乗り	
	従業員を相乗りグループに分ける	

266 (A) dramatically

副 劇的に

😊 TOEICの世界には、数字の劇的な増減はあるが、男女のドラマチックな出会いはない。

safely

副 安全に

□ subscriber 名 長期契約者　□ increase 動 増える　□ recent 形 最近の

長期契約者数が、最近数か月で劇的に増えた。

267 (B) adopt

動 (考えや計画、方法を) 採用する

adoptは、新たな規定や提案、方法等を opt (選ぶ) して採用すること。proceed は自動詞で、proceed to the second floor (2階に進む) といった形で、直接目的語を取らない語法も重要。

proceed

動 進む

□ policy 名 規定

新しい安全規定を採用する

268 (B) award

名 賞　動 授与する

動詞でも出る。例 The prize was awarded to Akio Fujieda. (その賞はアキオ・フジエダさんに授与された) 形容詞のaward-winning (受賞歴のある) も重要語。例 award-winning writer (受賞歴のある作家)

aspect

名 面、局面

□ exceptional 形 並外れた、優れた　□ community service 社会奉仕

優れた社会奉仕で受賞する

269 (B) traditional

形 伝統的な、従来型の、昔ながらの

traditional French dish (伝統的なフランス料理) や、traditional approach (従来型の手法)、traditional bookstore (昔ながらの書店) といった形でも出る。設問中の transform X into Y (XをYに一変させる) も重要表現。

upset

形 動揺して　動 動揺させる　名 動揺

□ transform 動 一変させる　□ business practices 商習慣

伝統的な商習慣を新しいものに一変させる

270 (A) seldom

副 めったに～ない

seldomは、not often や almost never の意味。soonは、単独で用いられる場合、通常未来の出来事を表すことにも注意。例 The CEO will soon appear in public. (そのCEOはもうすぐ公の場に現れるだろう)

soon

副 もうすぐ

□ appear 動 現れる　□ in public 人前で

そのCEOは、めったに公の場に現れない。

271 The article is ------- 30 pages in length.

(A) sharply
(B) roughly

272 The temperature is ------- rising.

(A) gradually
(B) individually

273 a positive ------- on sales

(A) impact
(B) application

274 The company announced its ------- to increase its production capacity next year.

(A) interest
(B) intention

275 The project is running ------- behind schedule.

(A) slightly
(B) normally

276

The company is a top-notch steel -------.

(A) treatment
(B) producer

277

Programming may seem ------- to a lot of people.

(A) surprised
(B) mysterious

278

I stopped by the construction ------- this morning.

(A) delivery
(B) site

279

The building is currently under -------.

(A) construction
(B) cooperation

280

send the results from the recent customer ------- via e-mail

(A) survey
(B) fare

271	**(B) roughly**	「おおよそ、ざっくり」の意味で、主に数詞を修飾する。囫 roughly five percent（ざっくり5%） sharply は、品詞問題でも狙われるので、rise sharply（急上昇する）や increase sharply（急増する）といった自動詞を修飾する形も頭に入れておこう。
	副 おおよそ、ざっくり	
	sharply	
	副 急激に、はっきりと	
	□ article 名 記事 □ length 名 長さ	
	その記事はおおよそ30ページの長さだ。	

272	**(A) gradually**	😀 TOEIC の世界では、気温の上昇に対する注意喚起は行われるが、暑さで体調を崩す人は存在しない。
	副 徐々に	
	individually	
	副 個別に	
	□ temperature 名 気温 □ rise 動 上がる	
	気温が徐々に上がっている。	

273	**(A) impact**	environmental impact（環境への影響）の形でも出る。動詞も重要。囫 impact the environment（環境に影響する） application は多義語。囫 application form（応募用紙）、update an application（応募書類を更新する）、mobile application（携帯アプリ）
	名 影響 動 影響する	
	application	
	名 応募（書類）、申請（書類）、応用、アプリ	
	販売に対する良い影響	

274	**(B) intention**	intention は intention to do（～する意図）、interest は interest in (doing) X（～への興味）の形になる。囫 Thank you for your interest in working for our company.（当社で働くことにご興味をお持ちいただき、ありがとうございます）
	名 意図、意向	
	interest	
	名 興味、関心	
	□ announce 動 発表する □ increase 動 増やす □ production capacity 生産能力	
	その会社は、来年、生産能力を増やす意向を発表した。	

275	**(A) slightly**	比較級を修飾する形でも出る。囫 The apartment is slightly more expensive than others.（そのアパートは他より少し値段が高い） normally は、文修飾の語法も頭に入れよう。囫 Normally, the store is busy on Sundays.（通常、その店は日曜日は忙しい）
	副 わずかに	
	normally	
	副 通常は、普通は	
	□ behind schedule 予定より遅れて	
	そのプロジェクトは、わずかに予定より遅れている。	

276	**(B) producer**	producerは、日本語では「人」を表すが、英語では、「(番組等の) プロデューサー」以外に、「生産者、メーカー、生産地」も表すのに注意。treatmentは、「治療」以外に「処理」の意味でも出る。例 water treatment (水処理)、finishing treatment (仕上げ処理)
	名 生産業者、メーカー、プロデューサー	
	treatment	
	名 治療、処理、扱い	
	□ **top-notch** 形 一流の　□ **steel** 名 鉄鋼	
	その会社は一流の鉄鋼メーカーだ。	

277	**(B) mysterious**	😄 TOEICの世界では、現代の自然科学で説明できない謎の超常現象は起こらない。ただし、住民がなぜ不老不死なのか等、謎は多い。
	形 謎の	
	surprised	
	形 驚いている	
	プログラミングは、多くの人にとって、謎に思えるかもしれない。	

278	**(B) site**	Webのある場所がWeb site。historic site (史跡) や work site (作業現場) といった形でも出る。形容詞・副詞のon-site (その場の、その場で) も頻出。文脈によって、「社内、店内、館内、ホテル内」といったさまざまな意味になる。例 on-site parking (敷地内の駐車場)
	名 場所	
	delivery	
	名 配達 (物)、話し方	
	□ **stop by** ~に立ち寄る　□ **construction** 名 建設	
	私は今朝、その建設現場に立ち寄った。	

279	**(A) construction**	前置詞underを用いた、under renovation (改装中)、under warranty (保証期間中)、under the direction of X (Xの指示の下で) といった表現も頭に入れよう。いずれも「状況下」「影響下」「指揮下」といった「下」が基本イメージ。
	名 建設、工事、構造	
	cooperation	
	名 協力	
	□ **currently** 副 現在	
	その建物は、現在建設中だ。	

280	**(A) survey**	conduct a survey (調査を行う) と、complete/fill out a survey (アンケートに記入する) も重要表現。動詞でも出る。例 Who was surveyed? (調査を受けたのは誰ですか) fareは「運賃」以外に、「料理」の意味でも出る。例 traditional fare (伝統的な料理)
	名 (アンケート) 調査　動 (アンケート) 調査を行う	
	fare	
	名 運賃、(店の) 料理	
	□ **recent** 形 最近の　□ **via** 前 ~経由で	
	最近の顧客調査の結果をメールで送る	

281

------- three letters of recommendation

(A) submit
(B) represent

282

share ------- with each other

(A) patience
(B) observations

283

reduce the marketing -------

(A) budget
(B) circumstance

284

Mr. Vasquez ------- to division manager.

(A) located
(B) advanced

285

The cafeteria is ------- closed.

(A) currently
(B) kindly

286

------- a new line of household appliances

(A) urge
(B) promote

287

prior to ------- for the class

(A) constructing
(B) registering

288

The Sakura Museum of Art features an interactive -------.

(A) exhibit
(B) departure

289

knowledge about ------- technologies

(A) occasional
(B) current

290

interview ------- in person

(A) dimensions
(B) candidates

281	**(A) submit**	submit a form(用紙を提出する) や、submit a request(依頼を出す)、submit a payment (支払いをする) といった形で頻出する重要語。representは、必ずしも代表取締役を表す訳ではない。一担当者でも会社を代表すれば、represent a companyといえる。
	動 提出する、(正式に) 出す	
	represent	
	動 代表する、相当する、表す	
	□ **recommendation** 名 推薦	
	3通の推薦状を提出する	

282	**(B) observations**	🔄 TOEIC の世界では、住民は、発見や気づきを独り占めせず、常に快く他人とシェアする。
	observation 名 (観察の結果得た)気づき、観察	
	patience	
	名 我慢強さ、辛抱	
	互いに気づきを共有する	

283	**(A) budget**	budgetは名詞で頻出するほか、動詞や形容詞でも出るのに注意。例 budget enough money for advertising(宣伝に十分な予算を計上する)、stay at a budget hotel (格安ホテルに宿泊する)
	名 予算 動 予算に計上する 形 格安の	
	circumstance	
	名 状況、地位	
	□ **reduce** 動 減らす	
	マーケティング予算を減らす	

284	**(B) advanced**	advanceは、名詞や形容詞でも出る。例 in advance(事前に)、advance notice(事前通知) 派生語の形容詞 advanced (先端の、上級の) も重要。例 advanced technology (先端技術) locateは、(D) Locate a store (店を見つける) といった形で選択肢にも出る。
	advance 動 昇進する 名 進歩 形 事前の	
	located	
	locate 動 見つける	
	□ **division** 名 部門	
	Vasquezさんは、部門長に昇進した。	

285	**(A) currently**	Our office is currently closed. (当オフィスは現在閉業中です) は電話の自動応答メッセージの決まり文句の一つ。kindlyは、「親切に」以外に、pleaseの意味で相手に何かを依頼する際にも用いられる。例 Kindly reply by May 1. (何卒、5月1日までにご返事ください)
	副 現在	
	kindly	
	副 親切に、何卒	
	□ **cafeteria** 名 社員食堂、学食 □ **closed** 形 閉まっている	
	社員食堂は、現在閉まっています。	

286	**(B) promote**	pro (前) に move (動かす) が語源。目的語が商品なら「販売促進する」、人なら「昇進させる」、プログラム等なら「推進する」といった意味になる。urge は、urge〈人〉to do の形を取る語法にも注意。 例 urge staff to work quickly (早く作業するようスタッフに強く促す)
	動 宣伝する、昇進させる、推進する	
	urge	
	動 強く促す	
	□ household 形 家庭用の　□ appliance 名 電化製品	
	家庭用電化製品の新しいラインナップを宣伝する	

287	**(B) registering**	「〜に登録する」の意味では自動詞で、register for X と前置詞を伴う語法にも注意。「〜を登録する」の意味では他動詞。例 register a hotel guest (ホテルのゲストを登録する) prior to の to は前置詞で、動名詞や名詞を伴う語法も押さえよう。
	register 動 登録する 名 レジ、登録簿	
	constructing	
	construct 動 建設する	
	□ prior to 〜の前に	
	クラスに登録する前に	

288	**(A) exhibit**	動詞でも出る。例 The painting will be exhibited in Tokyo this summer. (その絵画は東京で今夏展示される予定だ) departure は、「出発」以外に、departure from the usual style (普通のスタイルからの逸脱) のように「逸脱、離脱」の意味もあるのに注意。
	名 展示 (会)、展示 (物) 動 展示する	
	departure	
	名 出発、逸脱	
	□ feature 動 目玉にする　□ interactive 形 双方向性の	
	Sakura アートミュージアムは、双方向性の展示を目玉にしている。	

289	**(B) current**	current の cur の語源は「流れる、走る」。current (今流れている→現在の)、currency (今流通しているモノ→通貨)、occur (流れ出す→発生する)、incur (中に走りこむ→負担する) occasional は、occasional trip (たまの旅行) といった形で用いられる。
	形 現在の	
	occasional	
	形 たまの	
	□ knowledge 名 知識	
	現在の科学技術に関する知識	

290	**(B) candidates**	candidate の語源は、candle (ロウソク) と同じ「白」。古代ローマ時代、候補者が身の潔白を証明するため、白い服を着ていたことに由来する。TOEIC では、主に「(採用や昇進、表彰の) 候補者」の意味で出る。
	candidate 名 候補者	
	dimensions	
	dimension 名 寸法、次元	
	□ in person (メールや電話等ではなく) 直接、直に	
	候補者を直に面接する	

291

The ------- for submissions is February 15.

(A) deadline

(B) status

292

Dolores works at a research -------.

(A) laboratory

(B) compromise

293

publicize an ------- job fair

(A) astonished

(B) upcoming

294

speak to a customer service -------

(A) exposure

(B) representative

295

We are planning to ------- into India.

(A) host

(B) expand

296 Daniel will ------- the rafting trip.

(A) organize
(B) apologize

297 The journal ------- on the aviation industry.

(A) focuses
(B) monitors

298 inform employees of an ------- payroll policy

(A) updated
(B) athletic

299 We received a ------- of drapes this morning.

(A) collaboration
(B) shipment

300 obtain a cost -------

(A) acceptance
(B) estimate

291	**(A) deadline**	deadlineは、元々、刑務所の囚人がそこを越えると撃たれる「死線」という意味。TOEICの世界には、締め切りに間に合わず逃亡する著者や、締め切りに間に合わなかったことを厳しく叱責する上司は存在しない。
	名 締め切り	
	status	
	名 状況、地位	
	□ submission 名 提出 (物)	
	提出の締め切りは2月15日です。	

292	**(A) laboratory**	Lでは通常labと略される。例 computer lab (コンピューター室)、lab report (研究報告書)、lab technician (実験技師)　Part 1では、「顕微鏡やフラスコ、試験管→laboratory equipment (実験器具)」の言い換えに注意。
	名 研究所、実験室	
	compromise	
	名 妥協 (点)　動 妥協する、(評判等を) 傷つける	
	□ research 名 研究、調査	
	Doloresは、研究所で働いている。	

293	**(B) upcoming**	「もうすぐcoming up (やって来る)」という意味。upcoming event (今度のイベント)、upcoming merger(今度の合併)、upcoming project (今度のプロジェクト)といった形で頻出する。
	形 今度の	
	astonished	
	形 とても驚いた、仰天して	
	□ publicize 動 告知する、宣伝する　□ job fair 就職説明会	
	今度の就職説明会を告知する	

294	**(B) representative**	customer service representative (顧客サービス担当者)やsales representative (営業担当者)といった「担当者」の意味で主に出る。exposureは、direct exposure to sunlight (直射日光にさらすこと) といった形で用いられる。
	名 担当者、代表者　形 代表的な	
	exposure	
	名 さらすこと、露出	
	顧客サービス担当者と話す	

295	**(B) expand**	他動詞でも出る。例 expand business to other countries (他国にビジネスを拡大する) hostは、動詞・名詞の両方で頻出する。例 host a party (パーティを主催する)、host of a television show (TV番組の司会者)
	動 拡大する、進出する	
	host	
	動 主催する、司会をする　名 主催者、司会者	
	当社は、インドに進出しようと計画しています。	

296

(A) organize

動 取りまとめる、組織化する、整理する

apologize

動 お詫びする

□ **rafting** 名 (いかだやボートでの) 川下り

Danielが川下りの旅を取りまとめます。

organizeは「整える」が基本イメージ。会議やイベントに必要な準備を整えたり、チームを組織化したり、情報を整理整頓したりする際に用いられる。apologizeは自動詞で、直接目的語を取らない語法にも注意。例 We apologize for the delay.(遅れをお詫びします)

297

(A) focuses

focus 動 集中させる、重点を置く 名 焦点

monitors

monitor 動 監視する、注視する 名 (PCの) モニター

□ **journal** 名 専門誌　□ **aviation** 名 航空　□ **industry** 名 業界、産業

その専門誌は、航空業界に焦点を絞っている。

動詞のfocusは、カメラのfocus (焦点) を何かのon (上) にぴったり合わせるイメージ。文脈によって、「～に集中する」「～に重点を置く」「～を中心にする」といった意味になる。monitorは、「(状況に変化がないかを) 監視する」「注視する」という意味。

298

(A) updated

形 最新の、更新された

athletic

形 運動の、運動が得意な、アスリートの

□ **inform** 動 知らせる　□ **payroll** 名 給与

従業員に最新の給与規定を知らせる

updated information (更新情報) やupdated Web site (更新されたウェブサイト) といった形でも出る。類義語のup-to-date (最新の) も重要。athleticは、athletic clothing (運動着) やathletic footwear (運動靴) といった形で用いられる。

299

(B) shipment

名 配送 (品)、出荷、積み荷

collaboration

名 コラボ、協力

□ **drape** 名 (ひだのついた厚手の) カーテン

今朝、カーテンの入荷がありました。

😊 TOEICの世界では、配送の問題は日常茶飯事。配送遅れ、荷物の破損、誤配といったミスが頻発する。配送が大幅に遅れ、届いた品物と注文内容がまったく違う上、一部が破損していても、住民は決してキレることはない。

300

(B) estimate

名 見積もり 動 見積もる

acceptance

名 受け入れること、合格

□ **obtain** 動 得る

コスト見積もりを取る

price estimate (価格見積もり) の形も頻出。動詞でも出る。例 estimate the cost (コストを見積もる)、estimate that SV (SがVすると見積もる) acceptanceは、acceptance letter (受け入れ通知) のような「名詞＋名詞」の形を頭に入れよう。

設問・選択肢の単語
Q&A Words

※設問・選択肢に頻出する単語と、それぞれの
　単語が主に出るパートをまとめました。

1. According to the speaker, what happened yesterday?

2. What are listeners advised to do?

3. Where does the caller work?

4. What are the speakers discussing?

5. Where does the conversation take place?

6. What is implied about Ms. Carver?

7. What is indicated about the packaging material?

8. For whom is the notice intended?

9. What are the speakers mainly discussing?

10. What is NOT mentioned in the letter?

話し手によると、昨日何が起こりましたか。

according to	前 ～によると、～に従って	出るパート 3・4・7

聞き手は何をするように助言されていますか。

advise	動 助言する、忠告する	出るパート 4・7

電話の発信者はどこで働いていますか。

caller	名 （電話の）発信者、掛け手	出るパート 4

話し手たちは何を話し合っていますか。

discuss	動 話し合う	出るパート 3・4

会話はどこで行われていますか。

take place	行われる	出るパート 3・4・7

Carverさんについて何がほのめかされていますか。

imply	動 ほのめかす	出るパート 3・4・7

梱包材について何が示されていますか。

indicate	動 示す、示唆する	出るパート 7

そのお知らせは誰に向けられていますか。

intended	形 意図された、向けられた	出るパート 4・7

話し手たちは主に何を話し合っていますか。

mainly	副 主に	出るパート 3・4・7

手紙で述べられていないことは何ですか。

mention	動 述べる、言及する	出るパート 7

11

Who **most likely** is the woman?

12

Where will the man **probably** go next?

13

What is the **purpose** of the advertisement?

14

What is **suggested** about Mr. Henderson?

15

What does the woman **suggest** the man do?

16

What is a **requirement** of the position?

17

What are the listeners **invited** to do?

18

Why is the man **relieved**?

19

What does the woman **inquire** about?

20

What is the main purpose of the **memo**?

女性はおそらく何をしている人ですか。

most likely	おそらく、多分	出るパート 3・4・7

男性は多分次にどこに行きますか。

probably	副 多分	出るパート 3・4・7

広告の目的は何ですか。

purpose	名 目的	出るパート 3・4・7

Hendersonさんについて何が示唆されていますか。

suggest	動 示唆する	出るパート 7

女性は男性に何をするよう勧めていますか。

suggest	動 勧める、提案する	出るパート 3・4

その職の要件の一つは何ですか。

requirement	名 要件、必須条件、要求	出るパート 4・7

聞き手は何をするよう求められていますか。

invite	動 求める、招待する	出るパート 3・4・7

男性はなぜほっとしていますか。

relieved	形 ほっとして、安堵して	出るパート 3

女性は何について尋ねていますか。

inquire	動 尋ねる、問い合わせる	出るパート 3・4・7

その内部連絡の主な目的は何ですか。

memo	名 内部連絡	出るパート 7

設問・選択肢の単語　133

21 What is the man's profession?

22 What will occur in December?

23 What are employees instructed to do?

24 What can be inferred about the housekeeping service?

25 What is being advertised?

26 Questions 71 through 73 refer to the following excerpt from a meeting.

27 When will the change take effect?

28 What does the woman warn the man about?

29 What is NOT cited as a possible reason for the delay?

30 To profile a local entrepreneur

男性の職業は何ですか。

profession	名 (専門的)職業	出るパート 3・4・7

12月に何が起こりますか。

occur	動 起こる	出るパート 4・7

従業員は何をするよう指示されていますか。

instruct	動 指示する	出るパート 3・4・7

その家事提供サービスについて何が推測できますか。

infer	動 推測する	出るパート 7

何が宣伝されていますか。

advertise	動 宣伝する	出るパート 4・7

問71〜73は次の会議の抜粋に関するものです。

excerpt	名 抜粋、一部	出るパート 4

その変更はいつ発効しますか。

take effect	発効する、有効になる	出るパート 7

女性は男性に、何について注意を促していますか。

warn	動 警告する、注意を促す	出るパート 3・4

遅れの理由として挙げられていないものは何ですか。

cite	動 (例として)挙げる、引用する	出るパート 7

地元の起業家のプロフィールを紹介するため

profile	動 プロフィールを紹介する	出るパート 7

To reassure the listeners

To justify a high price

To publicize an upcoming event

To provide reassurance

To reject a suggestion

聞き手を安心させるため		
reassure	動 安心させる	出るパート 3・4

高い価格を正当化するため		
justify	動 正当化する	出るパート 3

今度のイベントを告知するため		
publicize	動 告知する、宣伝する	出るパート 7

安心感を与えるため		
reassurance	名 安心感、安心させる言葉	出るパート 3・4

提案を拒否するため		
reject	動 拒否する、断る	出るパート 3・4

730点レベル

◀5 ― ◀6

飛躍の
200問

301 hold a retirement ------- for Mr. Walsh

(A) reception
(B) nutrition

302 ------- a deadline

(A) conduct
(B) extend

303 issue a ------- for a defective product

(A) reorganization
(B) refund

304 develop a national advertising -------

(A) campaign
(B) outlook

305 order a ------- part

(A) consistency
(B) replacement

306

------- a series of free concerts

(A) react
(B) sponsor

307

in response to customer -------

(A) feedback
(B) orchard

308

Tokiwa is a leading automobile -------.

(A) manufacturer
(B) quantity

309

-------, we had to cancel the company picnic because of the rain.

(A) Critically
(B) Unfortunately

310

The ------- has expired.

(A) comparison
(B) warranty

301	**(A) reception**	「(フォーマルな) パーティ」の意味で頻出するほか、reception area／desk (受付)、clear reception (クリアな受信状況)、warm reception (温かい歓迎) といった形でも出る多義語。nutrition は、nutrition information (栄養情報) といった形で出る。
	名 パーティ、受付、受信状況、受け入れ	
	nutrition	
	名 栄養	
	□ hold 動 (イベントを) 開く　□ retirement 名 退職	
	Walsh さんのための退職パーティを開く	

302	**(B) extend**	「外に伸ばす」が語源の多義語。「延長する」以外に、「(感謝等の気持ちを正式に) 表す」の意味でも出る。例 extend an invitation (招待する)　conduct は、conduct a survey (調査を行う) や conduct a workshop (研修会を行う) といった形で頻出する重要語。
	動 延長する、(感謝等の気持ちを) 表す、伸びる	
	conduct	
	動 実行する、実施する	
	□ deadline 名 締め切り	
	締め切りを延長する	

303	**(B) refund**	receive a refund (返金を受ける) や request a refund (返金を求める) といった形も重要。動詞でも出る。例 refund a charge (請求額を返金する) 😊 TOEIC の世界では、返金が乱発されるので、この単語は超頻出。
	名 返金　動 返金する	
	reorganization	
	名 組織再編	
	□ issue 動 出す　□ defective 形 欠陥のある	
	欠陥品に対して返金を行う	

304	**(A) campaign**	marketing campaign (マーケティングキャンペーン) や fund-raising campaign (募金キャンペーン)、publicity campaign (PR 活動) といった形でも出る。outlook は、economic outlook (経済の展望) や weather outlook (天気の見通し) といった形で用いられる。
	名 キャンペーン　動 キャンペーンをする	
	outlook	
	名 展望、モノの見方	
	□ develop 動 (計画等を) 作り上げる　□ national 形 全国的な	
	全国的な広告キャンペーンを制作する	

305	**(B) replacement**	品詞問題でも狙われるので、replacement part (交換部品) のような「名詞＋名詞」の形にも注意。「後任」の意味でも出る。例 find a replacement for Taro Saito (タロウ・サイトウの後任を見つける)
	名 交換 (品)、後任	
	consistency	
	名 一貫性	
	交換部品を注文する	

306	**(B) sponsor**	名詞でも出る。例 sponsor of the concert（そのコンサートのスポンサー） react は自動詞で、react to X（Xに反応する）の形になる語法も押さえよう。例 react to the news（そのニュースに反応する）
	動 スポンサーになる **名** スポンサー、後援者	
	react	
	動 反応する	
	□ **series** 名 シリーズ	
	無料のコンサートシリーズのスポンサーになる	

307	**(A) feedback**	役立つ意見や感想、助言のこと。provide feedback（意見する）や receive feedback（意見をもらう）といった形でも出る。orchardは、Lの会話とトークの場所を答える問題の選択肢で主に出る。頭に入れておこう。
	名 感想、意見、フィードバック	
	orchard	
	名 果樹園	
	□ **in response to** 〜に応じて	
	顧客の意見に応じて	

308	**(A) manufacturer**	😊 TOEICの世界では、自動車メーカーによる燃費詐称やデータの改ざん、リコール隠しといった不正は絶対に起こらない。
	名 メーカー、製造業者	
	quantity	
	名 量、数量	
	□ **leading** 形 トップの □ **automobile** 名 自動車	
	Tokiwaはトップの自動車メーカーだ。	

309	**(B) Unfortunately**	「本当はそうでなければよいのですが」という残念な気持ちを表すTOEIC頻出語。critically は、critically acclaimed（評論家絶賛の）が重要表現。例 critically acclaimed novel（評論家絶賛の小説）
	unfortunately 副 残念ながら、あいにく	
	Critically	
	critically 副 評論家に、批判的に、きわめて	
	残念ながら、雨のため、我々は社員ピクニックを中止せざるを得なかった。	

310	**(B) warranty**	extended warranty（長期保証）や limited warranty（限定保証）といった表現も押さえておこう。comparison は、in comparison to X（Xと比較して）が重要表現。例 in comparison to other products（他の製品と比較して）
	名 保証（書）	
	comparison	
	名 比較	
	□ **expire** 動 期限が切れる	
	その保証書は期限が切れている。	

311 The campaign will be ------- on June 21.

(A) consulted

(B) launched

312 We hope you are ------- with the product.

(A) satisfied

(B) ordinary

313 ------- is a copy of my résumé.

(A) Enclosed

(B) Entitled

314 Our prices are much lower than those of our -------.

(A) negotiations

(B) competitors

315 The product is available for a ------- time.

(A) limited

(B) remote

316

I'm really ------- with your online portfolio.

(A) sustained
(B) impressed

317

We suspended ------- of our loyalty program.

(A) conclusion
(B) promotion

318

The pamphlet was ------- throughout the city.

(A) distributed
(B) established

319

identify ------- customers

(A) flat
(B) potential

320

------- money to charity

(A) donate
(B) enlarge

311	**(B) launched**	大掛かりな新しいことを、ロケットの打ち上げのように「ドーンと始める」イメージ。名詞でも頻出。例 product launch（製品の発売）consultは、自・他動詞どちらでも出る。例 consult with a coworker（同僚に相談する）、consult a manual（マニュアルを参考にする）
	launch 動 発売する、開始する 名 発売、開始	
	consulted	
	consult 動 相談する、参考にする	
	そのキャンペーンは、6月21日に始まる。	

312	**(A) satisfied**	😊 TOEICの世界には、理不尽な不満を理由にして、客が嫌がらせをするカスタマーハラスメントは存在しない。
	形 満足した	
	ordinary	
	形 普通の、通常の	
	お客様が製品にご満足いただけていることを願っております。	

313	**(A) Enclosed**	文法問題でも狙われるので、問題文のような倒置形や、the enclosed form（同封の用紙）のような名詞を修飾する形も頭に入れよう。entitleは、be entitled to (do) X（〜の資格がある）や、book entitled *Harry Potter*（Harry Potterというタイトルの本）といった形で出る。
	enclose 動 同封する	
	Entitled	
	entitle 動 〜に資格・権利を与える、タイトルを付ける	
	□ copy 名（本や書類等の）部　□ résumé 名 履歴書	
	同封致しましたのは、私の履歴書です。	

314	**(B) competitors**	TOEICでは、「（ビジネスの）競争相手、競合他社」の意味で主に出る。negotiationは、contract negotiations（契約交渉）やmerger negotiations（合併交渉）といった形を頭に入れよう。
	competitor 名 競争相手	
	negotiations	
	negotiation 名 交渉	
	当社の価格は、競合他社よりはるかに安い。	

315	**(A) limited**	for a limited time（期間限定で）やbe limited to X（Xに限定されている）は重要表現。例 Class size is limited to ten participants.（クラスは参加者10名限定です）remoteは、remote areas（遠隔地）やremote possibility（わずかな可能性）といった形で出る。
	形 限られた	
	remote	
	形 人里離れた、可能性が低い 名 リモコン	
	□ available 形 手に入る	
	その製品は、期間限定で手に入ります。	

316	**(B) impressed**	「心の in(中)に press(刻印する)ほど強い印象を与える」という意味。be impressed by/with X (Xに感心する) は重要表現。sustain は、sustain economic growth (経済成長を維持する) といった形で用いられる。
	impress 動 感心させる、好印象を与える	
	sustained	
	sustain 動 維持する	
	□ portfolio 名 作品集	
	私はあなたのオンライン作品集にとても感心しています。	

317	**(B) promotion**	「前に進めること」が基本イメージで、文脈によって「昇進、販売促進、促進」といった意味になる。例 Barbara will receive a promotion. (Barbaraは昇進予定だ) conclusion は、come to a conclusion (結論に達する) が重要表現。
	名 宣伝、昇進、販売促進、促進	
	conclusion	
	名 結論、終わり、締めくくり	
	□ suspend 動 一時停止する □ loyalty program ロイヤルティ (優良顧客向け) プログラム	
	当社は、ロイヤルティプログラムの宣伝を一時停止しました。	

318	**(A) distributed**	「分け与える」が基本イメージで、文脈によって「配布する、流通させる」といった意味になる。establish は、「しっかり立たせる」が基本イメージのTOEIC頻出語。例 establish a new business (新会社を設立する)
	distribute 動 配布する、流通させる	
	established	
	establish 動 確立する、設立する、創立する	
	□ throughout 前 ～の至る所で	
	そのパンフレットは、市内全域で配布された。	

319	**(B) potential**	potential customers/clients (潜在顧客、見込み客) は、顧客になる potential (可能性) のある人のこと。flat は、at a flat rate of ten dollars (10ドルの定額で) や flat tire (パンクしたタイヤ) といった形容詞以外に、flat for rent (賃貸用アパート) のような名詞でも出る。
	形 潜在的な 名 可能性	
	flat	
	形 平らな 名 アパート	
	□ identify 動 特定する、見つける	
	潜在顧客を特定する	

320	**(A) donate**	😊 TOEICの世界では、慈善団体や地域活動に対する寄付が盛んに行われるので、この単語は頻出。現実世界で盛んな crowdfunding (クラウドファンディング) は、2022年時点ではまだTOEICの世界には登場していない。
	動 寄付する	
	enlarge	
	動 拡大する	
	チャリティにお金を寄付する	

321 Ricardo has ------- to arrange the company picnic.

(A) connected

(B) volunteered

322 We encourage you to ------- your membership before it lapses.

(A) renew

(B) remodel

323 find a creative -------

(A) solution

(B) fame

324 We are looking for security -------.

(A) personnel

(B) reservation

325 explain the correct -------

(A) acquaintance

(B) procedure

326

show a ------- improvement of the situation

(A) rental
(B) marked

327

The chief software developer gave us an ------- on the deadline.

(A) asset
(B) extension

328

in order to ------- permission

(A) obtain
(B) observe

329

The banquet was ------- until September.

(A) postponed
(B) occupied

330

The author ------- worked as a mechanical engineer.

(A) previously
(B) statistically

321	**(B) volunteered**	「ボランティア」という名詞に加えて、動詞でも出る。問題文のvolunteer to do（〜することを自主的に申し出る）や、volunteer for X（Xに志願する）は重要表現。 例 Mariko is volunteering for the event. （マリコはそのイベントに志願しています）
	volunteer 動 自ら申し出る、志願する 名 ボランティア	
	connected	
	connect 動 接続する	
	□ arrange 動 手配する	
	Ricardoは、社員ピクニックの手配を自ら申し出た。	

322	**(A) renew**	renew a contract（契約を更新する）やrenew a subscription（長期契約を更新する）の形でも頻出。remodelは、newly remodeled building（新たに改装された建物）や、Our office is being remodeled.（当社のオフィスは改装中です）といった形で用いられる。
	動 更新する	
	remodel	
	動 改装する、改築する	
	□ encourage 動 奨励する □ membership 名 会員資格 □ lapse 動 失効する	
	あなたの会員資格が失効する前に更新されることをお勧めします。	

323	**(A) solution**	「解決策」以外に、「溶液」の意味でも出るのに注意。例 chemical solutions（化学溶液） fameはfamous（有名な）の名詞で、gain international fame（国際的な名声を得る）といった形で用いられる。
	名 解決策、溶液	
	fame	
	名 名声	
	□ creative 形 創造的な	
	創造的な解決策を見つける	

324	**(A) personnel**	「人事」の意味でも頻出。例 personnel department（人事部）、personnel manager（人事マネージャー） reservationは「予約」以外に、「懸念、慎重な姿勢」の意味でも出るのに注意。例 I have reservations about the proposal.（私はその提案に懸念があります）
	名 従業員、職員、人事	
	reservation	
	名 予約、懸念、慎重な姿勢	
	□ look for 〜を探す	
	当社では、警備員を募集中です。	

325	**(B) procedure**	物事が前にproceed（進む）ための「手順、手続き、流れ」を表す頻出語。 😊 TOEICの世界でも、acquaintance（知り合い）だと言って、アポなしで職場を突然訪問する人物がときどき登場する。
	名 手順、手続き、流れ	
	acquaintance	
	名 知り合い	
	□ explain 動 説明する □ correct 形 正しい	
	正しい手順を説明する	

326	**(B) marked**	mark (印) が付いているように、「誰が見てもわかる」イメージの形容詞。rentalは、car rental agency (車のレンタル代理店) や rental car (レンタカー)、rental agreement (賃貸借契約書) といった形で出る。
	形 明らかな、著しい	
	rental	
	形 レンタルの、賃貸借の 名 レンタル、賃貸借	
	□ improvement 名 改善、改良	
	状況の明らかな改善を示す	

327	**(B) extension**	「内線(電話)」の意味でも頻出。例 Please contact Aki Komai at extension 990. (内線990番のアキ・コマイに連絡してください) asset は、She will be an asset to your company. (彼女は御社にとって財産になるでしょう) といった形で「人」も表す。
	名 延長、内線 (電話)	
	asset	
	名 財産、資産	
	□ deadline 名 締め切り	
	ソフトの主任開発者は、締め切りを延長してくれた。	

328	**(A) obtain**	obtain X from Y(Y から X を得る)の形も重要。例 obtain permission from a manager (マネージャーから許可を得る) observe は多義語。例 observe the wildlife (野生動物を観察する)、observe a trend (傾向に気づく)、observe a procedure (手順を順守する)
	動 得る、もらう	
	observe	
	動 観察する、気づく、順守する	
	□ in order to do ～するために □ permission 名 許可	
	許可を得るために	

329	**(A) postponed**	Part 2 でも出る。"Did you attend Mr. Chang's presentation?" (Chang さんのプレゼンに出席しましたか) "No, it's been postponed."(いいえ、それは延期になりました) occupy は Part 1 でも出る。例 Some chairs are occupied. (いくつかの椅子に人がいる)
	postpone 動 延期する	
	occupied	
	occupy 動 占める、(人が場所を) 占める	
	□ banquet 名 夕食会	
	その夕食会は9月まで延期された。	

330	**(A) previously**	☺ TOEIC の世界では、「音楽家→チーズ職人」「会計士→劇場の支配人」「記者→水中カメラマン」のように、華麗なる転身を遂げる人物がしばしば登場する。
	副 以前	
	statistically	
	副 統計的に	
	□ author 名 著者 □ mechanical engineer 機械技師	
	その著者は、以前、機械技師として働いていた。	

331

Caster Bank is the oldest financial institution in the -------.

(A) adoption
(B) region

332

We have a 30-day return -------.

(A) guarantee
(B) outcome

333

I work at a factory -------.

(A) nearby
(B) possibly

334

We need a more ------- assembly line.

(A) efficient
(B) affluent

335

Our technicians attend ------- training sessions.

(A) thrilled
(B) frequent

336

Mr. Charbel is an ------- choreographer.

(A) experienced
(B) evident

337

**The successful candidate will -------
computer literacy.**

(A) demonstrate
(B) commission

338

submit an ------- to a competition

(A) entry
(B) aisle

339

the main ------- of news

(A) plenty
(B) source

340

My car breaks down -------.

(A) frequently
(B) warmly

331	**(B) region** 名 地域 **adoption** 名 採用、導入	regionは、国や世界の中の広い地域を指す。類義語のarea (町や国、世界の中の一部地域)、district (町や市の正式な地区)、neighborhood (町や市の人が住む地域、近隣地域) も頭に入れよう。

□financial institution 金融機関

Caster銀行は、その地域で最も古い金融機関だ。

332	**(A) guarantee** 名 保証 動 保証する **outcome** 名 (会議や選挙、交渉等の) 結果	動詞も重要。例 guarantee low prices (低価格を保証する)、We guarantee that you'll be satisfied. (きっとご満足されることを保証します) outcomeは、outcome of a merger (合併の結果) といった形で出る。

当社には、30日間の返品保証がございます。

333	**(A) nearby** 副 近くに 形 近くの **possibly** 副 もしかすると	形容詞でも頻出。例 find a nearby hotel (近くのホテルを見つける) possiblyは、丁寧な依頼表現でも出る。例 Could you possibly change the time of the meeting? (もしかしてミーティングの時間を変更して頂くことは可能でしょうか)

私はこの近くで、工場で働いています。

334	**(A) efficient** 形 効率的な **affluent** 形 裕福な	energy-efficient (エネルギー効率が良い、省エネの) やfuel-efficient (燃料効率の良い) の形でも頻出。例 energy-efficient lighting (省エネタイプの照明)、fuel-efficient car (燃費の良い車) affluentは、affluent individuals (裕福な人) といった形で用いられる。

□ assembly 名 組み立て

我々は、より効率的な組み立てラインが必要です。

335	**(B) frequent** 形 頻繁な **thrilled** 形 とてもワクワクして	frequent buyer/customer (頻繁に買い物をする人、常連客) の形でも頻出。thrilledは、be thrilled to do (〜できてとてもワクワクしている) の形が重要。例 We are thrilled to have you join us today. (我々は、今日あなたをお迎えできてとてもワクワクしています)

□ technician 名 技術者 □ training session 研修

当社の技術者は、頻繁に研修に参加しています。

336	**(A) experienced**	反意語のinexperienced（経験不足の）も重要。例 inexperienced manager（経験不足のマネージャー）問題文のchoreographer（振付師）は、Lの職業を答える問題の選択肢や、Part 7でも出る。頭に入れておこう。
	形 経験豊富な	
	evident	
	形 明らかな	
□ choreographer 名 振付師		
Charbelさんは、経験豊富な振付師だ。		

337	**(A) demonstrate**	「実演する」の意味も重要。例 demonstrate a procedure（手順を実演する） commissionは、the environmental commission（環境委員会）のような名詞以外に、動詞でも出る。例 study commissioned by the city（市に委託された調査）
	動 明示する、実演する	
	commission	
	動 委託する、委任する 名 委員会、歩合	
□ candidate 名 候補者 □ computer literacy コンピューターを使いこなす能力		
採用される候補者は、コンピューターを使いこなす能力を示せる方です。		

338	**(A) entry**	entryは多義語。例 entry fee（エントリー費）、entry gate（入場ゲート）、entry level（入門レベル）、data entry（データ入力） aisleはLでも出るので、「アイル」とsを発音しないことにも注意。
	名 エントリー（作品）、入場、入門、入力	
	aisle	
	名 通路	
□ submit 動 提出する □ competition 名 競技会、コンテスト		
コンテストにエントリー作品を提出する		

339	**(B) source**	source of income（収入源）や source of information（情報源）、source of energy（エネルギー源）といった形でも出る。plentyは、plenty of X（たくさんのX）の形で主に用いられる。例 plenty of time（十分な時間）、plenty of room（豊富なスペース）
	名 源、出所	
	plenty	
	代 たくさん、大量、多量	
ニュースの主な出所		

340	**(A) frequently**	😊 TOEICの世界では、車が頻繁に故障する。このため、Part 2でも、"Can you give me a ride to the station?"（駅まで車に乗せてもらえますか）"My car is still in the shop."（私の車はまだ修理店にあります）といった会話が交わされる。
	副 頻繁に	
	warmly	
	副 温かく	
私の車は頻繁に壊れます。		

341 offer a free ------- consultation

(A) dominant
(B) initial

342 make significant ------- to the company's success

(A) contributions
(B) assignments

343 Recruitment is a complex process ------- a lot of people.

(A) residing
(B) involving

344 Applicants should have at least three years of ------- work experience.

(A) incomplete
(B) related

345 Mr. Kumar has established a solid ------- as an architect.

(A) suggestion
(B) reputation

346

provide ------- instructions on how to assemble a bookshelf

(A) detailed
(B) exhausted

347

a ------- amount of money

(A) reverse
(B) significant

348

Simply fill out the ------- questionnaire below.

(A) brief
(B) peaceful

349

just in time for the restaurant's tenth -------

(A) pavement
(B) anniversary

350

------- a merger of two organizations

(A) participate
(B) finalize

341	**(B) initial**	initial budget (当初予算) や initial interview (初回の面接)、initial meeting (初回の打ち合わせ) といった形でも出る。dominant は、dominant position (支配的地位) や dominant airline (主要な航空会社) といった形で用いられる。
	形 初めの、当初の　名 頭文字　動 頭文字で署名する	
	dominant	
	形 支配的な、圧倒的な、主要な	
	□ consultation 名 相談	
	無料の初回相談を提供する	

342	**(A) contributions**	「con (共に) ＋ tribute (与える)」が語源の多義語。協力し合えば「貢献」、お金を出し合えば「寄付」、原稿や投稿を寄せ合えば「寄稿」といった意味になる。例 We welcome contributions from our readers. (読者からの寄稿は歓迎です)
	contribution 名 貢献、寄付、寄稿	
	assignments	
	assignment 名 任務、割り当て	
	□ significant 形 かなりの、大きな	
	会社の成功に大きく貢献する	

343	**(B) involving**	be involved in X (Xに関わる) も重要表現。例 I was directly involved in the project. (私はそのプロジェクトに直接関わっていた) reside は自動詞で、Mr. Yashima now resides in Dallas. (ヤシマさんは今、ダラスに住んでいる) といった形で用いられる。
	involve 動 巻き込む	
	residing	
	reside 動 住む、～にある	
	□ recruitment 名 採用　□ complex 形 複雑な	
	採用は、多くの人を巻き込む複雑なプロセスだ。	

344	**(B) related**	business-related expenses (仕事に関連した経費) や environment-related topic (環境に関連したトピック) といった形でも出る。related to X (Xに関連した、Xと血縁関係がある) も重要表現。例 Are you related to him? (あなたは彼のご親戚ですか)
	形 関連した	
	incomplete	
	形 不完全な、未完成の	
	□ applicant 名 応募者　□ at least 最低	
	応募者は、最低3年の関連した職務経験が必要です。	

345	**(B) reputation**	earn a reputation (評判を得る) も重要表現。suggestion は、make/provide a suggestion (提案を行う) や reject a suggestion (提案を却下する) といった形で出る。TOEIC の世界では、ごく普通の提案でも、That's a great suggestion. のように必ずほめられる。
	名 評判	
	suggestion	
	名 提案、示唆	
	□ establish 動 確立する　□ solid 形 確固たる　□ architect 名 建築家	
	Kumarさんは、建築家として確固たる評判を確立した。	

346	**(A) detailed**	detailed description (詳しい説明) や detailed information (詳しい情報)、detailed schedule (詳しいスケジュール) といった形でも出る。exhausted は、You look exhausted. (あなたはとても疲れているように見えます) といった形で用いられる。
	形 詳細な、詳しい	
	exhausted	
	形 疲れ切った	

□ instruction 名 指示 (書)　□ assemble 動 組み立てる　□ bookshelf 名 本棚

本棚の組み立て方の詳細な指示書を提供する

347	**(B) significant**	significant increase (大幅な増加) や significant growth (大幅な成長) といった形でも出る。「重要な」の意味も押さえよう。例 architecturally significant building (建築学上重要な建物) reverse は、the reverse side (裏面) が重要表現。
	形 かなりの、大幅な、重要な	
	reverse	
	形 反対の　名 逆　動 覆す	

かなりの金額

348	**(A) brief**	brief summary (短い要約) や brief interview (短時間の面接)、brief explanation (手短な説明) といった形でも出る。動詞の用法にも注意。例 I'd like to brief you on the plan. (その計画に関してあなたに要点をお伝えしたく思います)
	形 短い、短時間の　動 要点を伝える　名 要約	
	peaceful	
	形 閑静な、平和な	

□ simply 副 単純に　□ fill out 記入する　□ questionnaire 名 アンケート

単純に、以下の短いアンケートにご記入ください。

349	**(B) anniversary**	TOEIC の世界では、「創業30周年」「開店5周年」「勤続20周年」といったイベントは盛んに行われるが、恋愛や夫婦生活が存在しないため、「付き合って3周年」「結婚10周年」といったイベントは開かれない。
	名 記念日	
	pavement	
	名 舗装道路	

□ just in time for ～にちょうど間に合って

レストランの10周年記念にちょうど間に合って

350	**(B) finalize**	何かを final (最終的な) 形にすること。finalize a contract (契約を締結する) や finalize an agenda (議題表を完成させる) といった形でも出る。participate は自動詞で、participate in a conference (会議に参加する) のように前置詞 in を伴う語法も重要。
	動 最終決定する、取りまとめる、仕上げる	
	participate	
	動 参加する	

□ merger 名 合併　□ organization 名 組織

2つの組織の合併を成立させる

351 I ------- travel on business.

(A) regularly
(B) electronically

352 ------- an invitation

(A) compete
(B) decline

353 I am looking for an ------- to Amazon for books.

(A) allowance
(B) alternative

354 reputation for ------- customer service

(A) outstanding
(B) surrounding

355 receive unanimous ------- from the board of directors

(A) measurement
(B) approval

356

build strong brand -------

(A) recognition
(B) portion

357

Ms. Henderson will be back -------.

(A) shortly
(B) simply

358

We are ------- that our team will win.

(A) vital
(B) confident

359

increase the ------- demand for new cookware

(A) harmful
(B) overall

360

They finished the work earlier than ------- planned.

(A) originally
(B) strongly

351	**(A) regularly**	TOEIC の世界には、カラ出張（架空の出張を申請して経費を不正にだまし取る行為）を行ったり、出張中に歓楽街で飲み歩く人は存在しない。
	副 定期的に、頻繁に	
	electronically	
	副 電子的に、オンラインで	
	私は定期的に出張します。	

352	**(B) decline**	「de（下に）＋cline（傾く）」が語源で、「下降する」の意味でも出る。 例 Our sales declined last month.（当社の売り上げは先月下降した）compete は自動詞で、compete with X（X と競う）の形で頻出。 例 compete with nearby stores（近くの店と競う）
	動 （丁寧に）断る、下降する 名 下降、減少	
	compete	
	動 競う	
	□ invitation 名 招待（状）	
	招待を断る	

353	**(B) alternative**	形容詞も重要。 例 alternative venue（代わりの会場）、alternative energy（代替エネルギー）allowance は、monthly allowance（月々の手当）や housing allowance（住宅手当）、baggage allowance（手荷物許容量）といった形で出る。
	名 代わり、代案 形 代わりの	
	allowance	
	名 手当、小遣い、許容量	
	私は本を買うのに、Amazon の代わりを探している。	

354	**(A) outstanding**	「out（外に）stand（立つ）」が語源の多義語。「未払いの」の意味でも出る。 例 outstanding balance（未払いの残額）surrounding は、surrounding areas（周辺地域）や surrounding environment（周辺環境）といった形で用いられる。
	形 卓越した、抜きん出た、未払いの	
	surrounding	
	形 周辺の	
	□ reputation 名 評判	
	卓越した顧客サービスに対する評判	

355	**(B) approval**	request approval（承認を求める）や get/obtain approval（承認を得る）といった形も押さえよう。measurement は Part 1 でも出る。 例 They're taking some measurements.（彼らは測定している）
	名 承認	
	measurement	
	名 測定	
	□ unanimous 形 全員一致の □ board of directors 取締役	
	取締役から全員一致の承認を受ける	

356	**(A) recognition**	in recognition of your contribution (あなたの貢献を称えて) や deserve recognition (称賛に値する)、gain international recognition (国際的な認知を得る) といった形でも出る。portion は、the top portion of the form (用紙の上の部分) といった形で用いられる。
	名 認知、称賛、認識	
	portion	
	名 部分、一人分の食事	
	強いブランド認知を築く	

357	**(A) shortly**	soon同様、単独で用いられる場合、原則として未来を表す時制で用いられる語法も重要。simply は、Simply call us to make an appointment. (アポを取るには単純に当社にお電話ください) といった形の宣伝でも出る。
	副 まもなく、じきに	
	simply	
	副 単純に、単に	
	Hendersonさんは、まもなく戻ります。	

358	**(B) confident**	be confident that SV (SがVすると確信している) や be confident in X (Xを確信している) の形を取る語法も重要。vital の語源は「vit (命) の」。そこから、「命に関わる→非常に大切な」と意味が派生した。例 play a vital role (きわめて重要な役割を果たす)
	形 確信している、自信がある	
	vital	
	形 不可欠な、きわめて重要な	
	我々は、うちのチームが勝つと確信しています。	

359	**(B) overall**	副詞でも出る。例 Overall, we're doing well. (全体として、当社は好調です) ☺ TOEICの世界には、作物に被害を与える harmful insects (害虫) は存在するが、青少年に有害な harmful books (有害図書) は存在しない。
	形 全体の 副 全体として	
	harmful	
	形 有害な	
	□increase 動 増やす □demand 名 需要 □cookware 名 調理器具	
	新しい調理器具に対する全体的な需要を高める	

360	**(A) originally**	品詞問題でも狙われるので、as/than originally planned (元々計画されていた通り・より) のように、過去分詞を修飾する語法にも注意。strongly は、strongly encourage (強く勧める) や strongly recommend (強く薦める) といった形で出る。
	副 元々、最初に	
	strongly	
	副 強く	
	彼らは、元々計画されていたより早く、作業を終えた。	

361

Thank you for your ------- donation.

(A) outdated

(B) generous

362

Customer satisfaction is our top -------.

(A) priority

(B) dealership

363

Monthly payments will ------- be charged to your credit card.

(A) automatically

(B) moderately

364

open a dining -------

(A) signature

(B) establishment

365

-------, I experienced no problems with the printer.

(A) Hopefully

(B) Initially

366

Our boutique is ------- located in downtown Swansea.

(A) conveniently
(B) eventually

367

------- a historic landmark

(A) prescribe
(B) preserve

368

We are ------- to providing the best service to our patrons.

(A) afforded
(B) committed

369

The material is ------- resistant to heat.

(A) confidently
(B) relatively

370

manufacture electronic -------

(A) components
(B) scholarships

361	**(B) generous**	相手の期待以上のお金やモノをポンと出す様子を表し、generous benefits（手厚い福利厚生）といった形でも出る。outdatedは、「最新ではない」イメージで、outdated equipment（古い機器）やoutdated information（古い情報）といった形で用いられる。
	形 寛大な、気前の良い、手厚い	
	outdated	
	形 (情報や機器、方法等が) 古い、時代遅れの	
	□ donation 名 寄付	
	寛大な寄付をありがとうございます。	

362	**(A) priority**	priorityは、品詞・語彙問題の両方で出題例がある重要語。dealershipは、auto/car dealership（車の販売特約店）の形で主に出る。
	名 優先事項、優先順位	
	dealership	
	名 販売特約店	
	□ satisfaction 名 満足	
	顧客満足が当社の最優先事項です。	

363	**(A) automatically**	automaticallyは、品詞・語彙問題の両方で出題例がある重要語。moderatelyは、moderately priced house（中価格帯の家）のように用いられ、moderately comfortable（まずまず快適な）といった形でアンケートの回答の選択肢でも出る。
	副 自動的に	
	moderately	
	副 ほどほどに、まずまず、適度に	
	□ monthly 形 毎月の　□ payment 名 支払い　□ charge 動 請求する	
	月々のお支払いは、お客様のクレジットカードに自動的に請求されます。	

364	**(B) establishment**	「施設」の意味が最頻出。Part 7では、「dining establishment（食事の施設）→restaurant」の言い換えにも注意。signatureは、「署名」という名詞で主に出るが、「(署名が入るほど) 特徴的な」の意味の形容詞でも出る。例 chef's signature dish（シェフの看板料理）
	名 施設、設立、確立	
	signature	
	名 署名　形 特徴的な	
	食事の施設をオープンする	

365	**(B) Initially**	☺ TOEICの世界では、会議直前にプリンターが故障したり、紙が切れたりして、慌てるシーンがお約束。
	initially 副 当初は、初めに	
	Hopefully	
	hopefully 副 願わくば	
	当初は、プリンターには何の問題もありませんでした。	

366	**(A) conveniently**	conveniently located (便利な場所にある) のフレーズで主に出る。eventuallyは、「いろいろなevent (出来事) があったが最終的には」という意味。**例** Ms. Kon was eventually promoted to CEO.(コンさんは最終的にはCEOに昇進した)
	副 便利に	
	eventually	
	副 最終的には、結局	
	□ boutique 名 洋品店、ブティック　□ located 形 ～の場所にある　□ downtown 形 中心街の		
	当洋品店は、Swanseaの中心地の便利な場所にあります。		

367	**(B) preserve**	preserveは、「建物や場所等の状態が悪くならないように保つ」という意味。prescribeは、prescribe a medicine (薬を処方する) といった形で用いられる。設問中のlandmark (名所) は、土地 (land) の印 (mark) となるような建物やモノを表す重要語。
	動 保存する、保護する　名 保護区	
	prescribe	
	動 処方する	
	□ historic landmark 歴史的建造物		
	歴史的建造物を保存する		

368	**(B) committed**	be committed/dedicated to (doing) X(～に全力で取り組む)のtoは前置詞で、動名詞や名詞を伴う語法も重要。affordは、can/can't afford (to do) X(～の余裕がある・ない)の形で主に出る。**例** I can't afford to buy a new car. (私は新しい車を買う余裕がありません)
	形 献身的な、全力で取り組む	
	afforded	
	afford 動 ～する (お金等の) 余裕がある、提供する	
	□ patron 名 利用客、愛用者		
	当社は、利用者の皆様に最良のサービスを提供することに全力で取り組んでいます。		

369	**(B) relatively**	「他と比べて」の意味で、relatively new (比較的新しい) やrelatively expensive (比較的値段が高い) といった形で出る。confidentlyは、speak confidently (自信をもって話す) や、answer questions confidently (自信をもって質問に答える) といった形で用いられる。
	副 比較的	
	confidently	
	副 自信をもって	
	□ resistant 形 耐えられる、抵抗力のある		
	その材料は、比較的熱に強い。		

370	**(A) components**	「部品」の意味で主に出るが、「構成要素」の意味でも出題例がある。**例** key component of a successful business (成功するビジネスの重要な構成要素) 😊 TOEICの世界では、奨学金は支給型なので、返済で困る人は存在しない。
	component 名 部品、構成要素	
	scholarships	
	scholarship 名 奨学金	
	□ manufacture 動 製造する　□ electronic 形 電子の		
	電子部品を製造する		

371

Professor Hassan will present her recent ------- at a convention tomorrow.

(A) findings
(B) wholesalers

372

The errors were -------.

(A) overlooked
(B) aimed

373

We have a scheduling ------- on August 9.

(A) paperwork
(B) conflict

374

The prestigious culinary contest is held -------.

(A) genuinely
(B) annually

375

Please note prices ------- by location.

(A) vary
(B) nominate

376

The app is very ------- to use.

(A) complicated
(B) regional

377

Everwear Clothing Inc. has recently ------- another retail company.

(A) edited
(B) acquired

378

a theater with a seating ------- of 600

(A) capacity
(B) abstract

379

------- an identification badge

(A) calculate
(B) scan

380

Please wash your hands -------.

(A) fortunately
(B) thoroughly

371	**(A) findings**	研究や調査の結果 find (見つける) ことができた情報のことで、通常複数形。research findings(研究成果)も重要表現。wholesaler は、メーカーや生産者から商品を仕入れ、それを小売店に卸す (販売する) 業者のこと。
	名 (研究、調査の) 結果、発見	
	wholesalers	
	wholesaler 名 卸売業者	

□ present 動 提示する □ recent 形 最近の □ convention 名 (大規模で専門的な) 会議

Hassan 教授は、明日の会議で最近の発見を提示する予定だ。

372	**(A) overlooked**	aim は、be aimed at X (X を狙う) と aim to do (〜することを目指す) の形が重要。例 The campaign is aimed at young people. (そのキャンペーンは若者を狙っている)、We aim to provide the best service. (最高のサービスを提供することを我々は目指している)
	overlook 動 見過ごす、見下ろす位置にある	
	aimed	
	aim 動 目指す、狙う 名 目標、狙い	

それらのエラーは見過ごされた。

373	**(B) conflict**	😊 TOEIC の世界では、親族の結婚式と野球観戦、重要な会議と歯医者の予約等、あり得ない scheduling conflict (スケジュールの衝突) がしばしば発生する。paperwork は、「書類」「書類作業」の両方の意味で頻出する不可算名詞。
	名 衝突、かち合うこと 動 衝突する	
	paperwork	
	名 書類 (作業)	

我々は、8月9日は予定が合いません。

374	**(B) annually**	Part 7 では、「annually → every year, once a year」の言い換えに注意。「年間で」の意味でも出る。例 The journal publishes four issues annually. (その専門誌は年4号発行されている)
	副 年に一度、毎年、年間で	
	genuinely	
	副 純粋に	

□ prestigious 形 名高い、権威のある □ culinary 形 料理の

その権威ある料理コンテストは、年に一度開かれる。

375	**(A) vary**	vary は品詞問題でも狙われるので、動詞であることも押さえよう。nominate は、賞や職の候補として推薦すること。他動詞で、nominate a colleague for an award (同僚を賞に推薦する) といった形で用いられる。
	動 異なる	
	nominate	
	動 (候補として) 推薦する、ノミネートする	

□ please note (that) 〜にご留意ください

価格は場所によって異なることにご留意ください。

376	**(A) complicated**	Part 2では、返品や修理の依頼に対し、That process is rather complicated.（その処理はかなり複雑だ→だから難しい、だから時間がかかる）といった答えも正解になる。regionalは、regional office（地域オフィス）といった形で出る。
	形 複雑な	
	regional	
	形 地域の	
	□ **app** 名 アプリ	
	そのアプリは、使い方が非常に複雑だ。	

377	**(B) acquired**	知識やスキルを得たり、お金を払って何かを手に入れたりすることを指す。例 acquire knowledge（知識を得る）editは、edit a video（動画を編集する）やedit an article（記事を編集する）といった形で出る。
	acquire 動 買収する、得る、獲得する	
	edited	
	edit 動 編集する	
	□ **Inc.** 社（Incorporatedの略）　□ **recently** 副 最近　□ **retail** 形 小売りの	
	Everwear Clothing社は、最近、別の小売業者を買収した。	

378	**(A) capacity**	production capacity（生産能力）やstorage capacity（容量）も重要表現。「役割」の意味でも出る。例 in my capacity as a consultant（コンサルタントとしての私の役割で）abstractは、abstract of no more than 200 words（200語以下の要旨）といった形で用いられる。
	名 収容能力、生産能力、役割	
	abstract	
	名 要旨、摘要　形 抽象的な　動 要約する	
	600名収容可能な劇場	

379	**(B) scan**	😊 TOEICの世界にも、導入したカードリーダーの読み取りが遅く、長蛇の列ができたため、「この機械は terrible（ひどい）！」と、珍しく怒りをあらわにする店員が登場。TOEICファンに衝撃を与えた。
	動 スキャンする　名 スキャン	
	calculate	
	動 計算する	
	□ **identification badge** 身分証	
	身分証をスキャンする	

380	**(B) thoroughly**	「徹底的に」の意味で主に出るが、「すごく、完全に」の意味も押さえておこう。例 I thoroughly enjoyed the play.（私はその劇をすごく楽しみました）、thoroughly cover a topic（トピックを完全にカバーする）
	副 徹底的に、すごく、完全に	
	fortunately	
	副 幸運にも	
	徹底的に手を洗ってください。	

381

heated ------- among scientists

(A) debate
(B) shortage

382

The souvenir shop ------- reduces its prices.

(A) occasionally
(B) environmentally

383

Our pharmacy is becoming ------- busy.

(A) increasingly
(B) importantly

384

The publisher has ------- difficulties resolving the issue.

(A) elected
(B) encountered

385

I can't ------- his name.

(A) purchase
(B) recall

386

receive ------- feedback from a focus group

(A) located
(B) favorable

387

Zemecky Caterers is not currently -------.

(A) profitable
(B) routine

388

The board ------- that we need to change our advertising strategy.

(A) captured
(B) concluded

389

The success of a company depends on several -------.

(A) stains
(B) factors

390

deliver products in a ------- manner

(A) multiple
(B) timely

381	**(A) debate**	😊 TOEICの世界では、論戦は文面でのみ伝えられる。Lで、ヒートアップした激論が放送されることはない。
	名 論戦、ディベート　動 論戦を行う	
	shortage	
	名 不足	
	□ **heated** 形 加熱した	
	科学者の間での白熱した論戦	

382	**(A) occasionally**	occasionallyは、品詞・語彙問題の両方で出題例がある重要語。environmentallyは、environmentally friendly（環境にやさしい）の形で頻出。例 environmentally friendly product（環境にやさしい製品）
	副 たまに	
	environmentally	
	副 環境に、環境面で	
	□ **souvenir** 名 お土産　□ **reduce** 動 下げる	
	その土産物店は、たまに値下げする。	

383	**(A) increasingly**	increasinglyは、品詞・語彙問題の両方で狙われる。importantlyは、more importantly（さらに重要なこととして）やmost importantly（もっとも重要なこととして）といった形で、スピーチ等で重要なことを強調する際に主に用いられる。
	副 ますます	
	importantly	
	副 重要なこととして	
	□ **pharmacy** 名 薬局	
	当薬局は、ますます忙しくなりつつあります。	

384	**(B) encountered**	予想外の問題や困難、思わぬ出来事や人に「出くわす」「遭遇する」という意味。encounter a problem（問題に直面する）も重要表現。electは、「投票で正式に選ぶ」という意味。例 Ms. Evans was elected to the board of directors.（Evansさんは取締役に選出された）
	encounter 動 直面する、遭遇する　名 遭遇	
	elected	
	elect 動 選出する	
	□ **publisher** 名 出版社　□ **difficulty** 名 困難　□ **resolve** 動 解決する　□ **issue** 名 課題	
	その出版社は、課題の解決で、困難に直面している。	

385	**(B) recall**	「回収（する）」の意味でも出る。例 recall a product（製品を回収する）、voluntary recall of a product（製品の自主回収）purchaseは、動詞・名詞の両方で超頻出。例 purchase tickets（チケットを購入する）、make a purchase（購入する）
	動 思い出す、回収する　名 回収	
	purchase	
	動 購入する　名 購入（品）	
	私は彼の名前が思い出せない。	

174

386	**(B) favorable**	favorableとlocatedは、語彙・品詞問題の両方で狙われるので、形容詞であることも押さえよう。設問中のfocus group（フォーカスグループ）は、製品やサービスについての意見を聞くために選ばれた少人数の消費者グループを表す重要語。
	形 好意的な	
	located	
	形 ～の場所にある、位置している	

□ **feedback** 名 感想、意見

フォーカスグループから好評を得る

387	**(A) profitable**	😄 TOEICの世界には、利益のみを追求し、社員に過酷な労働を課すブラック企業は存在しない。
	形 利益になる	
	routine	
	形 所定の、日常の　名 日常的な作業、日課	

□ **currently** 副 現在

Zemecky Caterersは、現在、利益が出ていない。

388	**(B) concluded**	自・他動詞両方で出る語法にも注意。例 The event concluded with a concert.（そのイベントはコンサートで終わった）😄 TOEICの世界に戦争は存在しないので、captureは「占領する、捕虜にする」の意味では出ない。
	conclude 動 結論付ける、終わる、終える	
	captured	
	capture 動 とらえる、つかまえる	

□ **board** 名 取締役会　□ **strategy** 名 戦略

取締役会は、当社の広告戦略に変更が必要だと結論付けた。

389	**(B) factors**	スキーのジャンプ競技で、飛距離や飛型以外で得点に加味される要素が、風の強さや方向といった「ウィンドファクター」と、ゲートの位置による「ゲートファクター」。stainは「染み」の意味で主に出るが、「染料、着色剤」の意味も頭に入れよう。例 wood stain（木の着色剤）
	factor 名 要因、要素	
	stains	
	stain 名 染み、染料、着色剤	

□ **depend on** ～次第だ、～による

会社の成功には、いくつかの要因がある。

390	**(B) timely**	品詞問題でも狙われるので、timelyが形容詞であることも押さえよう。multipleは、「2以上」で、必ずしも「多数」を表すとは限らない。例えば、Part 7で、「2か国で営業している」とあれば、「multiple countries（複数の国）で営業している」は正解になる。
	形 タイミングの良い、タイムリーな	
	multiple	
	形 複数の	

□ **manner** 名 やり方

適切なタイミングで製品を配達する

391 A jacket is required, but a tie is -------.

(A) optional
(B) modest

392 Negotiating is a ------- skill in the business world.

(A) fierce
(B) critical

393 Ms. Garcia is best ------- for the head librarian position.

(A) partial
(B) suited

394 We use ------- grown ingredients in our dishes.

(A) locally
(B) definitely

395 The book has risen in ------- since last week.

(A) popularity
(B) reminder

396

put a great ------- on research and development
(A) chore
(B) emphasis

397

talk about TOEIC with great -------
(A) enthusiasm
(B) sightseeing

398

The new hiking trail ------- opened to the public yesterday.
(A) officially
(B) typically

399

Low-quality images are not -------.
(A) acceptable
(B) ambitious

400

the ------- date and time
(A) literary
(B) desired

391	**(A) optional**	optionalは、「強制・必須ではない」という意味で、アンケート項目でも出る。例 Name (optional)（名前（任意）） modestは、「not big」「not great」といったイメージの形容詞。例 modest increase（少しの増加）
	形 任意の、選べる	
	modest	
	形 少しの、まずまずの、謙虚な	
	□ require 動 必要とする、要求する	
	上着は必要ですが、ネクタイは任意です。	

392	**(B) critical**	「非常に重要な」の意味で主に出るが、「批判的な」の意味も押さえよう。例 write a critical review（批判的なレビューを書く） fierceは、fierce competition（激しい競争）といった形で用いられる。
	形 非常に重要な、批判的な	
	fierce	
	形 熾烈な、激しい	
	□ negotiate 動 交渉する	
	交渉術は、ビジネスの世界では非常に重要なスキルだ。	

393	**(B) suited**	be best suited for/to X（Xに最も適した）や、be well suited for/to X（Xにとても適した）といった形で常に補語として用いられ、名詞を修飾しない語法にも注意。partialは、partial payment（一部支払）やpartial refund（一部返金）といった形で出る。
	形 適した	
	partial	
	形 部分的な	
	□ head librarian 図書館長	
	Garciaさんは、図書館長の職に最も適任だ。	

394	**(A) locally**	😄 TOEICの世界では、住民は地元愛にあふれているので、地元産の食材のみを扱うレストランやスーパーが人気。
	副 地元で	
	definitely	
	副 絶対に、間違いなく	
	□ ingredient 名 食材	
	当店では、地元産の食材を料理に使用しています。	

395	**(A) popularity**	popularityとreminderは、品詞・語彙問題の両方で出題例がある重要語。例 popularity of the book（その本の人気）、send an e-mail reminder（再確認のメールを送る）
	名 人気	
	reminder	
	名 再確認	
	□ rise 動 上がる　□ since 前 ～以来	
	その本は先週から人気が上がっている。	

396	(B) emphasis	put/place an emphasis on X (Xを強調する・重視する) は重要表現。chore は、部屋の掃除のような定期的にしなければならない雑務のこと。圏 daily chore (日々の雑務)
	名 強調	
	chore	
	名 雑用、雑務	
	□ research and development 研究開発 (R&D)	
	研究開発を非常に重視する	

397	(A) enthusiasm	😊 TOEIC の世界には、仕事に対する熱意がなく、目を離すとサボったり、難しいことをすぐに投げ出したりする人は存在しない。
	名 熱意、熱心さ	
	sightseeing	
	名 観光	
	TOEIC について非常に熱心に話す	

398	(A) officially	typically は、(C) The store typically closes at 5:00 P.M. (その店は通常午後5時に閉店する) といった形で選択肢にも出る。設問文の trail (山道) も重要語。Part 4 の図表問題では、hiking trail (ハイキング道) の案内図が定番。
	副 正式に	
	typically	
	副 通常、典型的に	
	□ trail 名 山道 □ open to the public 一般開放される	
	その新しいハイキング道は、昨日正式に一般開放された。	

399	(A) acceptable	「accept (受け入れる) ことができる」という意味。品詞・語彙問題の両方で狙われる。ambitious は、ambitious goal (意欲的な目標) や ambitious manager (野心的なマネージャー) といった形で出る。
	形 受け入れ可能な、許容レベルの	
	ambitious	
	形 意欲的な、野心的な	
	低画質の画像は受け付けられません。	

400	(B) desired	文法問題でも狙われるので、-ed 形であることも押さえておこう。literary は、literary magazine (文芸誌) や literary event (文学イベント) といった形で出る。
	形 希望の	
	literary	
	形 文学の	
	希望の日付と時間	

401 Investing in real estate can be -------.

(A) rural
(B) risky

402 Mr. Hanzawa was ------- the executive vice president of Tokyo Chuo Bank.

(A) correctly
(B) formerly

403 a ------- panel discussion

(A) diligent
(B) lively

404 Please ------- a few minutes to fill out our survey.

(A) spare
(B) derive

405 walk up a ------- slope

(A) steep
(B) sensible

406 develop innovative marketing -------

(A) remarks
(B) strategies

407 Mr. Goodwin is a ------- electrician.

(A) skillful
(B) historical

408 use ------- caution

(A) anticipated
(B) extreme

409 We met ------- at the airport terminal.

(A) enormously
(B) briefly

410 The company has not -------
acknowledged the problem.

(A) publicly
(B) casually

401	**(B) risky**	TOEIC の世界では、投資リスクに対する注意喚起は行われるが、破産する人は存在しない。
	形 リスキーな、危険な	
	rural	
	形 田舎の	
	□ invest 動 投資する　□ real estate 不動産	
	不動産投資にはリスクがある。	

402	**(B) formerly**	分詞構文 (文頭の being が省略された形) での出題例もある。例 Formerly the executive vice president, Mr. Hanzawa has been named the president of Tokyo Chuo Bank. (かつて上級副社長だったハンザワさんは、東京中央銀行の頭取に指名された)
	副 かつて	
	correctly	
	副 正しく	
	□ executive vice president 上級副社長	
	ハンザワさんは、かつて、東京中央銀行の上級副社長だった。	

403	**(B) lively**	品詞問題でも狙われるので、lively は形容詞であることも押さえよう。diligent は、Dan is a diligent worker. (Dan は勤勉な働き手だ) のように用いられる。
	形 活発な、活気のある	
	diligent	
	形 勤勉な	
	□ panel discussion パネルディスカッション (専門家による討論会)	
	活発なパネルディスカッション	

404	**(A) spare**	spare parts (予備の部品) のような形容詞でも頻出。derive は、The word derives from Latin. (その単語はラテン語から来ている) のように用いられる。設問文の minutes には、「議事録」の意味もあるのに注意。例 read the meeting minutes (議事録を読む)
	動 (時間を) 割く　形 予備の　名 予備	
	derive	
	動 (〜から) 来る、得る	
	□ fill out 記入する　□ survey 名 (アンケート) 調査	
	数分お時間を頂き、我々のアンケート調査にご記入ください。	

405	**(A) steep**	「(道などが) 急な」以外に、「(価格が) 法外な、異常に高い」の意味でも出る。例 steep price (法外な価格) sensible は、sensible plan (理にかなった計画) といった形で用いられる。
	形 (道などが) 急な、法外な	
	sensible	
	形 賢明な、理にかなった、もっともな	
	□ slope 名 坂	
	急な坂を歩いて登る	

406	**(B) strategies**	advertising strategy (広告戦略) や invest-ment strategy (投資戦略) といった形も頻出。remarkは、opening remarks (開会の言葉) や welcoming remarks (歓迎の言葉) といった名詞のほか、remark that SV (SがVするとコメントする) といった形で動詞でも出る。
	strategy 名 戦略	
	remarks	
	remark 名 言葉、コメント　動 コメントする	
	□ develop 動 (計画等を) 作り上げる　□ innovative 形 革新的な	
	革新的なマーケティング戦略を作り上げる	

407	**(A) skillful**	類義語のskilled / accomplished (熟練した) も頻出。例 highly skilled worker (非常に熟練した作業員)、accomplished pianist (熟練したピアニスト) historical は、historical society (歴史協会) や histori-cal site (史跡) といった形で出る。
	形 熟練した	
	historical	
	形 歴史の	
	□ electrician 名 電気技師	
	Goodwinさんは、熟練した電気技師だ。	

408	**(B) extreme**	use / exercise caution (注意を払う) は重要表現。anticipatedは、long-anticipated project (長く待ち望まれたプロジェクト) のように用いられる。
	形 極端な、非常な　名 極端	
	anticipated	
	形 待望の、期待されている	
	□ caution 名 注意	
	細心の注意を払う	

409	**(B) briefly**	「手短に」の意味でも出る。例 briefly sum-marize the information (情報を手短に要約する)　enormouslyはvery much (すごく) という意味。例 The city's population has grown enormously over the last ten years. (その市の人口はこの10年ですごく増えた)
	副 短時間、手短に、短期で	
	enormously	
	副 すごく	
	我々は空港のターミナルで短時間、会いました。	

410	**(A) publicly**	😊 TOEICの世界でも、謝罪会見が開かれることはまれにあるが、自社のサービスの遅れや中断、商品の欠陥等の問題に対するもので、法律に違反する不祥事は決して起こらない。
	副 公に、公式に	
	casually	
	副 カジュアルに、打ち解けて、時々	
	□ acknowledge 動 認める	
	その会社は、公式にはその問題を認めていない。	

411

------- that all the equipment is working properly

(A) yield
(B) ensure

412

experience ------- rainfall

(A) faithful
(B) intense

413

Your account will be ------- deleted in 30 days.

(A) permanently
(B) comparatively

414

The company unveiled its plans for ------- in South America.

(A) expansion
(B) statistics

415

Please close the door -------.

(A) commonly
(B) gently

416

We specialize in ------- materials such as flyers, posters, and brochures.

(A) promotional

(B) moderate

417

select destinations about which travelers are -------

(A) enjoyable

(B) curious

418

New equipment will be ------- on the second floor.

(A) installed

(B) inspired

419

A construction crew will begin the ------- tomorrow morning.

(A) obligation

(B) renovation

420

Feeding animals in the park is ------- forbidden.

(A) effortlessly

(B) strictly

411	**(B) ensure**	that節を取る語法も重要。ensure quality(質を保証する)といった形でも出る。yieldは、yield good results(良い結果を生み出す)や、crop yields(作物の収穫量)のように、動詞・名詞の両方で出る。
	動 保証する、確かめる	
	yield	
	動 生み出す　名 収穫量	
	□ **equipment** 名 機器　□ **properly** 副 適切に、ちゃんと	
	すべての機器が適切に作動していることを確かめる	

412	**(B) intense**	intense concentration(高い集中力)といった形でも用いられる。faithfulは、「どんなことがあっても信頼して支援し続ける」イメージの形容詞。 例 faithful customers(愛用者)
	形 (雨や暑さ等が)激しい、(感情や痛み等が)強い	
	faithful	
	形 忠実な	
	□ **rainfall** 名 降雨	
	激しい降雨を経験する	

413	**(A) permanently**	The bridge is now permanently closed.(その橋は今、永久に閉鎖されている)といった形でも出る。comparativelyは、comparatively low prices(比較的低価格)といった形で用いられる。
	副 永久に	
	comparatively	
	副 比較的	
	□ **delete** 動 削除する	
	あなたのアカウントは、30日後に永久に削除されます。	

414	**(A) expansion**	expansion plan(拡大計画)やexpansion project(拡大プロジェクト)も押さえよう。statisticsは、I'm sure these statistics are correct.(この統計値が正しいことは確かです)といった形で用いられる。
	名 進出、拡大、拡張	
	statistics	
	名 統計、統計値、統計学	
	□ **unveil** 動 披露する、公表する	
	その会社は、南米に進出する計画を公表した。	

415	**(B) gently**	😊 TOEICの世界には、激怒してドアを乱暴に閉めて部屋を出ていく人は存在しない。
	副 優しく	
	commonly	
	副 普通に、一般に	
	ドアを優しく閉めてください。	

416 (A) promotional

形 宣伝用の、販売促進用の

moderate

形 (過度ではなく) 適度な、中くらいの

promotional event (宣伝販促イベント) や promotional code (プロモーションコード) といった形でも出る。moderateは、moderate price (中価格) や moderate growth (緩やかな成長) といった形で用いられる。

□ specialize 動 専門とする　□ flyer 名 チラシ　□ brochure 名 パンフレット

当社は、チラシやポスター、パンフレットなどの販促物を専門としています。

417 (B) curious

形 興味を持つ、好奇心がある

enjoyable

形 楽しい、楽しめる

be curious about X (Xに興味を持つ) の形で押さえよう。enjoyableは、enjoyable game (楽しいゲーム) や enjoyable experience (楽しい経験) のように用いられ、「人」は表さない。

□ destination 名 目的地

旅行客が興味を持つ目的地を選ぶ

418 (A) installed

install 動 設置する、インストールする

inspired

inspire 動 刺激を与える、鼓舞する

Part 1でも出る。例 A railing is being installed. (手すりが設置されているところだ) inspireは、「息を吹き込む」が語源。例 I am inspired by my colleagues. (私は同僚から刺激を受けている)

□ equipment 名 機器

新しい機器が2階に設置されます。

419 (B) renovation

名 改装、改修

obligation

名 義務

under renovation (改装中) も重要表現。obligationは、no-obligation estimate (無料見積もり：支払いや契約等の義務を負わない見積もり) といった形でも出る。

□ construction 名 建設　□ crew 名 (作業を行う) チーム、班

建設作業チームが明朝、改装を始めます。

420 (B) strictly

副 厳しく、厳密に

effortlessly

副 難なく、たやすく

☺ TOEICの世界には、動物愛護の精神がない人は存在しない。

□ feed 動 食べ物を与える　□ forbid 動 禁止する

公園で動物に食べ物を与えることは厳禁です。

421

Please ------- us in writing.

(A) notify
(B) customize

422

one of the most ------- places to stay in the area

(A) widespread
(B) elegant

423

The flower shop ------- in centerpieces for weddings.

(A) specifies
(B) specializes

424

------- new employees

(A) recruit
(B) brainstorm

425

The organizers ------- high attendance at the event.

(A) anticipate
(B) initiate

426

a road ------- to a river

(A) parallel
(B) annual

427

Hartsfield Beverage Company is planning to ------- its headquarters.

(A) predict
(B) relocate

428

Ms. Reed was ------- to oversee the advertising campaign.

(A) emphasized
(B) assigned

429

------- a car from a dealership

(A) lease
(B) persuade

430

We have ------- experience as a contractor.

(A) extensive
(B) unforeseen

421	**(A) notify**	notify〈人〉about/of X（人にXを知らせる）や、notify〈人〉that SV（人にSがVすることを知らせる）といった形で、「人」を目的語に取る語法も重要。customizeは、a customized product（特別仕様の製品）といった形で用いられる。
	動 知らせる	
	customize	
	動 特別仕様にする	
	□ in writing 書面で	
	我々に書面でお知らせください。	

422	**(B) elegant**	😊 TOEICの世界には、elegantな場所は存在するが、異性を魅了するelegantな人は存在しない。
	形 優雅な	
	widespread	
	形 広がった、普及した	
	その地域で、最も優雅な滞在場所の一つ	

423	**(B) specializes**	自動詞で、specialize in (doing) X（～を専門とする）の形で、必ず前置詞inとセットで用いられる語法にも注意。specifyは他動詞で、specify that SV（SがVすると明記する）や、the specified number of hours（指定された時間）といった形で用いられる。
	specialize 動 専門とする	
	specifies	
	specify 動 明記する、具体的に述べる	
	□ centerpiece 名 中心に置かれる装飾品	
	その生花店は、結婚式の中心に置かれる装飾品を専門にしている。	

424	**(A) recruit**	「採用者」の意味の名詞でも出るのに注意。例 train the new recruits（新規採用者を訓練する）brainstormは、問題解決等のために皆で集まって自由にアイデアを出し合うことで、brainstorm ideas（アイデアを自由に出し合う）といった形で用いられる。
	動 採用する、募集する、補充する 名 採用者	
	brainstorm	
	動 アイデアを自由に出し合う 名 ひらめき	
	新入社員を採用する	

425	**(A) anticipate**	that節を取る語法も重要。例 We anticipate that our sales will increase by ten percent this year.（当社は今年の売り上げが10パーセント伸びると予想しています）initiateは、initiate a program（プログラムを始める）のように用いられる。
	動 予想する、予期する	
	initiate	
	動 始める	
	□ organizer 名 主催者 □ attendance 名 参加者数	
	主催者は、そのイベントに、多数の参加者を予想している。	

426	**(A) parallel**	TOEICの世界は、一種のパラレルワールドである。annualは、annual event（年に一度のイベント）やannual membership（年会員）、annual report（年次報告書）といった形で頻出する重要語。
	形 並行の	
	annual	
	形 年に一度の、毎年恒例の、年間の	
	川に並行した道路	

427	**(B) relocate**	自動詞でも出る。例 The company relocated to a new office.（その会社は新オフィスに移転した） predictは、that節を取る語法も重要。例 Experts predict that the economy will continue to grow.（専門家は、経済が成長し続けると予想している）
	動 移転させる、移転する	
	predict	
	動 予想する	
	□ beverage 名 飲料　□ headquarters 名 本社	
	Hartsfield飲料は、本社を移転させる計画だ。	

428	**(B) assigned**	be assigned to X（Xに割り当てられる）も重要。例 He was assigned to my department.（彼は私の部署に配属された） emphasizeは設問文でも頻出。例 What does the speaker emphasize about the service?（話し手はそのサービスの何を強調していますか）
	assign 動 割り当てる、任せる、配属させる	
	emphasized	
	emphasize 動 強調する	
	□ oversee 動 監督する、統括する	
	Reedさんは、その広告キャンペーンの統括を任された。	

429	**(A) lease**	名詞でも出る。例 sign a lease agreement（リース契約に署名する） persuadeは、persuade a manager（マネージャーを説得する）や、Howard was persuaded to change his mind.（Howardは考えを変えるよう説得された）といった形で用いられる。
	動 賃貸借（リース）する　名 賃貸借（契約）	
	persuade	
	動 説得する	
	□ dealership 名 販売特約店（正規の販売店）	
	車を販売特約店からリースする	

430	**(A) extensive**	「詳細な、大規模な」の意味でも出る。例 extensive research（詳細な調査）、extensive renovation（大規模な改装） unforeseenは、unforeseen event（予想外の出来事）やunforeseen delay（予想外の遅れ）といった形で用いられる。
	形 幅広い、詳細な、大規模な	
	unforeseen	
	形 予期せぬ、予想外の	
	□ contractor 名 請負業者、契約業者	
	当社には、請負業者として、幅広い経験があります。	

431 watch an ------- video

(A) abundant
(B) instructional

432 The aircraft is ------- in Germany.

(A) flourished
(B) assembled

433 The carrier has the right to ------- the contents of packages.

(A) exceed
(B) inspect

434 find ------- yet practical solutions

(A) innovative
(B) thankful

435 wear ------- attire for a job interview

(A) appropriate
(B) prompt

436

look for writers who can ------- to a publication

(A) detect

(B) contribute

437

offer ------- salaries and flexible work schedules

(A) competitive

(B) analytical

438

follow strict -------

(A) guidelines

(B) advancements

439

The program is ------- designed for children.

(A) enthusiastically

(B) specifically

440

Your order ------- for free shipping.

(A) qualifies

(B) accomplishes

431	**(B) instructional**	TOEICの世界でも、ネット動画は広がりを見せている。撮影した動画がSNSで話題となり、番組にゲスト出演する宅配業者も登場した。
	形 説明の、解説の	
	abundant	
	形 豊富な	
	解説動画を見る	

432	**(B) assembled**	「組み立てる」の意味が最頻出。「集まる」の意味でも出る。例 Some people have assembled around a table. (テーブルの周りに数名が集まった) flourishは、Our business is flourishing. (当社のビジネスは非常に好調です) といった形で用いられる。
	assemble 動 組み立てる、集める、集まる	
	flourished	
	flourish 動 繁栄する、繁殖する	
	□ aircraft 名 航空機	
	その航空機は、ドイツで組み立てられている。	

433	**(B) inspect**	in (中) を spect (見る) が語源。Part 1でも出る。例 He's inspecting a tire. (彼はタイヤを点検している) exceedは、exceed expectations (期待を超える) や exceed the budget (予算を超える) といった形で出る。
	動 検査する、点検する	
	exceed	
	動 超える	
	□ carrier 名 航空会社、運送業者　□ right 名 権利　□ content 名 中身	
	航空会社には、荷物の中身を検査する権利がある。	

434	**(A) innovative**	innovative design (斬新なデザイン) や innovative product (革新的な製品) といった形も頭に入れよう。thankfulは、I'm thankful for your help. (あなたの助けに感謝しています) といった形で用いられる。
	形 斬新な、革新的な	
	thankful	
	形 感謝している	
	□ yet 接 だが　□ practical 形 実践的な、実用的な　□ solution 名 解決策	
	斬新だが実践的な解決策を見つける	

435	**(A) appropriate**	be appropriate for X (Xに適している) の形も頻出。例 The toy is appropriate for children. (その玩具は子供に適している) promptは、I'm looking for your prompt reply. (迅速なお返事をお待ちしています) といった形で用いられる。
	形 適切な	
	prompt	
	形 すばやい、迅速な　動 促す	
	□ attire 名 服装	
	面接にふさわしい服装をする	

436	**(B) contribute**	contribute to the company's success（会社の成功に貢献する）や、contribute money to a charity（慈善団体にお金を寄付する）といった形でも出る。😊 TOEICの世界には犯罪が存在しないので、detectの派生語であるdetective（刑事）の出番はない。
	動 貢献する、寄付する、寄稿する	
	detect	
	動 検知する、探知する、発見する	
	□ publication 名 出版物	
	出版物に寄稿できるライターを探す	

437	**(A) competitive**	competitive price（他に負けない価格）やcompetitive market（競争の激しい市場）といった形でも出る。analyticalは、analytical method（分析方法）やanalytical skills（分析スキル）といった形で用いられる。
	形 他に負けない、競争の激しい	
	analytical	
	形 分析の	
	□ flexible 形 柔軟な	
	他に負けない給与と柔軟な勤務スケジュールを提供する	

438	**(A) guidelines**	guidelineの語源は、服を作る際、生地に描かれた切り取り線。そこから「指針、ガイドライン」の意味が派生した。advancementは、career advancement（キャリアアップ）やopportunity for advancement（昇進の機会）といった形で出る。
	guideline 名 指針	
	advancements	
	advancement 名 昇進、前進、進歩	
	□ follow 動 従う □ strict 形 厳しい、厳密な	
	厳密な指針に従う	

439	**(B) specifically**	specificallyは、品詞・語彙問題の両方で狙われる。「具体的には」の意味で、文頭で接続副詞としても用いられるので、特にPart 6で注意が必要。enthusiasticallyは、respond enthusiastically to an idea（考えを熱烈に支持する）といった形で用いられる。
	副 特に、具体的に	
	enthusiastically	
	副 熱狂的に、熱心に	
	そのプログラムは、特に子供向けに設計されている。	

440	**(A) qualifies**	qualify for a return（返品の対象となる）やqualify for a free replacement（無料交換の対象となる）といった形でも出る。accomplishは、accomplish a goal（目標を達成する）といった形で用いられる。
	qualify 動 対象となる、資格がある、権利がある	
	accomplishes	
	accomplish 動 成し遂げる	
	お客様のご注文は、無料配送の対象です。	

441

The tour will take ------- three hours.

(A) extensively

(B) approximately

442

Peter ------- a price for the new car.

(A) negotiated

(B) consisted

443

------- the main points of a lecture

(A) outline

(B) cooperate

444

For a complete ------- of locations, please visit our Web site.

(A) covering

(B) listing

445

Mr. Abebe is not only a health expert but also a ------- pastry chef.

(A) talented

(B) structural

446

the second ------- to deliver a package

(A) assessment
(B) attempt

447

I pushed an emergency button to -------
the conductor.

(A) alert
(B) abandon

448

maximize the ------- of a department

(A) apology
(B) productivity

449

the recent ------- of a pharmaceutical
company

(A) acquisition
(B) fleet

450

We will process the invoice -------.

(A) promptly
(B) broadly

441	**(B) approximately**	おおよその数、量、時間等を表し、数詞を修飾する形で品詞問題でも何度も出題例がある。extensivelyは、travel extensively（広範囲を旅する）やwrite extensively about X（Xについて詳しく記す）といった形で用いられる。
	副 約	
	extensively	
	副 幅広く、詳細に、大規模に	
	そのツアーは、約3時間かかる予定です。	
442	**(A) negotiated**	negotiate with a client（顧客と交渉する）といった形の自動詞でも出る。consistは、常にconsist of X（Xで構成される）の形で用いられる。 例 The committee consists of five members.（委員会は5名のメンバーで構成されている）
	negotiate 動 交渉する	
	consisted	
	consist of ～で構成される	
	Peterは、新車の値段を交渉した。	
443	**(A) outline**	out（外）line（枠）を説明すること。名詞でも出る。例 outline of a plan（計画の概要） cooperateは自動詞で、cooperate with each other（互いに協力する）のように前置詞を伴う語法も押さえよう。
	動 概要を説明する　名 概要	
	cooperate	
	動 協力する	
	講義の要点をざっと説明する	
444	**(B) listing**	job listing（求人一覧）も重要表現。coveringも語彙問題で出題例がある。例 floor coverings（フローリングやカーペット等、床を覆うもの）
	名 リスト、一覧表	
	covering	
	名 覆い、カバー	
	場所の全リストは、当社のウェブサイトをご覧ください。	
445	**(A) talented**	😊 TOEICの世界にも、驚異的な才能を持つ人物がたびたび登場するが、投打の二刀流で活躍する野球選手は存在しない。
	形 才能がある	
	structural	
	形 構造的な	
	□ **expert** 名 専門家　□ **pastry** 名（パイやタルト等の）焼き菓子	
	Abebeさんは、健康の専門家であるだけでなく、才能のあるパティシエでもある。	

446 (B) attempt

名 試み 動 試みる

assessment

名 評価、査定

動詞でも出る。例 I attempted to install the new ink cartridges. (私は新しいインクカートリッジを取り付けようとしました) assessment は、risk assessment (リスク評価) といった形で用いられる。

荷物を配達するための2回目の試み

447 (A) alert

動 通報する、注意喚起する 名 警報 形 警戒して

abandon

動 放棄する、断念する、放置する

「熱中症警戒アラート」のように、危険や問題等、注意すべき情報を知らせること。名詞も重要。例 receive an e-mail alert (アラートメールを受け取る) abandon は、abandon a plan (計画を断念する) や an abandoned building (廃ビル) といった形で出る。

□ emergency 名 緊急事態　□ conductor 名 車掌

車掌に通報するため、私は緊急ボタンを押した。

448 (B) productivity

名 生産性

apology

名 お詫び

Part 3・4の図表問題では、生産性を示すグラフが定番。「新しい機械を導入した月に生産性が上がった→機械の導入は何月?」「この機械の生産性が悪いから何とかしないと→話題になっている機械はどれ?」といった形で出題される。

□ maximize 動 最大化する　□ department 名 部

部署の生産性を最大化する

449 (A) acquisition

名 買収、購入、入手作品、収蔵品

fleet

名 (会社等が保有する) 機体、車両

「買収」の意味が最頻出。「収蔵品」の意味でも出る。例 the museum's recent acquisitions (ミュージアムの最近の収蔵品) fleet は、会社で保有している車や飛行機のことで、fleet of taxis (保有タクシー) や aircraft fleet (保有機体) といった形で用いられる。

□ recent 形 最近の　□ pharmaceutical 形 製薬の

製薬会社の最近の買収

450 (A) promptly

副 迅速に、直ちに、(時間) ちょうどに

broadly

副 広く

「迅速に、直ちに」の意味で主に出るが、「(時間) ちょうどに」の意味も押さえたい。例 The meeting started promptly at 1:00 P.M. (会議は午後1時ちょうどに始まりました) broadly は、broadly speaking (大まかに言えば) の表現を頭に入れよう。

□ process 動 処理する　□ invoice 名 請求書

我々はその請求書を迅速に処理します。

451 receive funding from wealthy -------

(A) proceeds
(B) investors

452 The film has received ------- awards.

(A) numerous
(B) scenic

453 The campaign is aimed ------- at young adults.

(A) comfortably
(B) primarily

454 indicate a seating -------

(A) preference
(B) admission

455 check products for -------

(A) defects
(B) resignations

456

Starting next month, we will be -------
a new mentoring program.

(A) dominating
(B) implementing

457

I ------- the recipe to make it more
wholesome.

(A) modified
(B) dealt

458

increase a market share -------

(A) specially
(B) significantly

459

------- an issue

(A) boost
(B) resolve

460

Mr. Palmer is an ------- wildlife
photographer.

(A) accomplished
(B) intermittent

451	(B) investors	
	investor 名 投資家	TOEIC の世界には、投資家や、お金を出してくれた知人との間にトラブルを起こす起業家は存在しない。
	proceeds	
	名 収益	
	□ funding 名 資金提供　□ wealthy 形 裕福な	
	裕福な投資家からの資金提供を受ける	

452	(A) numerous	
	形 数多くの	many 同様、必ず複数形の名詞を伴う語法にも注意。scenic は、Part 7で、「そのホテルについて何が示されていますか?」といった設問に対し、(C) It offers scenic views of the ocean. (海の眺めが素晴らしい) といった形で、選択肢にも出る。
	scenic	
	形 眺めがよい、景色がよい	
	□ film 名 映画　□ award 名 賞	
	その映画は、数多く受賞している。	

453	(B) primarily	
	副 主に	For whom is the notice primarily intended? (そのお知らせは主に誰向けですか) といった形で設問文にも出る。comfortably は、The table can comfortably seat up to ten people. (そのテーブルには最大10名まで快適に座れる) といった形で用いられる。
	comfortably	
	副 快適に	
	□ be aimed at ～を狙っている、～をターゲットにしている	
	そのキャンペーンは、主にヤングアダルトを狙っている。	

454	(A) preference	
	名 好み、希望	color preference (色の好み) や meal preference (食事の希望) も覚えておこう。admission は、admission fee (入場料) や admission ticket (入場チケット)、general admission seating (一般席) といった形で出る。
	admission	
	名 入場 (料)、入会 (費)、入場許可	
	□ indicate 動 示す	
	座席の希望を示す	

455	(A) defects	
	defect 名 欠陥、不良	manufacturing defect (製造上の欠陥) や production defect (生産上の欠陥) といった表現も頭に入れよう。resignation は、announce the resignation of the CEO (CEOの辞任を発表する) や、submit a resignation (辞表を提出する) といった形で用いられる。
	resignations	
	resignation 名 辞職、辞任、辞表	
	欠陥がないか製品をチェックする	

456 (B) implementing

implement 動 実行する、実施する

dominating

dominate 動 支配する

他動詞で、受動態でも頻出する。
例 Security measures were imple-
mented. (安全対策が実施された) domi-
nate は、dominate the industry (業界
を支配する) や dominate the market (市
場を支配する) といった形で用いられる。

□ mentoring program メンター制度 (会社等で先輩が後輩をサポートする制度)

来月から、当社では、新たなメンター制度を実施します。

457 (A) modified

modify 動 変更する、修正する

dealt

deal 動 対処する 名 取引条件、取引、量

「少し変更する」「微修正する」こと。deal は、
「〜に対処する」の意味では自動詞で、deal
with a problem (問題に対処する) のように前
置詞 with を伴う語法にも注意。名詞でも出
る。例 great deal of X (大量の X)、That's
a good deal. (それはお得ですね)

□ wholesome 形 健康に良い

私は、よりヘルシーになるようレシピを変更しました。

458 (B) significantly

副 大幅に、かなり

specially

副 特別に

significantly less expensive (かなり割安
な)といった比較級を修飾する形でも用いら
れる。specially は、specially designed
product (特別に設計された製品) のように、過
去分詞を修飾する形で主に出る。

□ increase 動 増やす □ market share 市場シェア (市場での占有率)

市場シェアを大幅に増やす

459 (B) resolve

動 解決する

boost

動 押し上げる 名 後押し、増加

resolve complaints (苦情を収める)や resolve
difficulties (困難を解決する)といった形も重要。
boost は、boost business (ビジネスを伸ば
す) や、boost employee morale (社員の士
気を高める) といった形で用いられ、名詞でも
出る。例 boost in tourism (観光業の追い風)

□ issue 名 課題

課題を解決する

460 (A) accomplished

形 熟達した、熟練した

intermittent

形 断続的な

accomplished は、品詞・語彙問題両方
で出題例がある重要語。intermittent は、
intermittent rain (断続的な雨) といった形
で用いられる。

□ wildlife 名 野生動物 □ photographer 名 写真家

Palmer さんは、熟練した野生動物写真家だ。

461 The entries will be ------- by a panel of judges.

(A) undergone

(B) evaluated

462 We have ------- time to prepare for the product demonstration.

(A) fluent

(B) sufficient

463 allow for ------- savings on energy costs

(A) substantial

(B) urban

464 strong ------- to the environment

(A) commitment

(B) relocation

465 Our sales have risen ------- over the past year.

(A) steadily

(B) instantly

466

Dr. Kim is ------- and knowledgeable.

(A) applicable
(B) thorough

467

Flash photography is ------- in the auditorium.

(A) maximized
(B) prohibited

468

There is an ------- need for more housing in the area.

(A) accurate
(B) urgent

469

It is ------- that you wear a life jacket on the boat.

(A) essential
(B) distinguished

470

the ------- objective of a nonprofit organization

(A) hardy
(B) primary

461	**(B) evaluated**	どの程度の value(価値) があるのかを評価すること。例 evaluate a product(製品を評価する) undergo は、検査や研修、修理等、受けなければならないコトの under(下) に go(行く) イメージ。例 undergo training(研修を受ける)、undergo renovations(改装に入る)
	evaluate **動** 評価する	
	undergone	
	undergo **動** (検査、研修等を)受ける、経験する	
	□ entry **名** エントリー作品　□ panel **名** (専門家の) グループ	
	エントリー作品は、審査員陣によって評価されます。	

462	**(B) sufficient**	😊 TOEIC の世界では、「準備の時間がない」と焦る社員に対し、「まずいよ」「どうするのよ」などといたずらに不安をあおる同僚は存在しない。
	形 十分な	
	fluent	
	形 流ちょうな	
	□ prepare **動** 準備する　□ demonstration **名** 実演	
	我々には、製品の実演の準備に十分な時間があります。	

463	**(A) substantial**	substantial improvement(大幅な改善)や substantial discount(大幅な割引)といった表現も頭に入れる。urban は、urban areas(都市部)や urban gardening(都市園芸)といった形で出る。
	形 大幅な、かなりの、頑丈な	
	urban	
	形 都会の	
	□ allow for ~を可能にする　□ saving **名** 節約	
	エネルギー費の大幅な節約を可能にする	

464	**(A) commitment**	commitment to a team(チームへの貢献)や commitment to quality(品質へのこだわり)といった形でも出る。relocation は、announce the relocation of a business(会社の移転を発表する)といった形で用いられる。
	名 取り組み、貢献、約束	
	relocation	
	名 移転、引っ越し	
	□ environment **名** 環境	
	環境に対する精力的な取り組み	

465	**(A) steadily**	grow steadily(着実に伸びる)や increase steadily(着実に増える)といった形でも出る。instantly は、instantly receive a message(一瞬でメッセージを受け取る)といった形で用いられる。
	副 着実に	
	instantly	
	副 一瞬で、瞬間的に	
	□ rise **動** 上がる	
	当社の売り上げは、この1年間で着実に伸びた。	

466 (B) thorough

形 徹底的な、綿密な、ち密な

applicable

形 あてはまる、適用される

□ knowledgeable 形 知識が豊富な

「細部まで注意が行き届いた」「隅から隅まできちんとした」イメージの形容詞。thorough examination（徹底的な検査）やthorough manual（細かいマニュアル）といった形でも用いられる。applicableは、if applicable（もし該当する場合は）の形で、アンケートでも出る。

Kim先生は、ち密で知識が豊富だ。

467 (B) prohibited

prohibit 動 禁止する

maximized

maximize 動 最大化する

□ photography 名 撮影　□ auditorium 名 講堂

TOEICの世界には、「フラッシュによる撮影禁止」という注意事項に違反して、スマホやデジカメを没収される人は存在しない。

講堂では、フラッシュ撮影は禁止です。

468 (B) urgent

形 緊急の

accurate

形 正確な

□ housing 名 住宅

urgent problem（緊急の問題）やurgent work（緊急の作業）といった形でも出る。accurateは、accurate information（正確な情報）やaccurate results（正確な結果）といった形で用いられる。

その地域では、住宅を増やす緊急の必要性がある。

469 (A) essential

形 きわめて重要な、不可欠な、本質的な

distinguished

形 名高い、際立って優れた

essentialやimportant（重要な）、imperative（きわめて重要な）といった「重要性」を表す形容詞の後のthat節では、述語動詞が原形になる語法も重要。distinguishedは、distinguished writer（名高い作家）やdistinguished award（名高い賞）といった形で出る。

ボートの上では救命胴衣を着用することがきわめて重要です。

470 (B) primary

形 主な

hardy

形 （植物が）耐寒性の、丈夫な

□ objective 名 目的　□ nonprofit organization 非営利団体

primary duties（主な任務）やthe primary mission of our company（当社の主な使命）といった形でも出る。hardyは、hardy plants（寒さに強い植物）といった形で用いられる。

非営利団体の主な目的

471

I'm ------- everyone here has Internet access.

(A) assuming
(B) substituting

472

Shohei Ohtani is ------- regarded as the best baseball player.

(A) efficiently
(B) generally

473

------- a career in broadcasting

(A) pursue
(B) differ

474

Innovation is ------- for companies delivering cutting-edge technologies.

(A) cautious
(B) crucial

475

The information should not be ------- to the public.

(A) revealed
(B) restored

476

Meeting the sales quota will be -------.

(A) individual

(B) challenging

477

TGR Technologies has enjoyed ------- growth over the past decade.

(A) municipal

(B) consistent

478

use charts and graphs to ------- the point

(A) illustrate

(B) supervise

479

------- a warehouse into an office

(A) institute

(B) convert

480

Your ------- has been very helpful.

(A) input

(B) inconvenience

471	**(A) assuming**	「(責任や職務を) 担う、引き受ける」の意味でも出る。例 assume responsibility (責任を担う) substitute は、substitute X for Y (X を Y の代わりに用いる) の形が重要。名詞でも出る。例 find a substitute for Sara (Sara の代わりを見つける)
	assume 動 仮定する、引き受ける、思い込む	
	substituting	
	substitute 動 ～を代わりに用いる 名 代わりのモノ (人)	

ここにいらっしゃる皆様が、インターネットにアクセスできることを想定しています。

472	**(B) generally**	😄 TOEIC では、実在の有名人は出ないが、Ohtani のような、話題の日本人の名字が登場することはよくある。かつては、Yakamoto という架空の名字が出たこともあったが、いつの間にか姿を消した。
	副 通常、一般的に、おおむね	
	efficiently	
	副 効率的に	
	□ regard 動 みなす	

ショウヘイ・オオタニは、ベストの野球選手だと、一般的にみなされている。

473	**(A) pursue**	「時間をかけて何かを追い求める」イメージ。例 pursue a dream (夢を追い求める)、pursue an advanced degree (上級学位を目指す) differ は自動詞で、Cultures differ from country to country. (文化は国によって異なる) といった形で用いられる。
	動 追い求める、追及する	
	differ	
	動 異なる	
	□ broadcasting 名 放送	

放送のキャリアを追い求める

474	**(B) crucial**	「非常に重要な」の意味を表す単語として、critical / essential / vital / pivotal も頭に入れよう。cautious は、cautious approach to investing (投資に対する慎重な姿勢) といった形で用いられる。
	形 非常に重要な	
	cautious	
	形 注意深い	
	□ innovation 名 技術革新 □ deliver 動 届ける □ cutting-edge 形 最先端の	

最先端技術を届ける会社にとって、技術革新は非常に重要だ。

475	**(A) revealed**	「veil (ベール) をはがす」が語源で、「秘密を明かす」こと。reveal that SV (S が V することを明らかにする) の形を取る語法も重要。restore は、「元の状態に戻す」こと。歴史的建造物の修復や、停電した電力の復旧、失われたお客様の信頼回復といった文脈で出る。
	reveal 動 明らかにする	
	restored	
	restore 動 修復する、復旧させる	

その情報は、一般公開すべきではない。

476

(B) challenging

形 大変だがやりがいのある

「簡単ではないが、やりがいがある」「大変だけどワクワクする」といった、「チャレンジしたくなる」「チャレンジしがいのある」イメージの重要語。individualは、形容詞・名詞の両方で出る。例 individual projects（個別のプロジェクト）、qualified individuals（適任の人）

individual

形 個別の、個人の　名 個人

□ **quota** 名 ノルマ

その販売ノルマを達成するのは大変だろう。

477

(B) consistent

形 安定した、着実な

「常に安定して変わらない」イメージの形容詞で、consistent quality（安定した品質）や consistent improvement（着実な改善）といった形でも出る。municipalは、municipal buildings（市や町の建物）といった形で用いられる。

municipal

形 市（町）の、市（町）営の

□ **enjoy** 動 享受する　□ **growth** 名 成長　□ **decade** 名 10年

TGR Technologiesは、過去10年に渡り、安定成長を享受している。

478

(A) illustrate

動（例や図表で）説明する

例や図表を使って説明すること。「イラスト」は和製英語で、英語では illustration。superviseは、「super（上）から vise（見る）」ことで、supervise a project（プロジェクトを監督する）や supervise a department（部門を統括する）といった形で出る。

supervise

動 監督する、統括する

ポイントを説明するため、図表とグラフを使う

479

(B) convert

動 改造する、改築する

「倉庫→オフィス」「株→現金」のように、別の用途や形に変えること。instituteは、「（新たなシステムや規定等を）導入する」という意味。「（特定の分野の研究や教育を行う）機関」の意味の名詞でも出る。例 culinary institute（料理学校）、language institute（語学学校）

institute

動 導入する　名 機関

□ **warehouse** 名 倉庫

倉庫をオフィスに改造する

480

(A) input

名 情報、意見、入力　動 入力する

何かを実行したり決定したりする際、助けになるアイデアや情報、助言のこと。「入力」の意味でも出る。例 the input data（入力データ）inconvenienceは、We apologize for the inconvenience.（ご不便をお詫び申し上げます）といったお詫び文で主に用いられる。

inconvenience

名 不便

□ **helpful** 形 役立つ

あなたの意見は非常に役立っています。

481

His landscaping company is growing
-------.

(A) rapidly
(B) concisely

482

Access to the street is ------- during the
parade.

(A) manufactured
(B) restricted

483

Please keep your belongings -------
stored.

(A) securely
(B) actively

484

a creative and ------- design

(A) appealing
(B) understaffed

485

as a ------- of appreciation for your
support

(A) token
(B) sector

486

one of the most ------- used apps

(A) namely
(B) heavily

487

a ------- achievement

(A) delighted
(B) remarkable

488

make a smooth ------- from paper to electronic medical records

(A) transition
(B) attachment

489

The brand is ------- with high quality.

(A) criticized
(B) associated

490

Mr. Ortiz has designed dozens of ------- buildings in Spain.

(A) enthusiastic
(B) prominent

481	**(A) rapidly**	change rapidly（急変する）や expand rapidly（急拡大する）といった形でも出る。concisely は、Mr. Cooper presented the information concisely.（Cooper さんはその情報を簡潔に提示した）といった形で用いられる。
	副 急速に	
	concisely	
	副 簡潔に	
	□ landscaping 名 造園	
	彼の造園会社は急成長している。	

482	**(B) restricted**	😊 TOEIC の世界には、立ち入りが制限された場所に無断侵入し、SNS に写真や動画を投稿して炎上する人は存在しない。
	restrict 動 制限する	
	manufactured	
	manufacture 動 製造する 名 製造	
	パレード中、その通りへのアクセスは制限されます。	

483	**(A) securely**	Please make sure that your seat belt is securely fastened.（シートベルトがしっかり締まっていることをご確認ください）といった機内放送でも出る。actively は、I was actively involved in the project.（私は積極的にそのプロジェクトに関わった）のように用いられる。
	副 しっかりと、厳重に、安全に	
	actively	
	副 活発に、積極的に	
	□ belongings 名 所有物 □ store 動 保管する	
	皆様の持ち物は厳重に保管してください。	

484	**(A) appealing**	品詞問題でも狙われるので、-ing 形であることも押さえよう（デザインは人に appeal する側）。understaffed は主に L で出る。例 We are really understaffed.（我々は本当に人手が足りません）類義語の short-staffed（人手不足の）も覚えよう。
	形 魅力的な	
	understaffed	
	形 人手不足の	
	□ creative 形 創造的な	
	創造的で魅力的なデザイン	

485	**(A) token**	as a token of (our) appreciation for X（X に対する感謝の印として）は重要フレーズ。sector は、「（国の経済活動の）部門、分野」の意味で主に用いられる。例 agricultural sector（農業部門）、manufacturing sector（製造部門）
	名 印	
	sector	
	名 (ビジネスや貿易等の) 部門	
	□ appreciation 名 感謝	
	皆様のご支援に対する感謝の印として	

486	**(B) heavily**	「ヘビーユーザー」のように、重さではなく、程度の大きさや頻度の多さを表すのに注意。例 invest heavily in research（研究に多額の投資をする）namely は、two students, namely Ken and Mary（二人の学生、具体的には、Ken と Mary）といった形で用いられる。
	副 すごく、大量に、たくさん、重々しく	
	namely	
	副 すなわち、具体的には	
	最もよく使われているアプリの一つ	

487	**(B) remarkable**	「remark（コメント）したくなるほどの」という意味。delighted は、be delighted to do（〜できてとてもうれしい）と、be delighted (that) SV（S が V してとてもうれしい）の形を取る語法も重要。delightful（楽しい）との意味の違いにも注意。例 delightful show（楽しいショー）
	形 注目すべき、目覚ましい、驚くべき	
	delighted	
	形 とてもうれしい	
	□ achievement 名 業績、達成	
	目覚ましい業績	

488	**(A) transition**	😊 TOEIC の世界でも、「ペーパーレス化」が進み、カルテや取引明細、社内文書等を紙からデジタルに切り替える会社が増えている。中には、「紙の削減目標を達成したら、今期の最終金曜日は全社午後半休」を提案した会社も存在する。
	名 移行	
	attachment	
	名 添付ファイル、付属品	
	□ medical records 医療記録、カルテ	
	紙から電子へのカルテのスムーズな移行	

489	**(B) associated**	be associated with X（X と関連している、X に付随する）は重要表現。形容詞や名詞でも頻出。例 associate editor（編集委員）、sales associate（販売員）criticize は、(D) To criticize a suggestion（提案を批判するため）といった形で、主に誤答の選択肢で出る。
	associate 動 関連付ける 形 準、副 名 仲間	
	criticized	
	criticize 動 批判する	
	そのブランドは、高品質を連想させる。	

490	**(B) prominent**	「突き出た」が語源で、「著名な」「重要な」といった意味が派生した。enthusiastic は、宗教を熱心に信仰する様子が原義で、何かを熱く支持する、熱意を持つ様子を表す。例 I am enthusiastic about the opportunity.（私はその機会に意気込んでいます）
	形 著名な、重要な、目立つ	
	enthusiastic	
	形 熱心な、熱狂的な	
	□ dozens of 多数の、数十の	
	Ortiz さんは、スペインにある多数の著名な建物を設計した。	

491

A recent ------- indicates that most people oppose the tax increase.

(A) poll
(B) landlord

492

We need a ------- plumber to fix the faucet leak.

(A) miscellaneous
(B) skilled

493

Red brick is ------- of the area's historic buildings.

(A) satisfactory
(B) characteristic

494

communicate ------- with team members

(A) historically
(B) effectively

495

exchange dollars for the local -------

(A) currency
(B) enclosure

496

We ------- receive complaints from consumers.

(A) rarely
(B) cautiously

497

------- business hours

(A) modernize
(B) shorten

498

when ------- of waste materials

(A) disturbing
(B) disposing

499

We must increase our ------- in Europe.

(A) presence
(B) participant

500

raise public ------- of recycling

(A) awareness
(B) criteria

491	**(A) poll**	「多数の人に意見を聞くこと」で、市民に意見を問う文脈で主に出る。staff poll（スタッフ投票）やreaders' poll（読者投票）といった形も押さえよう。landlordは、(C) An apartment landlord（アパートの家主）といった形で、職業を答える問題の選択肢でも出る。
	名 (世論) 調査、投票 動 (世論) 調査を行う	
	landlord	
	名 家主、地主	

□ recent 形 最近の　□ indicate 動 示す　□ oppose 動 反対する　□ tax 名 税

最近の世論調査は、ほとんどの人が増税に反対していることを示している。

492	**(B) skilled**	skilledは、品詞・語彙問題の両方で狙われる。miscellaneousは、miscellaneous expenses（雑費）やmiscellaneous items（雑多なモノ）といった形で用いられる。
	形 熟練した	
	miscellaneous	
	形 雑多な	

□ plumber 名 配管工　□ fix 動 直す　□ faucet 名 蛇口　□ leak 名 漏れ

蛇口の水漏れを直すため、熟練した配管工が必要です。

493	**(B) characteristic**	名詞でも出る。例 main characteristics of the product（その製品の主な特徴）satisfactoryは、satisfied（満足して）との意味の違いにも注意。例 satisfactory answer（満足のいく答え）、I am satisfied with the service.（私はそのサービスに満足している）
	形 特徴的な　名 特徴	
	satisfactory	
	形 満足のいく	

□ brick 名 レンガ　□ historic building 歴史的建物

赤レンガは、その地域の歴史的建造物の特徴だ。

494	**(B) effectively**	😊 TOEICの世界には、チームメンバーとコミュニケーションがうまく取れず、孤立する人は存在しない。
	副 効果的に	
	historically	
	副 歴史的に	

チームメンバーと効果的に意思疎通する

495	**(A) currency**	currency exchange（通貨両替）も重要表現。Part 7の手紙で、左下の差出人の下にEnclosure（同封物）とあれば、何が同封されているのかを確認しよう。「(壁やフェンスで) 囲まれた場所」の意味でも出る。例 giraffe enclosure at a zoo（動物園のキリン舎）
	名 通貨	
	enclosure	
	名 同封物、(壁やフェンスで) 囲まれた場所	

ドルを現地通貨に交換する

496

(A) rarely

副 めったに〜ない

「〜するのはレアだ」という意味。設問文や選択肢でも出る。例 According to the woman, what rarely happens? (女性によると、めったに起こらないことは何ですか) cautiouslyは、drive cautiously (慎重に運転する) のように用いられ、品詞問題で狙われる。

cautiously

副 慎重に

□ **complaint** 名 苦情　□ **consumer** 名 消費者

当社は、めったに消費者からの苦情を受けません。

497

(B) shorten

動 短くする、短縮する

関連表現として、extend business hours (営業時間を延長する) も押さえよう。modernizeは、システムや建物等をモダン(近代的)にすること。例 modernize a facility (施設を近代化する)

modernize

動 近代化する

営業時間を短縮する

498

(B) disposing

dispose of 〜を処分する、捨てる

dispose of X(Xを処分する)の形で、前置詞ofとセットで覚えよう。disturbは、I'm sorry to disturb you. (お邪魔してすみません)といった問いかけでも出る。ホテルの部屋のドアノブに掛けるPlease do not disturb. (入室はご遠慮ください) のサインでもおなじみの単語。

disturbing

disturb 動 邪魔する、悩ませる

□ **waste materials** 廃棄物

廃棄物を処分する際

499

(A) presence

名 存在 (感)、出席

😎 TOEIC の世界には、international presence (国際社会における存在感) を増すため、軍備を増強する国家は存在しない。

participant

名 参加者

当社は、欧州での存在感を高めなければならない。

500

(A) awareness

名 認識、認知

raise awareness(認識を高める)は重要表現。criteriaは、criteria for promotion (昇進基準) や editing criteria (編集基準) といった形で出る。

criteria

名 基準

□ **raise** 動 上げる、高める　□ **public** 形 公共の、公衆の

リサイクルに対する一般の認識を高める

Part 1 単語

Words in Part 1

7 — 8

1 He's wearing a hat.

2 A woman is watering some plants.

3 She's sorting some papers at a desk.

4 The women are facing each other.

5 One of the people is reaching into a bag.

6 They're looking at a sign.

7 One of the men is pointing at a document.

8 They're paging through a binder.

9 There is a pile of earth next to a house.

10 The women are seated side by side.

彼は帽子を身に着けている。	
wear	動 身に着ける

女性が植物に水をやっている。	
water	動 水をやる　名 水、水面

彼女は机で書類を仕分けしている。	
sort	動 仕分けする

女性たちが向き合っている。	
face	動 (〜の方を) 向く

一人がバッグの中に手を伸ばしている。	
reach	動 手を伸ばす

彼らは標識を見ている。	
sign	名 標識、看板

男性の一人が書類を指している。	
point	動 指す

彼らはバインダーのページをめくっている。	
page through	ページをめくる

家の隣に土の山がある。	
earth	名 土

女性たちが並んで座っている。	
side by side	並んで

11 He's wearing gloves.

12 A man is standing on a walkway.

13 Some pictures have been hung on a wall.

14 Chairs are arranged in a dining area.

15 Some flower pots have been placed on the ground.

16 A woman is examining some merchandise.

17 They're walking along a path.

18 A man is handing out some bottles.

19 A wagon has been loaded with branches.

20 She's resting on a couch.

彼は手袋を身に着けている。

glove	名 手袋

男性が歩道に立っている。

walkway	名 歩道

数枚の絵が壁に掛けられている。

hang	動 掛ける、掛かる

椅子が食事スペースに配置されている。

arrange	動（きちんと）並べる、配置する

いくつかの植木鉢が地面に置かれている。

pot	名 鉢、鍋、壺

女性が商品を詳しく見ている。

examine	動 詳しく見る、チェックする

彼らは道を歩いている。

path	名 道

男性がボトルを配っている。

hand out	配る

ワゴンに枝が積み込まれている。

load	動 積み込む

彼女はソファで休んでいる。

rest	動 休む、休める

21 The server is pouring coffee into a cup.

22 One of the men is exiting a building.

23 Some trees are lining the street.

24 She's buttoning up a coat.

25 Passengers are boarding a bus.

26 Some bushes have been planted outside a fence.

27 Some newspapers are spread out on the table.

28 A map is laid out on the table.

29 He's throwing away a document.

30 She's weighing some food on a scale.

給仕係がコーヒーをカップに注いでいる。	
pour	動 注ぐ

男性の一人が建物から出ようとしている。	
exit	動 (場所から) 出る

数本の木が通りに沿って並んでいる。	
line	動 ～に沿って並ぶ 名 列

彼女はコートのボタンを留めている。	
button	動 ボタンを留める

乗客がバスに乗り込んでいる。	
board	動 乗り込む

茂みがフェンスの外側に植えられている。	
bush	名 茂み

数部の新聞がテーブルの上に広げられている。	
spread out	広げる

地図がテーブルの上に広げられている。	
lay out	広げる

彼は書類を捨てている。	
throw away	捨てる

彼女ははかりで食べ物を量っている。	
weigh	動 量る

31

Shadows are being cast on the ground.

32

Some notices have been posted on a wall.

33

She's wheeling a suitcase.

34

There are tall buildings in the distance.

35

The shelves are filled with boxes.

36

Boxes are stacked in a warehouse.

37

A man is looking in a drawer.

38

He's leaning over the sink.

39

He's adjusting a microphone on a stage.

40

The man is holding onto a railing.

影が地面に投げかけられている。	
cast	動 (影や光を) 投げかける

いくつかのお知らせが壁に掲示されている。	
post	動 掲示する　名 柱　類 column (支柱、円柱)

彼女はスーツケースを動かしている。	
wheel	動 (車輪の付いたものを) 動かす　名 車輪

遠くに背の高いビルがある。	
in the distance	遠くに

棚が箱で一杯だ。	
shelf	名 棚　複 shelves

箱が倉庫内に積み重ねられている。	
stack	動 積み重ねる　名 (物を積み重ねた) 山

男性が引き出しの中を見ている。	
drawer	名 引き出し

彼は流し台に寄りかかっている。	
lean	動 寄りかかる、もたれる

彼はステージ上のマイクを調節している。	
adjust	動 調節する、調整する

男性が手すりをつかんでいる。	
railing	名 手すり

41   He's taking a card out of his wallet.

42   A woman is sweeping the floor.

43   He's standing on a ladder.

44   The lid of the copy machine is open.

45   Some artwork has been hung on the wall.

46   Some merchandise has been arranged in rows.

47   She's removing a book from a shelf.

48   They're playing some musical instruments.

49   Some diners are seated across from each other.

50   A fountain is spraying water into the air.

彼は財布からカードを取り出している。	
wallet	名 財布

女性が床を掃いている。	
sweep	動 (ホウキやブラシで) 掃く

彼はハシゴの上に立っている。	
ladder	名 ハシゴ

コピー機のフタが開いている。	
lid	名 フタ

いくつかの芸術作品が壁に掛けられている。	
artwork	名 芸術作品

いくつかの商品が数列に並べられている。	
row	名 列　動 (船を) こぐ

彼女は棚から本を取り出している。	
remove	動 取り出す、取り外す、脱ぐ

彼らは楽器を演奏している。	
instrument	名 楽器、器具

食事客が互いに向き合って座っている。	
diner	名 食事客

噴水が水を噴射している。	
fountain	名 噴水、泉

A painting is mounted between windows.

A woman is standing next to a bookcase.

A potted plant has been placed on top of the counter.

Some men are greeting one another.

Some shelves are stocked with items.

He's wearing a long-sleeved shirt.

Some people are sitting on a lawn.

The floor is being polished.

Some tea cups have been placed in a cupboard.

She's looking down at her luggage.

絵が窓の間に据え付けられている。	
mount	動 （上に）据える、固定する

女性が本棚の隣に立っている。	
bookcase	名 本棚　類 bookshelf

鉢植えがカウンターの上に置かれている。	
potted plant	鉢植え

数名の男性が互いに挨拶をしている。	
greet	動 挨拶する

いくつかの棚が品物で満たされている。	
stock	動 （場所を必要なもので）満たす

彼は長袖のシャツを身に着けている。	
long-sleeved	形 長袖の　反 short-sleeved 半袖の

数名が芝生に座っている。	
lawn	名 芝生

フロアが磨かれている。	
polish	動 磨く

いくつかのティーカップが食器棚の中に置かれている。	
cupboard	名 食器棚

彼女は自分の手荷物を見下ろしている。	
luggage	名 手荷物、旅行かばん

61

Some chairs have been arranged on a platform.

62

She's holding a clipboard on her lap.

63

Some people are working on laptops.

64

Some steps lead to a building.

65

A bookshelf has been positioned next to a window.

66

A vase has been placed on a table.

67

A kettle is plugged into a power outlet.

68

A woman is glancing at a magazine.

69

A woman is folding a jacket.

70

They're standing near a doorway.

数脚の椅子が台の上に並べられている。	
platform	名 台、プラットフォーム
彼女は太ももの上にクリップボードを持っている。	
lap	名（座った時の）太ももの上の部分
数名がノートPCで作業をしている。	
laptop	名 ノートPC（lapの上に置けるサイズのPCのこと）
階段が建物に続いている。	
lead to	（道が）〜に続く
本棚が窓の隣に配置されている。	
position	動 配置する、位置を合わせる
花びんがテーブルの上に置かれている。	
vase	名 花びん
ポットが電源コンセントに差し込まれている。	
kettle	名（湯沸かし用の）ポット、やかん
女性が雑誌をちらっと見ている。	
glance	動 ちらっと見る
女性が上着を折りたたんでいる。	
fold	動 折りたたむ
彼らは戸口の近くに立っている。	
doorway	名 戸口

71 Some documents are scattered on the desk.

72 Tall buildings overlook the water.

73 She's browsing through some reading material.

74 He's kneeling on the floor.

75 She's carrying some containers.

76 There is a workstation near the entrance.

77 They're descending the stairs.

78 Some laundry equipment is lined up against a wall.

79 A receptionist is stationed behind a counter.

80 She's sewing a hat.

書類が机の上に散らばっている。	
scattered	形 散らばっている

高い建物から水面が見下ろせる。	
overlook	動 見下ろす位置にある

女性が読み物をパラパラ見ている。	
browse	動 (本や雑誌を) パラパラ見る、(店内を) ぶらぶら見て回る

彼は床に膝をついている。	
kneel	動 膝をつく

彼女はいくつか容器を持ち運んでいる。	
container	名 容器、コンテナ

入口の近くに仕事場がある。	
workstation	名 仕事場、作業場

彼らは階段を降りている。	
descend	動 (階段や坂などを) 降りる

数台の洗濯機が壁際に並んでいる。	
laundry	名 洗濯(物)

受付係がカウンターの背後に配置されている。	
station	動 配置する　名 駅

彼女は帽子を縫っている。	
sew	動 縫う

81

One of the people is fastening an apron.

82

A woman is stirring the contents of a pot.

83

They're fishing off the dock.

84

The stadium is full of spectators.

85

Some trees are being trimmed.

86

The chairs are unoccupied.

87

The reception desk is unattended.

88

A bridge is suspended above a river.

89

Some workers are wearing protective helmets.

90

A crosswalk has been painted on a roadway.

一人がエプロンを結んでいる。	
fasten	動 結ぶ、留める

女性が鍋の中身をかき混ぜている。	
stir	動 かき混ぜる

彼らは船着き場で釣りをしている。	
dock	名 船着き場　動（be dockedの形で）停泊している

スタジアムが観客で一杯だ。	
spectator	名（スポーツ等の）観客、見物客、観衆

数本の木が刈りそろえられている。	
trim	動（芝や髪の毛を）刈りそろえる

椅子に人がいない。	
unoccupied	形 人がいない　反 occupied 人がいる

受付に人がいない。	
unattended	形（係の）人がいない

橋が川の上につり下がっている。	
suspend	動 つるす

数名の作業員が防護用のヘルメットをかぶっている。	
protective	形 防護用の

横断歩道が車道の上に描かれている。	
crosswalk	名 横断歩道

91 The man is holding a dustpan.

92 Some balconies have been furnished with chairs.

93 A microwave has been set on the countertop.

94 Stacks of hay are being stored in a shed.

95 Vines are growing on the wooden structure.

96 He's gazing out the window.

97 Reading material is on display in a hallway.

98 The garbage can is full.

99 A woman is climbing up a staircase.

100 A cashier is accepting a payment.

男性がちりとりを手に持っている。	
dustpan	名 ちりとり

いくつかのバルコニーに椅子が備え付けられている。	
furnish	動 (家具を) 備え付ける

電子レンジがカウンターの上に設置されている。	
microwave	名 電子レンジ (=microwave oven)

干し草の山が物置に保管されている。	
shed	名 物置

つるが木の建造物に伸びている。	
vine	名 つる

彼は窓の外をじっと見ている。	
gaze	動 じっと見る

読み物が廊下に展示されている。	
hallway	名 廊下

ゴミ箱が一杯だ。	
garbage can	ゴミ箱　類 trash bin ゴミ箱

女性が階段を上っている。	
staircase	名 (手すりの付いた) 階段

レジ係が支払いを受け取っている。	
cashier	名 レジ係

Lampposts have been installed along a river.

She's using a microscope.

A vehicle has been parked in the driveway.

One of the people is seated on a stool.

A man is crouching near a tree.

They're walking toward a lighthouse.

Some people are applauding a presenter.

Pedestrians are waiting to cross the street.

Some people are waiting at an intersection.

She's cleaning some utensils.

街灯柱が川沿いに設置されている。	
lamppost	名 街灯柱

彼女は顕微鏡を使っている。	
microscope	名 顕微鏡

乗り物が私道に停められている。	
driveway	名 私道

一人がスツールの上に座っている。	
stool	名 スツール（背もたれのない椅子）

男性が木の近くでしゃがんでいる。	
crouch	動 しゃがむ、かがむ

彼らは灯台に向かって歩いている。	
lighthouse	名 灯台

数名がプレゼンターに拍手を送っている。	
applaud	動 拍手を送る

歩行者が通りを渡ろうと待っている。	
pedestrian	名 歩行者

数名が交差点で待っている。	
intersection	名 交差点

彼女は調理器具をきれいにしている。	
utensil	名 調理器具、（スプーンやナイフ等の）食器

111 A patterned rug is being rolled up.

112 The patio is being swept.

113 A woman is raking leaves.

114 Some pottery is being displayed.

115 A bicycle is propped against a pole.

116 The roof of the house is slanted.

117 They're strolling along a walkway.

118 A ship is approaching the pier.

119 Some potted plants have been placed on a windowsill.

120 A man is riding a lawn mower.

柄入りのじゅうたんが巻き上げられている。	
rug	名（部分）じゅうたん、ラグマット

テラスが掃除されている。	
patio	名 テラス（建物に隣接した屋外の舗装された平らなスペース）

女性が葉を熊手でかき集めている。	
rake	動 熊手でかき集める　名 熊手

いくつかの陶器が展示されている。	
pottery	名 陶器、瀬戸物

自転車がポールに立てかけられている。	
prop	動 立てかける、もたせかける

家の屋根が傾斜している。	
slanted	形 傾斜した、斜めの

彼らは歩道を散歩している。	
stroll	動 散歩する、ぶらぶら歩く

船が桟橋に近づいている。	
pier	名 桟橋

いくつかの鉢植えが窓台に置かれている。	
windowsill	名 窓台（窓枠の下のモノが置ける出っ張りの部分）

男性が芝刈り機に乗っている。	
lawn mower	芝刈り機（mow 動 刈る）

121	A woman is tacking a flyer on a bulletin board.
122	A man is installing a light fixture in the ceiling.
123	Some bicycles are parked beside a curb.
124	They're cleaning the window panes.
125	A man is pushing a wheelbarrow.
126	Some people are standing under an awning.
127	He's using a shovel to remove some debris.
128	Some crates are being transported.
129	Some people are installing a canopy.
130	She's looking through the binoculars.

女性が掲示板にチラシを貼り出している。	
tack	動 貼り出す、画びょうで留める

男性が照明器具を天井に設置している。	
light fixture	照明器具

数台の自転車が縁石のそばに停められている。	
curb	名 縁石（歩道と車道の間にある石の段差）

彼らは窓ガラスを清掃している。	
window pane	窓ガラス

男性が手押し車を押している。	
wheelbarrow	名 手押し車

数名がひさしの下に立っている。	
awning	名 ひさし

彼はがれきを除去するためにシャベルを使っている。	
debris	名 がれき

箱が輸送されている。	
crate	名 （輸送用の木やプラスチックの）箱、ケース

数名が日よけテントを設置している。	
canopy	名 日よけテント

彼女は双眼鏡をのぞいている。	
binoculars	名 双眼鏡

860点レベル

◀9 — ◀10

上級の
200問

501

how to work ------- at home

(A) accidentally

(B) productively

502

obtain construction permits from city -------

(A) authorities

(B) textiles

503

------- a report in a presentation

(A) summarize

(B) strive

504

Due to a prior -------, I will not be able to attend the conference.

(A) margin

(B) engagement

505

-------, Mr. Sampson was late for the rehearsal.

(A) Surprisingly

(B) Necessarily

506

obtain written ------- to use photographs on a Web site

(A) conservation

(B) consent

507

The hotel is ------- adjacent to a shopping mall.

(A) situated

(B) logical

508

as a ------- of the merger

(A) consequence

(B) prescription

509

There has been a ------- increase in traffic on Maple Road.

(A) noticeable

(B) productive

510

------- interest in a new book

(A) proofread

(B) generate

501	**(B) productively** 副 生産的に **accidentally** 副 うっかり、事故で 自宅で生産的に仕事をする方法	😊 TOEICの世界でも、在宅勤務を企業は積極的に奨励しているが、これ幸いと、自宅でダラダラと無駄に時間を過ごし、仕事をサボってばかりのリラックマ的な人は存在しない。
502	**(A) authorities** authority 名 当局、権力、権威 **textiles** textile 名 繊維、織物 □ obtain 動 得る　□ permit 名 許可証 建設許可証を市当局から得る	「権限」「権威」の意味も重要。例 person in authority（権限を持った人）、authority on French literature（フランス文学の権威）textile は、textile industry（繊維業界）や textile manufacturers（繊維メーカー）といった形で出る。
503	**(A) summarize** 動 要約する **strive** 動 懸命に努力する 報告書をプレゼンで要約する	summarize the main points（要点をまとめる）といった形でも用いられる。strive は、不定詞を伴う語法も重要。例 strive to provide the best service（最高のサービスを提供するため懸命に努力する）
504	**(B) engagement** 名（業務上の正式な）約束、予定、婚約、関与 **margin** 名 差、余白、（時間やお金の）余裕 □ due to ～が理由で　□ prior 形 事前の　□ conference 名（大規模な）会議 先約があるため、私はその会議に出席できません。	業務上の正式な予定のことで、公演や講演会の予定等でも用いられる。例 I have a speaking engagement on that day.（その日は講演会の予定があります）margin は、by a narrow/wide margin（僅差・大差で）が重要表現。
505	**(A) Surprisingly** surprisingly 副 驚くほど、驚いたことに **Necessarily** necessarily 副 必ず、（否定文で）必ずしも 驚いたことに、Sampson さんはリハーサルに遅刻した。	surprisingly は、品詞・語彙問題の両方で狙われる。necessarily は、文頭に置いた文修飾の形では用いられず、not necessarily（必ずしも～ではない）の形で主に出る。例 That's not necessarily true.（それは必ずしも正しいとは限りません）

506	**(B) consent** 名 同意 **conservation** 名 （資源の）節約、環境保護	without written consent（書面による同意なしに）と consent form（同意書）も重要表現。conservation は、energy conservation（エネルギーの節約）や nature conservation（自然保護）といった形で出る。
	□ **obtain** 動 得る　□ **written** 形 書面の	
	ウェブサイトで写真を使うための書面の同意を得る	

507	**(A) situated** 形 ～に位置している **logical** 形 妥当な、理にかなった、論理的な	分詞構文の形にも注意。例 Situated downtown, the hotel is in a very convenient location.（中心街に位置していて、そのホテルはとても便利な場所にある）logical は、logical choice（妥当な選択）や logical conclusion（論理的結論）といった形で用いられる。
	□ **adjacent to** ～に隣接した	
	そのホテルは、ショッピングモールに隣接している。	

508	**(A) consequence** 名 （～が招いた）結果 **prescription** 名 処方せん	😊 日本では、通常、紙の prescription（処方せん）を薬局に持っていき、薬を受け取る。一方、TOEIC の世界では、医師から電話やオンラインで薬局に処方せんの指示が出る。L で薬局から、「薬のご用意ができました」といった電話がかかってくるのはこのためである。
	□ **merger** 名 合併	
	合併の結果として	

509	**(A) noticeable** 形 明らかな、著しい **productive** 形 生産的な、充実した	「誰でも notice（気づく）ほど明らかな」という意味。品詞・語彙問題の両方で狙われる。productive は、productive meeting（充実した会議）や productive environment（生産性の高い環境）といった形で用いられる。
	□ **traffic** 名 交通や人の流れ	
	Maple 通りでは、交通量が明らかに増加した。	

510	**(B) generate** 動 （利益等を）生み出す、（関心等を）生む **proofread** 動 校正する	generate interest（関心を生む）は重要表現。generate income（収入を生む）や generate local jobs（地域の仕事を創出する）といった形でも出る。proofread は、書類や原稿等に間違いがないかをチェックすること。その仕事を専門に行うのが proofreader（校正者）。
	新刊への関心を生む	

511

Toyoko is ------- of taking on a wider range of responsibilities.

(A) notable
(B) capable

512

The show is supposed to start at ------- 7:00 P.M.

(A) precisely
(B) aggressively

513

------- of the drug's effectiveness

(A) logistics
(B) evidence

514

review the organization's second quarter -------

(A) attractions
(B) earnings

515

Severe winter storms are ------- in the region.

(A) uncommon
(B) punctual

516 Fans are ------- awaiting his new book.

(A) eagerly
(B) professionally

517 All images cannot be ------- without written permission.

(A) engaged
(B) reproduced

518 We ------- announce the opening of our new branch in Sydney.

(A) proudly
(B) totally

519 The company is owned and managed -------.

(A) subtly
(B) independently

520 Our sales have remained -------.

(A) stable
(B) groundbreaking

511	**(B) capable**	be capable of doing（～する能力がある）の形で押さえよう。notable は、「note（述べる、気づく）に値するほどの」という意味。囫 the most notable feature of the product（その製品の最も注目すべき特徴）
	形 能力がある	
	notable	
	形 注目すべき、特筆すべき、有名な	
	□ **wide range of** 広範囲の　□ **responsibility** 名 職責、職務	
	トヨコは、より広範囲の職責を担う能力がある。	

512	**(A) precisely**	「時刻ちょうどに」の意味を表す類義語の promptly も押さえよう。囫 The show will begin promptly at 7:00 P.M.（そのショーは、午後7時ちょうどに始まります）aggressively は、advertise aggressively（積極的に宣伝する）といった形で用いられる。
	副 正確に、ちょうどに	
	aggressively	
	副 積極的に、アグレッシブに	
	□ **be supposed to do** ～することになっている	
	そのショーは、午後7時ちょうどに始まることになっている。	

513	**(B) evidence**	evidence of X（Xの証）と、evidence that SV（SがVすることの証）の形を取る語法も押さえよう。logistics は、「物流」と「（計画の）段取り」の両方の意味で出る。囫 logistics management（物流管理）、logistics of a meeting（会議の段取り）
	名 証拠、証明	
	logistics	
	名 物流、（計画の）段取り	
	□ **effectiveness** 名 有効性	
	その薬の有効性の証拠	

514	**(B) earnings**	earnings は、常に複数形で用いられる名詞。attraction は、人を attract（引き付ける、呼び込む）場所やモノのこと。TOEIC では、特に「名所」の意味で出る。囫 local attractions（地元の名所）、tourist attractions（観光名所）
	名 収入	
	attractions	
	attraction 名 名所、魅力	
	□ **organization** 名 会社、組織、団体　□ **quarter** 名 四半期	
	その会社の第2四半期の収入を再検討する	

515	**(A) uncommon**	😊 TOEIC の世界では、storm（暴風雨）によって、停電や倒木、交通遅延等の被害は発生するが、人命には決して影響しない。
	形 珍しい	
	punctual	
	形 時間を守る、時間通りの	
	□ **severe** 形 （風雨等が）激しい　□ **storm** 名 暴風雨　□ **region** 名 地域	
	その地域では、激しい冬の暴風雨は珍しい。	

516

(A) eagerly

副 熱望して

professionally

副 専門的に、職業上

□ await 動 待つ

ファンは、彼の新刊を熱望して待っている。

eagerly await X (Xを待ち望む) は重要表現。過去分詞を修飾する形でも出る。例 the most eagerly anticipated film of the year (今年最も待望の映画) professionally は、professionally trained staff (専門的な訓練を受けたスタッフ) といった形で用いられる。

517

(B) reproduced

reproduce 動 複製する、コピーする、再現する

engaged

engage 動 関わる、参加する、行う

□ written permission 書面による許可

書面による許可なしに、どの画像も複製できません。

著作物上の「複製禁止」の文言でよく用いられる。「再現する」の意味でも出る。例 re-produce a recipe (レシピを再現する) engage は、engage in X (Xに関わる) が重要表現。例 engage in a debate (議論に参加する)、engage in exercise (運動を行う)

518

(A) proudly

副 誇らしげに、誇りを持って

totally

副 完全に、まったく

□ announce 動 発表する □ opening 名 オープン □ branch 名 支店

シドニーに新しい支店を開設したことを発表できて誇らしく思います。

proudly offer X (誇りを持ってXを提供する) や proudly support X (誇りを持ってXを支援する) も押さえよう。totally は、totally different (まったく異なる) や、The house is totally made of recycled materials. (その家は完全にリサイクル素材でできている) といった形で出る。

519

(B) independently

副 独立して、単独で

subtly

副 微妙に

□ own 動 所有する □ manage 動 経営する、運営管理する

その会社は、独立して所有・経営されている。

work independently (単独で仕事をする) の形でも出る。 TOEIC の世界には、単独でも、チームの一員としても、しっかり仕事ができる柔軟性のある人しか存在しない。

520

(A) stable

形 安定した

groundbreaking

形 画期的な

□ remain 動 ～のままでいる

当社の売り上げは依然として安定している。

stable ladder (安定したハシゴ) や stable prices (安定した物価) といった形でも用いられる。groundbreaking は、ground-breaking study (画期的な研究) や ground-breaking work (画期的な仕事) といった形で出る。

521 The camera can be controlled -------.
(A) remotely
(B) competitively

522 We act ------- for the environment.
(A) responsibly
(B) apparently

523 This digital camera is ------- slim.
(A) urgently
(B) amazingly

524 The food contains no ------- ingredients.
(A) artificial
(B) precise

525 make a ------- effort
(A) resigned
(B) concentrated

526

A fine will be ------- on those who violate the new law.

(A) commenced

(B) imposed

527

Patients must fill out the medical form -------.

(A) accurately

(B) adversely

528

exceed even the most ------- expectations

(A) integral

(B) optimistic

529

a clear ------- between the two companies

(A) distinction

(B) registration

530

the maximum amount you can ------- from an ATM

(A) withdraw

(B) oversee

521	(A) remotely	「遠隔地に」の意味でも出る。例 The hotel is remotely located. (そのホテルは遠隔地にある) competitively は、competitively priced items (他に負けないように値付けされた品物) といった形で用いられ、品詞問題でも狙われる。
	副 遠隔で、遠隔地に、リモートで	
	competitively	
	副 他に負けないように	
	そのカメラは、遠隔でコントロールできる。	

522	(A) responsibly	behave responsibly (責任を持った行動を取る) の形でも出る。apparently は、Apparently, the meeting went well. (聞いたところでは、その会議はうまく行った) のように用いられる。
	副 責任を持って	
	apparently	
	副 聞いたところでは、見たところでは	
	当社は、環境に対して責任を持って行動します。	

523	(B) amazingly	☺ TOEIC の世界では、消費者を欺く誇大広告は出ないが、「広告のイメージと違った」という理由で、返品や交換を求める客は存在する。「広告のイメージより実際の部屋が小さかった」という理由で、返金を求める宿泊客も登場した。
	副 驚くほど、驚異的に	
	urgently	
	副 緊急に	
	このデジタルカメラは、驚くほど薄い。	

524	(A) artificial	AI (artificial intelligence: 人工知能) は、TOEIC でも出る。precise は、precise cost (正確なコスト) や precise sales figures (正確な売上数値) といった形で用いられる。
	形 人工的な	
	precise	
	形 正確な	
	□ contain 動 含む □ ingredient 名 食材	
	その食品には、人工的な食材は含まれていません。	

525	(B) concentrated	「濃縮された」の意味も押さえよう。例 concentrated detergent (濃縮洗剤) resigned は、TOEIC では、「観念した」の意味の形容詞ではなく、動詞の過去形・過去分詞で出る。例 Ms. Lee resigned last week. (Lee さんは、先週辞任した)
	形 集中的な、濃縮された	
	resigned	
	resign 動 辞任する、辞職する	
	□ effort 名 努力	
	集中的な努力を行う	

526 (B) imposed

impose 動 科す、課す、負わせる、強制する

commenced

commence 動 始まる、始める

語源は、「in（中に）＋pose（置く）」で、罰金や税金、規則など、「重荷になるものを押し付ける」イメージ。commenceは、beginやstartの堅い単語で、Rで出る。米国では、高校や大学の卒業式は、新生活の始まりなので、commencementと呼ばれる。

□ fine 名 罰金　□ those who ～する人　□ violate 動 違反する

その新法に違反した人には罰金が科されます。

527 (A) accurately

副 正確に

adversely

副 不利に、ネガティブに

accurately estimate（正確に見積もる）やaccurately forecast（正確に予想する）といった形でも出る。adverselyは、adversely affect X（Xに悪影響を及ぼす）が重要表現。例 adversely affect workers' productivity（労働者の生産性に悪影響を及ぼす）

□ patient 名 患者　□ fill out 記入する　□ medical form 問診表

患者は問診票に正確に記入しなければならない。

528 (B) optimistic

形 楽観的な

integral

形 不可欠な

😎 TOEICの世界には、基本的に前向きで楽観的な人しか存在しないので、「もう駄目だ」「終わりだ」「詰んだ」といった悲観的な言葉は聞かれない。

□ exceed 動 超える　□ expectation 名 期待、予想

最も楽観的な予想さえも超える

529 (A) distinction

名 違い、優秀さ、栄誉

registration

名 登録

distinction between X and Y（XとYの違い）も重要表現。例 distinction between amateurs and professionals（アマとプロの違い）registrationは、registration desk（登録所）、registration fee（登録料）、registration form（登録用紙）といった形で頻出する。

□ clear 形 はっきりした

その2社間のはっきりした違い

530 (A) withdraw

動 （お金を）下ろす、撤収する、取り下げる

oversee

動 監督する、統括する

「with（逆らって）＋draw（引く）」が原義。そこから、「（お金を）引き出す」「（ビジネスから）手を引く」「（市場から）撤収する」といった意味が派生した。overseeは、oversee staff（スタッフを監督する）やoversee a project（プロジェクトを統括する）といった形で出る。

□ maximum 形 最大限の

あなたがATMから引き出せる上限額

531

provide timely news ------- to readers

(A) ownership
(B) coverage

532

inspect a food processing plant at regular -------

(A) accomplishments
(B) intervals

533

The radio host is respected by his -------.

(A) segments
(B) peers

534

an ------- figure in contemporary art

(A) influential
(B) interoffice

535

We have now ------- our main competitor in sales.

(A) projected
(B) overtaken

536

reduce energy -------

(A) timeline
(B) consumption

537

a newly ------- fitness center

(A) renovated
(B) cautioned

538

Ms. Lee is the only ------- at the Hamilton branch.

(A) supervisor
(B) interruption

539

The board of trustees ------- the mission statement of the college.

(A) revised
(B) attributed

540

We might not be able to ------- your request.

(A) misplace
(B) accommodate

531	**(B) coverage**	「(保険の)補償」の意味も重要。図 insurance coverage(保険の補償) ownership は、(C) A building has changed ownership. (建物の所有者が変わった) といった形で、選択肢で主に出る。
	名 報道、(保険の)補償	
	ownership	
	名 所有(権)、所有者であること	
	タイムリーなニュース報道を読者に提供する	

532	**(B) intervals**	at regular intervals (定期的に) は出題例のある重要表現。accomplishment は、What is one of Ms. Kim's accomplishments? (Kimさんの業績の一つは何ですか) といった形で設問文にも出る。
	interval 名 間隔	
	accomplishments	
	accomplishment 名 業績、達成	
	□ inspect 動 検査する　□ food processing plant 食品加工工場	
	食品加工工場を定期的に検査する	

533	**(B) peers**	TOEICの世界では、ラジオ番組が人気で、毎回のようにLで放送される。内容は、交通情報や天気予報、地域のニュースが主で、ニューアルバムの発売直後にアーティストがゲスト出演する番組も定番。ただし、その際、楽曲は決して放送されない。
	peer 名 同業者、同級生	
	segments	
	segment 名 (別々の) 部分	
	□ host 名 司会者　□ respect 動 尊敬する	
	そのラジオ番組の司会者は、同業者から尊敬されている。	

534	**(A) influential**	TOEICでは、SNSで強い影響力を持つ influencer (インフルエンサー) という単語は2022年時点では登場していない。なお、TOEICでは、実在の社名や商品名、サービス名は出ないので、Instagrammer (インスタグラマー) も存在しない。
	形 影響力のある	
	interoffice	
	形 社内の、オフィス間の	
	□ figure 名 人物　□ contemporary 形 現代の	
	現代芸術において影響力のある人物	

535	**(B) overtaken**	F1の実況でも、「なんと、佐藤琢磨がアロンソをオーバーテイク」といった形で用いられるが、TOEICではビジネスで他社を追い抜く文脈で出る。project には、動詞で「見積もる」の意味があることに注意。図 project an increase in sales (売り上げ増を見込む)
	overtake 動 追い抜く	
	projected	
	project 動 見積もる、投影する　名 プロジェクト	
	□ competitor 名 競争相手、競合他社	
	当社は今や、最大の競争相手を売り上げで追い抜きました。	

536	**(B) consumption**	TOEIC の世界では、米国同様、consumption tax（消費税）は存在せず、sales tax（小売上税）が用いられる。timeline は、「（プロジェクトやイベントの進行を時系列でまとめた）予定表」の意味で主に出る。例 construction timeline（工事の工程表）
	名 消費	
	timeline	
	名 予定表	
	エネルギーの消費を減らす	

537	**(A) renovated**	TOEIC の世界では、やたらと建物が改装されるので、この単語も頻出。類義語の、remodel（改築する）や refurbish（改装する、改修する）も重要。caution は、主に名詞で出るが、動詞の場合、caution that SV（S が V することに注意を促す）の形を取る語法も押さえておこう。
	renovate 動 改装する、改修する	
	cautioned	
	caution 動 注意を促す、警告する 名 注意、警告	
	新たに改装されたフィットネスセンター	

538	**(A) supervisor**	「super（上）から vise（見る）人」のこと。管理・監督業務を行う役職を広く指す。例 immediate supervisor（直属の上司）、building supervisor（ビルの管理者）interruption は、service interruption（サービスの中断）や power interruption（停電）といった形で出る。
	名 監督者、上司、管理者	
	interruption	
	名 中断、妨害	
	□ branch 名 支店	
	Lee さんは、Hamilton 支店で唯一の管理職だ。	

539	**(A) revised**	「re（再び）＋vise（見る）」が語源。例 revise a contract（契約を見直す）、a revised schedule（修正されたスケジュール）attribute X（結果）to Y（要因）は重要表現。例 Ms. Honda attributes her success to luck.（ホンダさんは、自身の成功は運のおかげだとしている）
	revise 動 見直す、修正する	
	attributed	
	attribute X to Y X は Y が要因だ	
	□ board of trustees 理事会 □ mission statement 基本方針 □ college 名 大学	
	理事会は、大学の基本方針を見直した。	

540	**(B) accommodate**	「合わせる」が基本イメージ。例 The hotel can accommodate 300 guests.（そのホテルは300名の客を収容できる）、accommodate the needs of students（学生のニーズに対応する）misplace は、「mis（誤った）place（場所）に何かを置いて一時的に紛失する」こと。
	動 （要求等を）満たす、対応する、収容する	
	misplace	
	動 置き忘れる、紛失する	
	我々は、あなたのご依頼に対応できないかもしれません。	

541 perform a safety -------

(A) inspection
(B) manuscript

542 We have two ------- locations in Jefferson City.

(A) extended
(B) retail

543 Conference ------- should reserve a hotel room well in advance.

(A) utilities
(B) attendees

544 find a new office supply -------

(A) scope
(B) vendor

545 The app will help you ------- your tasks at work.

(A) prioritize
(B) beautify

546

The computer has a large ------- capacity.

(A) excursion
(B) storage

547

All employees are ------- for a bonus.

(A) eligible
(B) exact

548

use only natural -------

(A) ingredients
(B) apprentices

549

One lucky winner will be awarded a $1,000 gift -------.

(A) enrollment
(B) certificate

550

a number of ------- from shareholders

(A) inquiries
(B) frauds

541	**(A) inspection**	conduct an inspection (検査を行う) も重要表現。manuscriptは、submit a manuscript (原稿を提出する) や review a manuscript (原稿を再検討する) といった形で出る。
	名 検査、点検	
	manuscript	
	名 原稿	
	□ **perform** 動 行う	
	安全検査を行う	

542	**(B) retail**	retail business (小売業) や retail price (小売価格)、retail store (小売店) といった形でも頻出する。関連語の retailer (小売業者) も押さえよう。extendedは、extended warranty (長期保証) や、extended operating hours (延長営業時間) といった形で出る。
	形 小売りの 名 小売り	
	extended	
	形 長期の、延長された	
	当社は、Jefferson市に2か所の小売店があります。	

543	**(B) attendees**	関連語の attendant (係員) も重要。例 flight attendant (フライトアテンダント)、parking attendant (駐車場の係員) utility は、utility company (公共サービスの会社) や utility bill (公共サービスの請求書) といった形で出る。
	attendee 名 出席者	
	utilities	
	utility 名 (ガス・電気・水道等の) 公共サービス	
	□ **conference** 名 (大規模な) 会議 □ **reserve** 動 予約する □ **well in advance** 十分余裕を持って	
	会議の参加者は、十分余裕を持ってホテルの部屋をご予約下さい。	

544	**(B) vendor**	Part 1では、「露天商 (屋外で店舗を持たず商売をする人)」の意味で出る。例 A vendor is selling some merchandise. (露天商が商品を販売している) scopeは、「(調査や本、プロジェクト等が扱う) 範囲」という意味。例 the scope of a project (プロジェクトの範囲)
	名 販売業者、露天商	
	scope	
	名 範囲	
	□ **office supply** オフィス用品	
	新たなオフィス用品の販売業者を見つける	

545	**(A) prioritize**	☺ TOEICの世界には、仕事より歯医者のアポの優先順位が高い社員が存在する。
	動 優先順位を付ける	
	beautify	
	動 美化する	
	そのアプリは、職場での業務の優先順位を付けるのに役立ちます。	

546	**(B) storage**	storage facility（貯蔵施設）や storage room（保管室）、storage space（貯蔵スペース）といった形でも出る。excursion は、短期間の団体旅行のこと。**例** excursion to Mt. Fuji（富士山への旅行）
	名 保管、貯蔵	
	excursion	
	名 小旅行	
	□ capacity 名 容量	
	そのコンピューターは、ストレージ容量が大きい。	

547	**(A) eligible**	be eligible for X（Xの資格がある）の形に加え、不定詞を伴う語法も重要。**例** All employees are eligible <u>to</u> receive a bonus.（従業員は全員、ボーナスを受け取る資格がある）exact は、exact date（正確な日付）や exact location（正確な場所）といった形で用いられる。
	形 資格がある	
	exact	
	形 正確な	
	従業員は全員、ボーナスの資格がある。	

548	**(A) ingredients**	ingredient は料理や食品の材料のこと。TOEICでは、apprentice（見習い）からスタートし、驚異的な成功を収めた人物が、Part 4でスピーチをしたり、Part 7の記事で取り上げられたりする。
	ingredient 名 食材	
	apprentices	
	apprentice 名 見習い	
	自然食材のみを使う	

549	**(B) certificate**	gift certificate（ギフト券）は景品や賞品として頻出。TOEIC公開テストの公式スコア認定証は、Official Score Certificate。enrollment は、品詞問題でも狙われるので、enrollment fee（入会費）のような「名詞＋名詞」の形も押さえておこう。
	名 認定証、修了証	
	enrollment	
	名 入会、入学、入学者数	
	□ award 動 授与する、贈呈する	
	幸運な当選者1名様に、1000ドルのギフト券が贈呈されます。	

550	**(A) inquiries**	Part 7で、Thank you for your inquiry.（お問い合わせありがとうございます）といった形で、お客様に対する返信の冒頭でも出る。**😊** TOEICの世界では、詐欺は発生しないが、「詐欺に気を付けましょう」といった注意喚起は行われる。
	inquiry 名 問い合わせ	
	frauds	
	fraud 名 詐欺	
	□ a number of いくつかの □ shareholder 名 株主	
	株主からのいくつかの問い合わせ	

551

The coupon is ------- only for online purchases.

(A) sophisticated
(B) valid

552

The hotel offers fine accommodations at ------- rates.

(A) editorial
(B) affordable

553

encourage full ------- by all students

(A) participation
(B) architecture

554

submit a ------- of the report

(A) summary
(B) recipient

555

My colleagues ------- offered to help me set up the display.

(A) brightly
(B) generously

556

Ms. Kamara is the most ------- candidate for the position.

(A) premier
(B) qualified

557

The theater is ------- with a state-of-the-art sound system.

(A) equipped
(B) coincided

558

browse a comprehensive ------- of physicians

(A) directory
(B) cargo

559

Mr. Morita is a ------- landscape painter.

(A) subsequent
(B) renowned

560

I received some ------- news.

(A) disappointing
(B) frustrated

551	**(B) valid**	valid driver's license (有効な運転免許証) や valid membership card (有効な会員証) も重要表現。sophisticated は、sophisticated equipment (高性能の機器) や sophisticated design (洗練されたデザイン) といった形で出る。
	形 有効な	
	sophisticated	
	形 高性能の、洗練された	
	□ purchase 名 購入（品）	
	そのクーポンは、オンラインでの購入のみ有効です。	

552	**(B) affordable**	「afford（余裕をもって買う）ことができるほど安い」という意味。例 affordable price (手ごろな価格)、affordable housing (手ごろな価格の住宅) editorial は、editorial department (編集部) といった形のほか、write an editorial (社説を書く) のような名詞の用法にも注意。
	形 手ごろな価格の、安い	
	editorial	
	形 編集の 名 社説	
	□ fine 形 良質の　□ accommodations 名 宿泊施設　□ rate 名 料金	
	そのホテルは、良質の宿泊施設を手ごろな料金で提供している。	

553	**(A) participation**	participation in X (Xへの参加) も重要表現。例 participation in an event (イベントへの参加) architecture は、architecture firm (建築事務所) や Mr. Shimura teaches architecture at a university. (Shimuraさんは大学で建築学を教えている) といった形で出る。
	名 参加	
	architecture	
	名 建築、建築様式、建築学	
	□ encourage 動 奨励する、勧める	
	学生全員の参加を奨励する	

554	**(A) summary**	brief summary (手短な要約) や financial summary (決算概要) といった形でも出る。recipient は、何かを receive (受け取る) 人のこと。例 award recipients (受賞者)、scholarship recipients (奨学金受給者)、survey recipients (調査対象者)
	名 要約	
	recipient	
	名 受取人、受賞者	
	□ submit 動 提出する	
	レポートの要約を提出する	

555	**(B) generously**	😊 TOEIC の世界には、困った時には助けてくれる親切な同僚しか存在しない。
	副 親切に、気前よく	
	brightly	
	副 輝いて、明るく	
	□ colleague 名 同僚	
	私の同僚たちは、私が展示の設営をする手助けを親切に申し出てくれた。	

556 (B) qualified

形 資格のある、適任の

premier

形 最高の、第1位の

□ candidate 名 候補者

qualified candidate（適任の候補者）は重要表現。highly qualified（非常に適任の）の形も頻出。例 He is highly qualified for the position.（彼はその職に非常に適任だ）premier は、one of Tokyo's premier hotels（東京の最高のホテルの一つ）といった形で用いられる。

Kamaraさんは、その職に最も適任の候補者だ。

557 (A) equipped

equip 動 備え付ける、装備する

coincided

coincide 動 同時に起こる、一致する

□ state-of-the-art 形 最新式の

be equipped with X（Xが備わっている）は、品詞・語彙問題の両方で狙われる重要表現。coincideは自動詞で、直接目的語を取らない語法も押さえよう。例 The two events coincided.（二つの出来事が同時に起きた）

その劇場は、最新式の音響システムを備えている。

558 (A) directory

名 名簿、案内板

cargo

名 貨物

□ browse 動 閲覧する　□ comprehensive 形 総合的な、包括的な　□ physician 名 医師

名前や電話番号が記された名簿のこと。「（建物の）案内板」の意味でも出る。例 Where can I find the building directory?（建物の案内板はどこですか）cargoは、cargo airplane（貨物機）や cargo ship（貨物船）といった形で用いられる。

医師の総合名簿を閲覧する

559 (B) renowned

形 著名な、有名な

subsequent

形 その後の

□ landscape painter 風景画家

特別なスキルや業績で人々に知られている様子を表す。「有名な」の意味の類義語として、famous/well-known/celebrated/notedも押さえよう。subsequentは、in subsequent years（その後の数年間）といった形で出る。

モリタさんは、著名な風景画家です。

560 (A) disappointing

形 落胆させるような、残念な

frustrated

形 イライラした

文法問題でも狙われるので、-ing形（ニュースは人をdisappointさせる側）であることも押さえておこう。😊 TOEICの世界でも、I'm so frustrated.（本当にイライラする）といったセリフはたまに聞かれるが、周囲に八つ当たりしたり、やけ酒を飲む人は存在しない。

私は残念なニュースを受け取った。

561

achieve record-high -------

(A) revenue
(B) endeavor

562

return ------- merchandise

(A) defective
(B) voluntary

563

Thank you for your ------- work.

(A) identical
(B) exceptional

564

The hospital is ------- by public transportation.

(A) accessible
(B) superb

565

The ------- must renew their rental agreement by May 31.

(A) qualifications
(B) tenants

566

a team of ------- and professional faculty

(A) dedicated
(B) luxurious

567

------- an office space

(A) enforce
(B) rearrange

568

Franklin Realty handles both ------- and commercial properties.

(A) residential
(B) misleading

569

Tex ------- his own mistakes.

(A) acknowledged
(B) conserved

570

The business has a reputation for ------- plumbing service.

(A) handful
(B) reliable

561	**(A) revenue**	会社や政府の収入のこと。annual revenue（年間収入）や advertising revenue（広告収入）といった形でも出る。endeavor は、Good luck in your future endeavors.（あなたのこれからの努力が実りますように）といった励ましの言葉でも用いられる。
	名 収入	
	endeavor	
	名 試み、努力　動 努力する	
	□ achieve 動 達成する　□ record-high 形 新記録の	
	新記録の収入を達成する	

562	**(A) defective**	defective item（欠陥品）や defective product（不良品）といった形でも出る。voluntary は、voluntary recall（自主回収）が重要表現。
	形 不良の、欠陥のある	
	voluntary	
	形 自主的な、任意の	
	□ return 動 返品する　□ merchandise 名 商品	
	不良品を返品する	

563	**(B) exceptional**	exception（例外）の派生語で、「他に類を見ないくらい素晴らしい」という意味。exceptional service（素晴らしいサービス）の形でも頻出。identical は、identical product（同一の製品）といった形で用いられる。
	形 並外れた、素晴らしい	
	identical	
	形 同一の	
	皆さんの素晴らしい仕事に感謝しています。	

564	**(A) accessible**	accessible は、品詞・語彙問題の両方で狙われる。superb は、superb views of the ocean（海の素晴らしい眺め）や superb performance（最高のパフォーマンス）といった形で用いられる。
	形 アクセスできる、利用できる	
	superb	
	形 素晴らしい、最高の	
	□ public transportation 公共の交通機関	
	その病院は、公共の交通機関でアクセスできる。	

565	**(B) tenants**	😊 TOEIC の世界でも、「通勤に時間がかかる」等の理由で、入居者が賃貸契約を更新しないことはよくある。ただし、契約を巡って入居者と家主が喧嘩をしたり、裁判沙汰になったりすることはない。
	tenant 名 入居者	
	qualifications	
	qualification 名 資格	
	□ renew 動 更新する　□ rental agreement 賃貸契約	
	入居者は、5月31日までに賃貸契約を更新しなければならない。	

566	**(A) dedicated**	be dedicated to (doing) X (~に尽力している) も重要表現。囫 We are dedicated to providing quality service. (当社は質の高いサービスを提供することに尽力しています)「特化した」の意味でも出る。囫 magazine dedicated to the aviation industry (航空業界に特化した雑誌)
	形 献身的な、尽力して、特化した	
	luxurious	
	形 豪華な、ぜいたくな	

□ faculty 名 (大学の) 教員

献身的でプロフェッショナルな教員のチーム

567	**(B) rearrange**	TOEICでは、オフィスや店内の配置換えは頻出のテーマの一つ。Lの図表問題では、配置換え後の人や商品の移動先がしばしば出題ポイントになる。
	動 再配置する	
	enforce	
	動 (法律や規則等を) 施行する、強制する	

オフィスのレイアウトを変える

568	**(A) residential**	residential and commercial (居住用と商業用の) は、Part 7で、個人と法人の両方にサービスを提供していることの正解根拠にもなる重要表現。 misleading は、「mis (誤った) 方向に lead (導く) ような」という意味。囫 misleading advertising (誤解を招く広告)
	形 居住用の、住民の	
	misleading	
	形 誤解を招く	

□ realty 名 不動産　□ handle 動 扱う　□ commercial 形 商業用の　□ property 名 不動産

Franklin不動産は、居住用と商業用の不動産を両方扱っている。

569	**(A) acknowledged**	「(受取を)知らせる」「感謝する」の意味も重要。囫 acknowledge receipt of the order (注文の受取を知らせる)、acknowledge a colleague (同僚に感謝する) conserve は、conserve resources (資源を節約する) といった形で出る。
	acknowledge 動 認める、(受取を) 知らせる、感謝する	
	conserved	
	conserve 動 節約する	

Texは自分自身の間違いを認めた。

570	**(B) reliable**	類義語の trustworthy (正直で信頼できる) も押さえよう。囫 trustworthy employee (信頼できる社員) handful は、a handful of X (一握りのX) の形で出る名詞。囫 a handful of businesses (一握りの会社)
	形 信頼できる	
	handful	
	a handful of 一握りの	

□ reputation 名 評判　□ plumbing 名 配管工事

その会社は、信頼できる配管工事のサービスで評判を得ている。

571 Emma took the ------- to organize a committee.

(A) initiative

(B) disposal

572 participate in an ------- event

(A) exclusive

(B) appreciative

573 The project is scheduled for ------- by December 1.

(A) completion

(B) flexibility

574 -------, the candidate will be fluent in written and spoken Japanese.

(A) Repeatedly

(B) Ideally

575 We ------- receive high customer ratings.

(A) consistently

(B) minimally

576

The intensive workshop will be ------- to all employees.

(A) specialized
(B) beneficial

577

choose a venue for the year-end company -------

(A) gathering
(B) ratio

578

The abridged edition is sold ------- online.

(A) exclusively
(B) evenly

579

provide secure online -------

(A) transactions
(B) detergents

580

The album has sold a ------- total of 1.2 million copies.

(A) distinctive
(B) combined

571	**(A) initiative**	「自ら先頭に立ち、他を引っ張っていく」イメージの単語。「新たな取り組み」の意味も重要。例 cost-cutting initiative（コスト削減の新たな取り組み）品詞問題でも出るので、名詞であることにも注意。disposalは、waste disposal（廃棄物処理）といった形で用いられる。
	名 自主性、新たな取り組み	
	disposal	
	名 処分	

□ organize 動 取りまとめる　□ committee 名 委員会

Emmaは、率先して委員会を組織した。

572	**(A) exclusive**	「ex（外）をclose（閉め出す）」が原義。「独占の」「高級な」といった意味でも出る。例 exclusive interview（独占インタビュー）、exclusive restaurant（高級レストラン） appreciativeは、be appreciative of X（Xに感謝している）の形を押さえておこう。
	形 限定の、独占の、高級な	
	appreciative	
	形 感謝して	

□ participate 動 参加する

限定イベントに参加する

573	**(A) completion**	on(upon) completion of X（Xの完了時）も重要表現。例 on completion of the project（プロジェクトの完了時）flexibilityは、勤務スケジュールや勤務形態で融通が利くこと、といった文脈で主に出る。例 flexibility in the workplace（職場での柔軟性）
	名 完了、完成	
	flexibility	
	名 柔軟さ	

そのプロジェクトは、12月1日までに完了予定だ。

574	**(B) Ideally**	☺ TOEICの世界では、こうした求人条件が示されているにもかかわらず、「スペイン語ができます」といった形で、条件を1つだけ満たしていない応募者がしばしば登場する。
	ideally 副 理想的に、理想的には	
	Repeatedly	
	repeatedly 副 繰り返して、たびたび	

□ candidate 名 候補者　□ fluent 形 流ちょうな

理想は、候補者が書き言葉と話し言葉の日本語が流ちょうであることです。

575	**(A) consistently**	常に変わらず安定している様子を表し、品詞問題でも出題例がある重要語。minimallyは、minimally decorated room（最小限の装飾が施された部屋）といった形で用いられる。
	副 常に、変わらず、安定して	
	minimally	
	副 最小限、わずかに	

□ customer rating 顧客評価

当社は、常に高いお客様評価を得ています。

576 (B) beneficial

形 有益な

specialized

形 特殊な、専門特化した

□ intensive 形 集中的な

mutually beneficial (互いに有益な) も重要表現。例 mutually beneficial relationship (互いに有益な関係) specialized は、specialized service (専門特化したサービス) や specialized tool (特殊なツール) といった形で用いられる。

その集中研修は、社員全員に役立つでしょう。

577 (A) gathering

名 集会

ratio

名 比率

□ venue 名 会場

😌 TOEICの世界では、社員向けの集会やイベントは盛んに開催されるが、お酒は出ない。

年末の社員集会の会場を選ぶ

578 (A) exclusively

副 限定で

evenly

副 均等に

□ abridged 形 要約された

onlyの意味。筆者がかつて勤務していたトイザらスでは、英語版の限定商品のパッケージには、"Exclusively at Toys"R"Us"と書かれていた。evenlyは、split the money evenly (お金を均等に分ける) といった形で用いられる。

要約版はオンライン限定で販売中です。

579 (A) transactions

transaction 名 取引

detergents

detergent 名 洗剤

□ secure 形 安全な

銀行口座の入出金や商品の売買など、個別の取引のこと。TOEICでは、洗濯機や食洗器といった商品の宣伝も出るので、detergent (洗剤) は重要語。

安全なオンライン取引を提供する

580 (B) combined

形 合計の、共同の

distinctive

形 独特の、特徴的な

be combined with X (Xと合わせる) も重要表現。例 This coupon cannot be combined with any other coupon. (このクーポンは他のクーポンと併用できません) distinctive は、distinctive feature of the building (その建物の独特な特徴) といった形で用いられる。

そのアルバムは、合計で120万枚売れている。

581 We need your updated ------- for our program booklet.

(A) biography

(B) respondent

582 a guided tour of the -------

(A) overview

(B) premises

583 show ------- signs of improvement

(A) encouraging

(B) costly

584 Ms. Villalobos is an expert -------.

(A) supplement

(B) nutritionist

585 convert a ------- building into an apartment complex

(A) repetitive

(B) vacant

586

The air-conditioning unit is more energy-efficient than ------- products.

(A) logistical
(B) comparable

587

work with a ------- group of clients

(A) diverse
(B) concise

588

Mario has experience that is directly ------- to the position.

(A) relevant
(B) explicit

589

We are seeking ------- individuals to join our technical support team.

(A) excessive
(B) motivated

590

Our instructors can ------- lessons to your specific needs.

(A) tailor
(B) offset

581	**(A) biography**	主に「人物紹介」「略歴」の意味で出るが、「伝記」の意味も頭に入れよう。例 biography of Bruce Lee (Bruce Leeの伝記) respondent は、survey respondents (調査の回答者) といった形で出る。
	名 人物紹介、略歴、伝記	
	respondent	
	名 回答者	
	□ updated 形 最新の　□ booklet 名 小冊子	
	我々は、プログラムの小冊子用に、あなたの最新の人物紹介が必要です。	

582	**(B) premises**	「土地+建物」のこと。on the premises (敷地内で) も重要表現。文脈によって、「店内・社内・館内で」といった意味になる。overviewは、brief overview of a book (本の簡単な概要) といった形で用いられる。
	名 敷地	
	overview	
	名 概要	
	□ guided 形 ガイド付きの	
	敷地のガイド付きのツアー	

583	**(A) encouraging**	文法問題でも狙われるので、-ing形 (改善の兆しは人をencourageする側) であることも押さえよう。costlyは、語尾が副詞に多い-lyだが形容詞で、costly business (お金のかかるビジネス) やcostly repairs (高額の修理) といった形で用いられる。
	形 励みになる、希望が持てる	
	costly	
	形 高額の、高くつく、コストがかかる	
	□ sign 名 兆し　□ improvement 名 改善	
	希望が持てる改善の兆しを見せる	

584	**(B) nutritionist**	😀 TOEICの世界では、栄養状態に深刻な問題のある人は存在しないが、栄養士の指導はよく行われる。supplementは、「栄養補助食品 (サプリメント)」よりも、「新聞や雑誌の付録」の意味で主に出る。例 the Sunday supplement (日曜版の別冊)
	名 栄養士	
	supplement	
	名 付録、付記、栄養補助食品　動 補う	
	□ expert 形 専門的な、専門家の	
	Villalobosさんは、専門的な栄養士だ。	

585	**(B) vacant**	vacantは、vacationと語源が同じ「空 (カラ)」。vacationは、仕事や義務から解放され、自由で「空」になることが語源。repetitiveは、repetitive work (繰り返しの作業) といった形で用いられる。
	形 空いている	
	repetitive	
	形 繰り返しの	
	□ convert 動 改造する、改築する　□ complex 名 複合ビル	
	空きビルをアパートに改築する	

586	**(B) comparable**	be comparable to/with X (Xと同等である)の形も重要。例 The area is comparable in size to Tokyo Dome.(そのエリアは東京ドームと同等の大きさだ) logistical は、logistical problems（実行面での問題）といった形で出る。
	形 同等の	
	logistical	
	形 物流の、実行面の	

□ energy-efficient 形 エネルギー効率が良い

そのエアコンは、同等の製品よりエネルギー効率が良い。

587	**(A) diverse**	diverse は、品詞・語彙問題の両方で狙われる。concise は、concise explanation（簡潔な説明）や concise presentation（簡潔なプレゼン）、concise summary（簡潔な要約）といった形で用いられる。
	形 多種多様な	
	concise	
	形 簡潔な	

□ client 名 顧客

多種多様な顧客のグループと仕事をする

588	**(A) relevant**	relevant information（関連した情報）や relevant work experience（関連した職務経験）、relevant educational background（関連した学歴）といった形でも出る。explicit は、explicit instructions（明確な指示）といった形で用いられる。
	形 関連した	
	explicit	
	形 明白な、明確な	

□ directly 副 直接

Mario は、その職に直接関連した経験を持っている。

589	**(B) motivated**	派生語の動詞 motivate（やる気にさせる、モチベーションを上げる）も重要。例 motivate employees（従業員をやる気にさせる）excessive は、excessive competition（過当競争）や excessive heat（過剰な熱）といった形で出る。
	形 やる気のある	
	excessive	
	形 過剰な、過度の	

□ seek 動 探し求める　□ individual 名 個人

我々のテクニカルサポートチームに加わってくれる、やる気のある方を募集しています。

590	**(A) tailor**	tailor X to Y / X is tailored to Y（XをYに合わせる）の形で押さえよう。「仕立て屋（服を個人に合わせて特別に作る人）」の意味の名詞でも出る。offset は、X offset Y（XはYを帳消しにする）や、X is offset by Y（XはYで帳消しになる）といった形で用いられる。
	動 (ニーズ等に合うよう)合わせる　名 仕立て屋	
	offset	
	動 帳消しにする、相殺する	

□ specific 形 具体的な、特定の

当社のインストラクターは、皆様の具体的なニーズにレッスンを合わせることができます。

591

Our trade show has expanded ------- over the past three years.

(A) preferably
(B) considerably

592

The company has continued to grow ------- over the past decade.

(A) graciously
(B) substantially

593

based on data from ------- research

(A) preliminary
(B) intact

594

receive ------- hands-on training

(A) numerical
(B) adequate

595

obtain written ------- from a patient

(A) authorization
(B) freight

596

Vierra Motors produces ------- cars and trucks.

(A) dependable
(B) nutritional

597

------- with the latest accounting software programs is desirable.

(A) Familiarity
(B) Compensation

598

The engineering firm is ------- sound.

(A) anxiously
(B) financially

599

allow ------- time to plan

(A) rewarding
(B) ample

600

Mr. Kanzaki is ------- to his research.

(A) slated
(B) devoted

591	**(B) considerably**	considerably lower prices（大幅に下がった価格）のように比較級を修飾する形も重要。preferablyは、Let's meet once a week, preferably on Monday or Tuesday.（週1回集まりましょう、できれば月曜か火曜に）といった形で用いられる。
	副 大幅に、かなり	
	preferably	
	副 できれば	
	□ trade show 見本市　□ expand 動 広がる	
	我々の見本市は、過去3年間で、大幅に拡大した。	

592	**(B) substantially**	「大幅に、かなり」の意味を表す類義語のsubstantially／considerably／significantlyは、トリオでまとめて頭に入れよう。graciouslyは、Gina graciously volunteered to fill in for me.（Ginaは親切に私の代わりを申し出てくれた）といった形で用いられる。
	副 大幅に、かなり	
	graciously	
	副 親切に	
	□ decade 名 10年	
	その会社は、過去10年、大きく成長し続けている。	

593	**(A) preliminary**	「敷居をまたぐ前の」が語源。そこから、「予備の」「本番前の」といった意味が派生した。例 preliminary interview（予備面接）、preliminary step（予備段階）intactは、Part 7で、配送された商品にダメージがなかったことの正解根拠にもなる。頭に入れておこう。
	形 （本番前の）予備の、仮の、暫定の	
	intact	
	形 傷がない、無傷の	
	予備調査のデータに基づいて	

594	**(B) adequate**	be adequate for X（Xに適切・十分である）の形でも出る。例 The copier is adequate for a home office.（そのコピー機はホームオフィスには十分だ）numericalは、in numerical order（数字順に）やnumerical data（数字のデータ）といった形で用いられる。
	形 （要求に対して）十分な、適切な	
	numerical	
	形 数字上の	
	□ hands-on 形 実地の	
	十分な実地研修を受ける	

595	**(A) authorization**	authorization letter（委任状）やauthorization form（承諾書）といった表現も押さえておこう。freightは、freight elevator（貨物用エレベーター）の形で主に出る。
	名 （正式な）許可	
	freight	
	名 貨物	
	□ obtain 動 得る	
	患者から書面による許可を得る	

596	**(A) dependable**	TOEICの世界では、車の故障や部品のrecall（回収）は多発するが、交通事故件数は常にゼロである。nutritionalは、nutritional value（栄養価）やnutritional information（栄養情報）といった形で出る。
	形 信頼できる	
	nutritional	
	形 栄養の	
	□ produce 動 生産する	
	Vierra Motorsは、信頼できる車やトラックを生産している。	

597	**(A) Familiarity**	派生語の形容詞familiar同様、familiarity with X（Xをよく知っていること）と、前置詞withを伴う形で頻出する。compensationは、TOEICでは、「報酬」の意味で主に出る。例 compensation plan（報酬体系）、generous compensation（手厚い報酬）
	familiarity 名 よく知っていること、精通	
	Compensation	
	compensation 名 報酬、補償	
	□ latest 形 最新の　□ accounting 名 会計　□ desirable 形 望ましい	
	最新の会計ソフトプログラムに精通していることが望ましい。	

598	**(B) financially**	The project is financially viable.（そのプロジェクトは財政的に実行可能だ）といった形でも用いられる。anxiouslyは、anxiously wait for X（Xを切望して待つ）といった形で出る。
	副 財政的に	
	anxiously	
	副 心配そうに、切望して	
	□ engineering firm エンジニアリング会社（橋や鉄道、機械等を設計する会社）　□ sound 形 健全な	
	そのエンジニアリング会社は、財政的に健全だ。	

599	**(B) ample**	ample space（十分なスペース）やample training（十分な訓練）といった形でも出る。rewardingは、Teaching is a very rewarding job.（教師は非常にやりがいのある仕事だ）といった形で用いられる。
	形 十分な、あり余るほどの	
	rewarding	
	形 やりがいのある、実りの多い	
	□ allow 動（時間やお金等を）見ておく	
	計画に十分な時間を見ておく	

600	**(B) devoted**	devoted to Xは、「Xに特化した」の意味でも出る。例 museum devoted to Picasso（Picasso専門ミュージアム）devoted fans（熱烈なファン）といった名詞を修飾する形も重要。slatedは、be slated to do（〜する予定だ）やbe slated for X（Xの予定だ）の形で出る。
	形 非常に熱心な、〜に特化した、熱烈な	
	slated	
	be slated to do 〜する予定だ	
	カンザキさんは自身の研究に非常に熱心だ。	

601

hire a ------- lawyer

(A) patent
(B) hypothesis

602

------- update security measures

(A) conversely
(B) continually

603

Ms. Watanabe is a highly -------
proofreader.

(A) prevalent
(B) competent

604

Amanda has ------- experience in
computer repair.

(A) insufficient
(B) magnificent

605

The new public relations manager will
bring a fresh ------- to the board.

(A) perspective
(B) delegation

606

a high ------- of success

(A) probability
(B) screening

607

The financial analyst has been ------- in growing our business.

(A) statistical
(B) instrumental

608

arrive ------- for a meeting

(A) punctually
(B) satisfactorily

609

avoid commenting on ------- by the media

(A) expiration
(B) speculation

610

The internship will be a ------- experience.

(A) worthwhile
(B) countless

601	**(A) patent**	文法問題で、動詞としての出題例もある。例 the patented technology (特許技術) 関連語の copyright (著作権) も覚えよう。hypothesis は、prove a hypothesis (仮説を証明する) や support a hypothesis (仮説を支持する) といった形で用いられる。
	名 特許 動 特許を取得する	
	hypothesis	
	名 仮説	

□ hire 動 (一時的に) 雇う　□ lawyer 名 弁護士

特許弁護士を雇う

602	**(B) continually**	止まることなく continue (続く) 様子を表す。conversely は、Part 6 の文脈問題でも狙われるので、「反対に」「逆に」の意味を頭に入れておこう。
	副 絶えず、常に	
	conversely	
	副 反対に、逆に	

□ update 動 更新する　□ measure 名 対策

安全対策を絶えず更新する

603	**(B) competent**	😊 TOEIC の世界では、校正漏れが多発するが、TOEIC を制作している ETS はプロ集団で、ミスはめったにない。かつて、Part 7 の同義語問題で、指定された行にその単語がないというミスが発生した際は、TOEIC ファンの間に衝撃が走った。
	形 有能な	
	prevalent	
	形 広まっている、広く浸透している	

□ highly 副 非常に　□ proofreader 名 校正者

ワタナベさんは、非常に有能な校正者だ。

604	**(A) insufficient**	insufficient registration (申込者数不足) は、講座のキャンセル理由の一つ。magnificent は、「スケールが大きい」イメージで、magnificent scenery (壮大な風景) や magnificent performance (堂々とした演技) といった形で用いられる。
	形 不十分な	
	magnificent	
	形 壮大な、雄大な、壮観な	

Amanda は、コンピューターの修理の経験が不十分だ。

605	**(A) perspective**	「per (通して) + spec (見る)」が語源で、international perspective (国際的な視点) といった形でも用いられる。delegation は、「代表団」「委譲」の両方の意味で出る。例 send a delegation (代表団を送る)、delegation of authority (権限の委譲)
	名 物の見方・考え方、視点、観点	
	delegation	
	名 代表団、(権限等の) 委譲	

□ public relations 広報　□ board 名 取締役会

新しい広報部長は、取締役会に新たな視点をもたらすだろう。

606

(A) probability

名 可能性

screening

名 上映、検査

成功の高い可能性

probability は、品詞・語彙問題の両方で狙われる。screening は、security screening（安全検査）や screening of a film（映画の上映）といった形で用いられる。

607

(B) instrumental

形 重要な役割を果たす

statistical

形 統計の、統計上の

□ financial analyst 金融アナリスト

その金融アナリストは、当社のビジネスを成長させるのに重要な役割を果たしてきた。

音楽において重要な役割を果たすのが instrument（楽器）。be instrumental in doing（～するのに重要な役割を果たす）のフレーズで押さえよう。statistical は、statistical analysis（統計分析）や statistical evidence（統計的根拠）といった形で用いられる。

608

(A) punctually

副 時間に正確に

satisfactorily

副 満足させるように

時間に正確に会議に到着する

😊 TOEIC の世界では、渋滞や交通機関の遅延を理由に遅刻する人が後を絶たないが、決して叱責されることはない。Part 2 で、寝坊を理由に遅刻した人も登場したが、そこで会話が終わったため、彼女のその後の行方は誰も知らない。

609

(B) speculation

名 推測、憶測、推量

expiration

名 期限切れ、失効

□ avoid 動 避ける

メディアの憶測へのコメントを避ける

fuel speculation（憶測を呼ぶ）の表現も押さえておこう（この fuel は「あおる」の意味の動詞）。expiration は、expiration date（失効日）といった形で出る。

610

(A) worthwhile

形 価値ある

countless

形 無数の、数えきれない

そのインターンシップは、価値ある経験になるでしょう。

文法問題でも狙われるので、形容詞であることも押さえよう。countless は、「カウントできないほど多数の」という意味。例 try countless times（数えきれないほど試す）

611 Pine Road will be ------- for the duration of the parade.

(A) overwhelming

(B) inaccessible

612 Free street parking is ------- in the neighborhood.

(A) plentiful

(B) energetic

613 Your membership will ------- on October 31.

(A) expire

(B) eliminate

614 Mr. Campbell's advisory role is unpaid, at his -------.

(A) outing

(B) insistence

615 I try to keep my desk -------.

(A) dense

(B) tidy

616

We have a wide range of upholstery ------- in our showroom.

(A) latter
(B) fabrics

617

concerns about the ------- of the legislation

(A) implementation
(B) diagnosis

618

hire a ------- to build a house

(A) lumber
(B) contractor

619

The family-owned hardware store on Main Street is ------- closed.

(A) incorrectly
(B) temporarily

620

Finance is my area of -------.

(A) expertise
(B) advocate

611	**(B) inaccessible**	頭にinが付いた反意語の形容詞として、incorrect（不正確な）、informal（非公式の）、inexpensive（安価な）も頻出。注意点として、invaluableは、「価値が計れない」から転じて、「非常に貴重な」の意味を表す。出題例があるので頭に入れよう。
	形 アクセスできない	
	overwhelming	
	形 圧倒的な	
□ for the duration of ～の期間中ずっと		
パレードの期間中、Pine道路は通行できなくなります。		

612	**(A) plentiful**	parkingの関連表現として、parking area/lot/space（駐車場）、parking attendant（駐車場の係員）、parking garage（車庫）、parking permit（駐車許可証）、overnight parking（夜通しの駐車）を押さえておこう。
	形 豊富な	
	energetic	
	形 エネルギッシュな、パワフルな	
□ neighborhood 名（市や町の特定の）地域		
その地域には、無料の路上駐車場がたくさんあります。		

613	**(A) expire**	主にPart 7で、会員資格や免許、クーポン等の期限切れに注意を促す文脈で出る。eliminateは、「ドアの外に押し出す」が語源で、不要なものを除去すること。例 eliminate a problem（問題を取り除く）
	動 期限が切れる	
	eliminate	
	動 排除する、取り除く、撲滅する	
□ membership 名 会員資格		
お客様の会員資格は10月31日で期限が切れます。		

614	**(B) insistence**	at one's insistence（～の主張で）のフレーズで押さえよう。outingはレジャーのための外出のことで、annual outing（年に一度のお出かけ）を行う会社もTOEICにはよく登場する。
	名 主張	
	outing	
	名 外出、おでかけ	
□ advisory role 顧問の役割		
Campbellさんの顧問の役割は、彼の申し出により無給です。		

615	**(B) tidy**	反意語のuntidy（散らかった、乱雑な）も合わせて覚えよう。denseは、dense forest（密林）やdense fog（濃い霧）といった形で用いられる。
	形 整理整頓された	
	dense	
	形 密集した、（霧や煙などが）濃い	
私は自分のデスクを整理整頓するようにしている。		

616 (B) fabrics

fabric 名 生地、布地

latter

名 後者　形 後半の

衣類やソファ、カーテン等の「生地」の意味で頻出する重要語。消臭剤のファブリーズ (Febreze) は、「fabric (生地) ＋breeze (そよ風)」を意味する造語。名詞の latter は、the former and the latter (前者と後者) の形を押さえよう。

□ wide range of 広範囲の　□ upholstery 名 椅子張り (の材料)

当社のショールームには、幅広い種類の椅子張り用の生地がございます。

617 (A) implementation

名 実行、実施

diagnosis

名 診断

派生語の動詞 implement (実行する、実施する) と共に出題例がある重要語。
😊 TOEICの世界でも、医師の診断は行われるが、指摘されるのは運動不足程度で、深刻な病気を宣告されることはない。

□ concern 名 懸念　□ legislation 名 法律

その法律の実行に関する懸念

618 (B) contractor

名 請負業者、契約業者

lumber

名 製材、材木

contract (契約) を結んで業務を請け負う業者のこと。building contractor (建築業者) や renovation contractor (改装業者) といった形でも頻出。lumber は、lumber company (材木会社) や lumber mill (製材所) といった形で出る。類義語の timber も頭に入れよう。

□ hire 動 (一時的に) 雇う

家を建てるのに請負業者を雇う

619 (B) temporarily

副 一時的に、臨時で

incorrectly

副 誤って

temporarily unavailable (一時的に入手できない) も重要表現。incorrectly は、(C) He has been charged incorrectly. (彼は間違って請求された) や、(D) Some menus were printed incorrectly. (いくつかのメニューが誤って印刷された) といった形で選択肢にも出る。

□ family-owned 形 家族経営の　□ hardware store ホームセンター

Main通りにあるその家族経営のホームセンターは、一時的に閉まっている。

620 (A) expertise

名 専門知識、専門スキル

advocate

名 提唱者、支持者　動 提唱する、支持する

What is the woman's area of expertise? (女性の専門分野は何ですか) といった形でLの設問文でも出る。advocate の voc の語源はバンドの vocal (ボーカル) と同じ「声」。「声を上げて呼びかける人 → 提唱者」と意味が派生した。

□ finance 名 財務

財務は私の専門分野です。

621 take an ------- route to avoid delays

(A) alternate
(B) emerging

622 Only ------- service centers can repair this type of car.

(A) exquisite
(B) authorized

623 take out ------- insurance

(A) predictable
(B) comprehensive

624 take into account the ------- nature of the information

(A) confidential
(B) rechargeable

625 ------- productivity in the workplace

(A) enhance
(B) commemorate

626

announce the ------- for employee of the month

(A) nominations
(B) availability

627

Our cosmetics meet strict technical -------.

(A) merchandise
(B) specifications

628

one of the most ------- museums in the world

(A) interim
(B) celebrated

629

Mr. Caine is both ------- and highly professional.

(A) secondhand
(B) courteous

630

receive an e-mail newsletter or other -------

(A) correspondence
(B) persistence

621	**(A) alternate**	Part 4の交通情報では、イベントや工事等の影響で道路が一部閉鎖され、代わりのルートを使うよう呼びかけがしばしば行われる。emerging は、emerging artist（新進気鋭のアーティスト）や emerging market（新興市場）といった形で用いられる。
	形 代わりの　動 交互に行う	
	emerging	
	形 新進気鋭の、新興の	
	□ **avoid** 動 避ける　□ **delay** 名 遅れ	
	遅れを避けるため、別のルートを使う	
622	**(B) authorized**	😄 TOEICの世界には、「ふなっしー」のような非公認のゆるキャラは存在しない。
	形 公認の	
	exquisite	
	形 優美な、非常に美しい	
	このタイプの車を修理できるのは公認のサービスセンターだけです。	
623	**(B) comprehensive**	「必要なモノがすべて入った」イメージの形容詞で、comprehensive list（総合リスト）や comprehensive study（包括的な調査）といった形でも出る。predictable は、「predict（予想する）ことができる」という意味。例 predictable result（予想通りの結果）
	形 総合的な、包括的な	
	predictable	
	形 予想通りの	
	□ **take out insurance** 保険に加入する	
	総合保険に加入する	
624	**(A) confidential**	日本語で書類に押される「マル秘」のスタンプは英語では「CONFIDENTIAL」。confidential information（機密情報）や confidential papers（機密書類）も重要表現。rechargeable は、rechargeable battery（充電式電池）の形で主に出る。
	形 機密の	
	rechargeable	
	形 再充電可能な	
	□ **take into account** 〜を考慮に入れる　□ **nature** 名 性質	
	その情報の機密性を考慮に入れる	
625	**(A) enhance**	enhance の hance の語源は high で、「高める」が基本イメージ。commemorate は、過去の重要な出来事や人について、「com（皆の）memory（記憶）を呼び戻す」イメージ。例 commemorate our 20th anniversary（当社の20周年を記念する）
	動 高める、強める、改善する	
	commemorate	
	動 記念する	
	□ **productivity** 名 生産性　□ **workplace** 名 職場	
	職場での生産性を高める	

626	**(A) nominations**	TOEICでは、「社内表彰すべき候補者 (nomination) を社員が理由を添えて推薦→委員会が審査→候補者を発表→受賞者を表彰」といったイベントが定番。availabilityは、どの程度available (入手・利用・購入可能、都合が付く) かを表す頻出語。
	nomination 名 候補者、ノミネート作品	
	availability	
	名 (入手・利用・購入) しやすさ、都合	
	月間最優秀社員の候補者を発表する	

627	**(B) specifications**	サイズや性能といった、製品や建物等を作るための仕様 (書) のこと。例 product specifications (製品仕様) merchandise は Part 1でも出る。例 Some merchandise is being displayed. (いくつかの商品が展示されている)
	specification 名 仕様 (書)、スペック	
	merchandise	
	名 商品	
	□ cosmetics 名 化粧品　□ strict 形 厳格な	
	当社の化粧品は、厳格な技術仕様を満たしています。	

628	**(B) celebrated**	動詞 celebrate の過去形・過去分詞として、What is being celebrated? (何がお祝いされていますか) といった形で設問文でも出るほか、この「有名な、名高い」の意味の形容詞の用法も重要。interim は、interim president (暫定の社長) といった形で用いられる。
	形 有名な、名高い	
	interim	
	形 暫定の	
	世界で最も有名なミュージアムの一つ	

629	**(B) courteous**	☺ TOEICの世界でも、「初めて入った美容院でしたが、暇そうなのに長時間待たされ、無言で髪を切られ、ちゃんと乾かしてくれなかった。失礼です」といった低評価レビューはときどき投稿される。
	形 礼儀正しい	
	secondhand	
	形 中古の	
	□ highly 副 非常に	
	Caineさんは、礼儀正しく、非常にプロフェッショナルだ。	

630	**(A) correspondence**	correspondenceとpersistenceは、品詞・語彙問題の両方で狙われる。品詞問題では、correspondenceとcorrespondent (特派員) との意味の違いにも注意。
	名 通信文	
	persistence	
	名 粘り強さ	
	メールのニュースレターや、その他の通信文を受け取る	

631

------- employees for overtime hours

(A) compensate
(B) utilize

632

cancel the subscription before the -------
date

(A) renewal
(B) reliability

633

Because the student had so much to
say, Junko had to listen -------.

(A) ultimately
(B) patiently

634

a wide variety of luxury hotel -------

(A) amenities
(B) sequels

635

sales ------- for the first quarter

(A) postage
(B) projections

636

request a ------- from a supplier

(A) malfunction
(B) quote

637

fill the ------- created by the retirement of a board member

(A) vacancy
(B) irrigation

638

establish a ------- in Mumbai

(A) predecessor
(B) subsidiary

639

The machine can ------- extreme temperatures.

(A) withstand
(B) clarify

640

The computer is still -------.

(A) objectionable
(B) functional

631	**(A) compensate**	配送遅れや在庫切れの補償として、クーポンや無料配送を提案する、といった文脈でも出る。utilizeは、useのフォーマルな単語。囫 utilize resources（資源を活用する）
	動 補償する	
	utilize	
	動 利用する、活用する	
	□ overtime **形** 時間外の	
	残業時間を従業員に補償する	

632	**(A) renewal**	automatic renewal（自動更新）も重要表現。reliabilityは、品詞・語彙問題の両方で出題例がある。
	名 更新	
	reliability	
	名 信頼性	
	□ subscription **名** 長期契約	
	長期契約を更新日前に解約する	

633	**(B) patiently**	😑 TOEICの世界には、会話の途中で我慢の限界に達し、ブチ切れる人は存在しない。
	副 我慢強く、辛抱強く	
	ultimately	
	副 最終的に、究極的に	
	その学生は言いたいことがたくさんあったので、ジュンコは我慢強く耳を傾けなければならなかった。	

634	**(A) amenities**	TOEICでは主に、ホテルやアパートでの滞在を快適にする「装備品」や「設備」の意味で出る。sequelは、本やゲーム、映画等の続編で、主にPart 7で出る。囫 sequel to a book（本の続編）
	amenity **名** 装備品、設備	
	sequels	
	sequel **名** 続編	
	□ wide variety of 幅広い種類の　□ luxury **形** 豪華な、リッチな	
	幅広い種類の豪華なホテルの装備品	

635	**(B) projections**	financial projections（財務予測）も重要表現。postageは、postage stamp（郵便切手）やpostage-paid envelope（料金受取人払い封筒）といった形で用いられる。
	projection **名** 予測	
	postage	
	名 郵便料金	
	□ quarter **名** 四半期	
	第1四半期の売上予測	

636	**(B) quote**	「引用」の意味も重要。例 quote from a play（演劇からの引用）動詞でも出る。例 quote a price（価格を見積もる）malfunction も、名詞・動詞両方で出る。例 product malfunction（製品の不具合）、A computer has malfunctioned.（PCが故障した）
	名 見積もり、引用　動 見積もる、引用する	
	malfunction	
	名 不具合、故障　動 故障する	
	□ **supplier** 名 供給業者	
	供給業者に見積もりを依頼する	

637	**(A) vacancy**	list of apartment vacancies（アパートの空きリスト）といった形でも用いられる。TOEICの世界では、農業が盛んなので、田畑に水を行き渡らせることを意味する irrigation（かんがい）は重要語。特にPart 7で出る。
	名 空き	
	irrigation	
	名 かんがい（田畑に水を行き渡らせること）	
	□ **create** 動 作る　□ **retirement** 名 退職　□ **board member** 取締役、役員	
	取締役の退職でできた空きを埋める	

638	**(B) subsidiary**	😊 TOEICの世界では、社員は全員前向きで、子会社に異動になっても誰も文句は言わない（人事に不平不満を述べる人は存在しない）。predecessor の反意語の successor（後継者）も押さえよう。
	名 子会社	
	predecessor	
	名 前任者	
	□ **establish** 動 設立する	
	ムンバイに子会社を設立する	

639	**(A) withstand**	厳しい気象条件やハードな使用に耐えられること。「過酷な状況でも、しっかり stand（立って）いられる」イメージ。例 withstand heavy use（酷使に耐える）clarify は、clear（クリア）にすることで、clarify a procedure（手順を明確にする）といった形で出る。
	動 耐える	
	clarify	
	動 はっきりさせる、明確にする	
	□ **extreme** 形 極端な	
	その機械は、極端な温度に耐えられる。	

640	**(B) functional**	functional の類義語の operational（稼動する）も出題例がある重要語。ちなみに、文豪・夏目漱石は、英語教師だった時代、高校生にテストで objectionable の意味を出題した記録が残っている（ハイレベルですね）。
	形 作動する、機能的な	
	objectionable	
	形 不快な、気に障る	
	そのコンピューターはまだ機能する。	

641

The service far ------- my expectations.

(A) administered
(B) surpassed

642

provide tax ------- for startups

(A) incentives
(B) commuters

643

Sean is a friendly, ------- person.

(A) nominal
(B) outgoing

644

receive ------- positive reviews

(A) overwhelmingly
(B) tirelessly

645

The government has doubled ------- on education in the last ten years.

(A) expenditure
(B) confirmation

646

watch the ------- sunset

(A) spectacular
(B) sustainable

647

Mary was ------- to get involved in the project.

(A) overdue
(B) reluctant

648

install a ------- partition

(A) philanthropic
(B) transparent

649

The new system has been working -------.

(A) intentionally
(B) reliably

650

The weather is quite ------- in southern Alaska.

(A) variable
(B) definitive

641	**(B) surpassed**	「sur(上)をpass(通る)」が語源で、「期待や予想、相手を上回る」イメージ。administerは、administer a program(プログラムを運営管理する)や、administer a survey(調査を実施する)、administer medicine(薬を投与する)といった形で用いられる。
	surpass **動** 上回る、超える	
	administered	
	administer **動** 運営管理する、実施する、投与する	
	□ far **副** はるかに □ expectation **名** 期待	
	そのサービスは、私の期待をはるかに上回った。	

642	**(A) incentives**	顧客の購買意欲や社員の勤労意欲を高めるような特典や報酬のこと。「アメとムチ」の「アメ」、「人参をぶら下げる」の「人参」のイメージ。commuterを用いたcommuter train（通勤電車）も重要語。
	incentive **名** 動機付け、ボーナス	
	commuters	
	commuter **名** 通勤者、通学者	
	□ startup **名** スタートアップ企業（できたばかりの会社）	
	スタートアップ企業に税金の優遇措置を提供する	

643	**(B) outgoing**	「退任予定の」「外部に出る」の意味でも出る。例 outgoing president（退任予定の社長）、outgoing mail（外部への郵便）nominalは、nominal sum（わずかな額）やnominal fee（わずかな料金）といった形で用いられる。
	形 外交的な、退任予定の、外部に出る	
	nominal	
	形 わずかな額の、ほんのわずかな、名ばかりの	
	Seanは、フレンドリーで外交的な人だ。	

644	**(A) overwhelmingly**	😊 TOEICの世界でも、酷評レビューが時々掲載されるが、著者や店主は、読んでも決して激怒したり切れたりはしない。
	副 圧倒的に、支配的に	
	tirelessly	
	副 休むことなく	
	圧倒的に肯定的なレビューを受ける	

645	**(A) expenditure**	increase expenditure（支出を増やす）やreduce expenditure（支出を減らす）といった形でも出る。confirmationは、confirmation e-mail（確認メール）やconfirmation number（確認番号）といった「名詞＋名詞」の形も頭に入れておこう。
	名 支出	
	confirmation	
	名 確認	
	政府は、この10年間で、教育への支出を倍増させた。	

646

(A) spectacular

形 壮観な、目を見張るような、華々しい

sustainable

形 持続可能な、地球にやさしい

□ sunset 名 日没

壮観な日没を見る

spectacular views(壮観な眺め)やspec-tacular results(目を見張るような成果)、spectacular success(華々しい成功)といった形でも用いられる。 sustainableは、sustainable agriculture(持続可能な農業)といった形で出る。

647

(B) reluctant

形 したがらない

overdue

形 期限が過ぎた

□ get involved in ～に関わる

Maryは、そのプロジェクトに関わりたがらなかった。

What is the woman reluctant to do?(女性がしたがっていないことは何ですか)といった形で設問文でも出る。 overdueも重要語。 例 overdue payment(期限を過ぎた支払)、You are overdue for your annual checkup.(年に一度の健康診断の時期を過ぎています)

648

(B) transparent

形 透明な、透明性のある、わかりやすい

philanthropic

形 慈善の

□ install 動 設置する

透明なパーテーションを設置する

Part 1での出題例もある。 例 He's sitting behind a transparent partition.(彼は透明なパーテーションの後ろに座っている) philanthropicは、philanthropic organization(慈善団体)の形でRで出る。

649

(B) reliably

副 しっかりと、確実に

intentionally

副 故意に

その新システムは、しっかり作動している。

☺ TOEICの世界では、しっかり作動していたはずのシステムがダウンするトラブルが多発するが、原因は技術的な問題で、ウイルスや悪意のある攻撃ではない。

650

(A) variable

形 変わりやすい、変えられる 名 変動要素

definitive

形 決定版の、最終的な

□ quite 副 かなり、非常に

アラスカ南部では、天気は非常に変わりやすい。

「変えられる」の意味も押さえておこう。 例 variable temperature kettle(温度調整可能なポット) definitiveのfinはfinishと同じ「終わり」で、「これ以上はもうない」イメージ。 例 definitive travel guide to Nara(決定版の奈良の旅行ガイド)

651

Our product is ------- featured in the magazine.

(A) prominently
(B) domestically

652

Please ------- from taking pictures during the ceremony.

(A) discard
(B) refrain

653

The receptionist was ------- for her hospitality.

(A) commended
(B) facilitated

654

donate ------- office supplies to local schools

(A) stagnant
(B) surplus

655

take all necessary safety -------

(A) craftspeople
(B) precautions

656

The decision was based ------- on customer feedback.

(A) anonymously
(B) solely

657

Solar energy ------- other renewable sources of energy.

(A) complements
(B) subscribes

658

I've ------- with Ms. Jones on several projects.

(A) collaborated
(B) fulfilled

659

write a ------- essay

(A) negotiable
(B) persuasive

660

receive a ------- stream of questions

(A) continuous
(B) supervisory

651	**(A) prominently**	prominently display（目立つように展示する）も重要表現。例 Our logo was prominently displayed at the trade show.（当社のロゴは見本市で目立つように表示された）domestically は、domestically produced goods（国産品）のように用いられる。
	副 目立つように、傑出して	
	domestically	
	副 国内で	
	□ feature 動 目玉にする、特集する	
	当社の製品は、その雑誌で目立つように特集されている。	

652	**(B) refrain**	自動詞で、前置詞fromを伴う語法にも注意。discardは、「（ゲームの）カードを捨てる」が語源で、Part 1でも出る。例 A man is discarding a piece of paper.（男性が紙を捨てている）
	動 控える	
	discard	
	動 捨てる	
	セレモニーの間、写真撮影はお控えください。	

653	**(A) commended**	😊 TOEICの世界では、面と向かってほめられることはあっても、けなされることはない。facilitateの語源は「しやすくする」で、facilitate discussion（議論を促進する）やfacilitate a refund（返金を進める）といった形で出る。
	commend 動 ほめる	
	facilitated	
	facilitate 動 促進する、容易にする	
	□ receptionist 名 受付係 □ hospitality 名 ホスピタリティ（心からのもてなし、歓待）	
	その受付係は、ホスピタリティをほめられた。	

654	**(B) surplus**	名詞でも出る。例 budget surplus（財政黒字）stagnantの語源は「（水や空気が）よどんだ」。そこから「停滞した」の意味が派生した。例 stagnant sales（停滞した売り上げ）、stagnant market（停滞した市場）
	形 余分な 名 余り、黒字	
	stagnant	
	形 停滞した	
	□ donate 動 寄付する □ office supplies オフィス用品 □ local 形 地元の	
	余分なオフィス用品を地元の学校に寄付する	

655	**(B) precautions**	pre（前）もって caution（注意）すること。take a precaution（予防策を講じる）や as a precaution（予防のため）は重要表現。😊 TOEICの世界では、職人によるワークショップや展示会、工房の見学といったイベントが人気なので、craftspeople（職人）は重要語。
	precaution 名 予防策、予防措置	
	craftspeople	
	名 職人	
	□ necessary 形 必要な	
	すべての必要な安全対策を講じる	

656	**(B) solely**	be solely responsible for X (Xの全責任を負う) の表現も押さえよう。anonymously は、主にPart 7で、匿名の寄付や無記名のアンケートを行う際に出る。例 complete a survey anonymously (匿名でアンケートに記入する)
	副 唯一、だけ	
	anonymously	
	副 匿名で	

その決定は、お客様からのご意見のみに基づいたものです。

657	**(A) complements**	「相手を引き立てる」「足りないところを補う」イメージ。例 The dessert complements the main dish. (そのデザートはメインディッシュによく合う) subscribe は通常自動詞で、subscribe to a magazine (雑誌を購読する) のように前置詞toを伴う語法にも注意。
	complement 動 補完する、よく合う	
	subscribes	
	subscribe 動 長期契約する、購読する	
	□ renewable 形 再生可能な	

太陽エネルギーは、その他の再生可能エネルギーを補完する。

658	**(A) collaborated**	自動詞で、collaborate with X (Xと協力する) や collaborate on X (Xに関して協力する) と前置詞を伴う語法にも注意。例 collaborate on a project (プロジェクトで協力する) fulfill は他動詞。fulfill a dream (夢をかなえる) や fulfill a request (依頼に応じる) といった形で出る。
	collaborate 動 協力する、コラボする	
	fulfilled	
	fulfill 動 (必要条件等を) 満たす、(約束等を) 果たす	

私は、いくつかのプロジェクトでJonesさんに協力してきました。

659	**(B) persuasive**	😄 TOEICの世界には、支離滅裂で説得力がない文書は存在しない。
	形 説得力のある	
	negotiable	
	形 交渉可能な	

説得力のあるエッセーを書く

660	**(A) continuous**	continuous improvements (たゆまぬ改善) といった形でも出る。supervisory は、supervisory role (管理職の役割) や supervisory position (管理職)、supervisory experience (管理職の経験) といった形で用いられる。
	形 絶え間ない、継続的な	
	supervisory	
	形 管理職の、監督の	
	□ a stream of 絶え間なく続く、次々と来る	

絶え間なく続く質問を受ける

661

We look forward to a long and ------- relationship.

(A) prosperous
(B) customary

662

We ------- invite you to our tenth anniversary celebration.

(A) admirably
(B) cordially

663

give a very ------- speech

(A) disappointed
(B) motivational

664

------- the original budget

(A) amend
(B) conform

665

------- tasks to others

(A) delegate
(B) incorporate

666

a competitive ------- over other retailers

(A) errand

(B) edge

667

I'm having some ------- done to my suit.

(A) alterations

(B) vouchers

668

Changing jobs can be -------.

(A) stressful

(B) breakable

669

The entrepreneur has demonstrated excellent business -------.

(A) insight

(B) compartment

670

The contract is ------- to both parties.

(A) executed

(B) agreeable

661	**(A) prosperous**	rich and successful（豊かで成功している）イメージの形容詞。customaryは、社会や会社、個人のcustom（習わし、通例）になっている様子を表す。副詞のcustomarily（通例）も出題例がある。**例** The event is customarily held in April.（そのイベントは、4月に行われるのが通例だ）
	形 繁栄した、業績好調な	
	customary	
	形 慣習となっている、通例である	
	□ **look forward to** ～を楽しみにしている　□ **relationship** 名 関係	
	末永く良いお付き合いを期待しています。	
662	**(B) cordially**	cordially invite（謹んで招待する）のフレーズで押さえよう。admirablyは、「人々がadmire（称賛する）ほどに」という意味で、主に品詞問題の選択肢で出る。
	副 謹んで	
	admirably	
	副 見事に、立派に	
	□ **invite** 動 招待する	
	当社の10周年記念イベントにお客様を謹んでご招待申し上げます。	
663	**(B) motivational**	😊 TOEICの世界では、モチベーションが下がるスピーチは行われない。また、スピーチの途中で泣いたり、言葉に詰まる人もいない。disappointedは人の感情を表し、Why is the woman disappointed?（なぜ女性は失望していますか）といった形で設問文にも出る。
	形 モチベーションを上げるような	
	disappointed	
	形 失望した、落胆した	
	非常にモチベーションが上がるスピーチを行う	
664	**(A) amend**	契約書や法律、発言等を修正すること。amend a contract（契約を修正する）やan amended contract（修正版の契約）といった形でも出る。conformは、「form（形）を合わせる」イメージの自動詞。**例** conform to safety standards（安全基準に従う）
	動 修正する	
	conform	
	動 （規則等に）従う、一致する	
	当初の予算を修正する	
665	**(A) delegate**	delegate X to Y（XをYに任せる）の形で押さえよう。名詞でも出る。**例** Over 100 delegates attended the conference.（その会議には100名以上の代表者が出席した）incorporateは、incorporate X in/into Y（XをYに取り入れる）の形を頭に入れよう。
	動 委譲する、任せる　名 代表者	
	incorporate	
	動 取り入れる、組み込む	
	□ **task** 名 仕事、任務	
	仕事を他人に任せる	

666 (B) edge

名 優位性、端、際

errand

名 用事、使い走り

Part 7で、advantage(優位性)との言い換えに注意。関連語のcutting-edge(最先端の)も頻出。例 cutting-edge technology(最先端技術) errandは、run an errand(用事を行う)が重要表現。例 She's running some errands now.(彼女は今用事を済ませています)

□ **competitive** 形 競争の、他に負けない　□ **retailer** 名 小売業者

他の小売業者に対する競争における優位性

667 (A) alterations

alteration 名 直し、修正

vouchers

voucher 名 無料券、引換券

「微修正」のことで、「(洋服の)直し」の意味で主に出る。voucherは、商品やサービスと交換できる券のこと。文脈によって、「クーポン券、旅行券、食事券、宿泊券、商品券」といったさまざまな意味になる。TOEICでは、クレーム対応でvoucherが乱発されるので、頭に入れよう。

私はスーツを直してもらっています。

668 (A) stressful

形 ストレスが多い

breakable

形 壊れやすい　名 壊れ物

😄 TOEICの世界では、同僚や上司はいい人ばかりなので、転職先でストレスを抱え込む人はいない。

転職はストレスになることがある。

669 (A) insight

名 洞察(力)

compartment

名 一区画、(区切られた)部分

複雑な物事の中にある本質を直感的に見抜くこと。compartmentは、電車や飛行機の座席の上にある荷物入れや、電池ボックス、冷蔵庫の冷凍室など、区切られた一部のこと。例 luggage compartment(荷物入れ)、battery compartment(電池ボックス)

□ **entrepreneur** 名 起業家　□ **demonstrate** 動 明示する

その起業家は、ビジネスに対する優れた洞察力を示してきた。

670 (B) agreeable

形 合意可能な、納得できる、快適な

executed

execute 動 実行する、遂行する

agreeable solution(納得できる解決策)やagreeable weather(快適な天気)といった形も押さえよう。executeは、execute a plan(計画を実行する)やexecute a decision(決定を実行する)といった形で用いられる。

□ **both parties** 両者

その契約は、双方が合意できるものだ。

671 a ------- for resource scarcity

(A) remainder
(B) remedy

672 a fully ------- distribution center

(A) foremost
(B) automated

673 Our company retreat is ------- held in November.

(A) ordinarily
(B) spontaneously

674 major road improvement projects including ------- to Highway 990

(A) duplicates
(B) upgrades

675 I'm planning to ------- in a cooking class.

(A) enroll
(B) showcase

676

make a ------- to a draft

(A) memorabilia
(B) revision

677

the ------- arrival date

(A) estimated
(B) unavailable

678

show ------- about the future

(A) turnover
(B) optimism

679

------- the impact on the environment

(A) minimize
(B) forge

680

The laptop is lightweight and -------.

(A) advisable
(B) durable

671	**(B) remedy**	remedyのmedは、medicine（薬）と同語源で、「薬で治す」イメージ。動詞でも出る。例 remedy the situation（状況を改善する） remainderは、the remainder of your order（ご注文の残り）や、for the remainder of the year（今年の残り期間中）といった形で用いられる。
	名 改善策、治療薬　動 改善する、治療する	
	remainder	
	名 残り	
	□ resource 名 資源　□ scarcity 名 不足	
	資源不足に対する改善策	

672	**(B) automated**	電話の自動応答は、automated responseで、銀行のATM（現金自動預け払い機）はautomated teller machineの略。foremostは、one of the country's foremost authorities on Japanese literature（日本文学におけるその国の第一人者）といった形で用いられる。
	形 自動化された	
	foremost	
	形 一番の、トップの	
	□ fully 副 全面的に、フルに　□ distribution center 配送センター	
	全面的に自動化された配送センター	

673	**(A) ordinarily**	😊 TOEICの世界では、会社の福利厚生が充実しているので、設問文のcompany retreat（社員旅行）は、LRを問わず頻出する。頭に入れておこう。
	副 通常	
	spontaneously	
	副 自発的に	
	□ company retreat 社員旅行	
	当社の社員旅行は通常、11月に開かれます。	

674	**(B) upgrades**	「（PCの）アップグレード」の意味も重要。例 software upgrade（ソフトのアップグレード）動詞でも出る。例 upgrade a system（システムをアップグレードする） duplicateは、duplicate of an application（応募書類のコピー）といった形で用いられる。
	upgrade 名 改良、アップグレード　動 改良する	
	duplicates	
	duplicate 名 複製　形 複製の　動 複製する	
	□ major 形 大規模な　□ road improvement 道路の改修	
	990号線の補修を含む大規模な道路改修プロジェクト	

675	**(A) enroll**	「Xに登録する」の意味では自動詞で、enroll in Xと前置詞inを伴う語法にも注意。動詞のshowcaseは、「ショーケースに飾って披露する」イメージ。例 showcase new products（新製品を披露する）
	動 登録する、入会する、入学する	
	showcase	
	動 披露する　名 お披露目の場、ショーケース	
	私は、料理教室に入会する予定です。	

676	**(B) revision**	派生語の動詞 revise（見直す、修正する）と合わせてこの名詞も頻出。memorabilia（思い出の品）は、主に Part 7 で、会社の歴史を振り返る回顧展で展示されたり、歴史のある施設の再建のためにオークションで販売されたりする。
	名 修正、見直し	
	memorabilia	
	名 記念品、思い出の品	
	□ **draft** 名 草案、ドラフト	
	草案に修正を加える	

677	**(A) estimated**	品詞問題でも狙われるので、-ed 形であることも押さえよう。estimated 3,000 people（推定3000名）のように数詞を修飾する形も重要。unavailable は、Why is the speaker currently unavailable?（なぜ話し手は今、都合が付かないのですか）といった形で設問文でも出る。
	形 推定の、予想される	
	unavailable	
	形 入手・利用・購入できない、都合が付かない	
	□ **arrival** 名 到着	
	到着予定日	

678	**(B) optimism**	😊 TOEIC の世界には、悲観的な人はいないので、反意語の pessimism（悲観主義）は出ない。turnover は、TOEIC では、主に「離職率」の意味で出る。例 low staff turnover（スタッフの低い離職率）
	名 楽観主義	
	turnover	
	名 離職率、回転率	
	将来について楽観的な考えを示す	

679	**(A) minimize**	minimum（最小限）にすること。反意語の maximize（最大化する）も出る。例 maximize profits（利益を最大化する）forge は、「（他の会社や団体と強い関係を）築く」の意味で出る。例 forge a relationship（関係を築く）、forge an alliance（同盟を築く）
	動 最小限に抑える	
	forge	
	動 （強い関係を）築く、構築する 名 鍛冶場	
	□ **impact** 名 影響	
	環境への影響を最小限に抑える	

680	**(B) durable**	商品の特長を答える問題で、(D) They are durable. といった形で正解の選択肢にも出る重要語。advisable は、It is advisable to purchase tickets early.（チケットは早めに購入することをお勧めします）といった形で用いられる。
	形 丈夫な、耐久性のある	
	advisable	
	形 望ましい	
	□ **laptop** 名 ノートPC □ **lightweight** 形 軽量の、軽い	
	そのノートPCは、軽量で耐久性がある。	

681 offer up to 50 percent off ------- products

(A) complimentary
(B) discontinued

682 offer an array of ------- services

(A) personalized
(B) disposable

683 A ------- inspector will be checking the premises tomorrow afternoon.

(A) refundable
(B) certified

684 The hotel has 200 ------- guest rooms.

(A) spacious
(B) adverse

685 request a ------- refill

(A) medication
(B) circulation

686

a long daily ------- to work

(A) patronage
(B) commute

687

------- with safety requirements

(A) compile
(B) comply

688

minimize a ------- to the community

(A) disruption
(B) bearer

689

Camping is allowed only in ------- areas.

(A) prospective
(B) designated

690

The ------- class is designed for new students.

(A) introductory
(B) skeptical

681	**(B) discontinued**	Part 7で、「この製品はもう生産されていない」といった選択肢の正解根拠にもなる重要語。complimentaryも超頻出語。Part 7では、free（無料の）との言い換えが定番の出題ポイント。圀 free drinks→complimentary beverages（無料の飲み物）
	形 生産終了の	
	complimentary	
	形 無料の	

□ **up to** 最大、最長

生産終了商品を最大50パーセント引きで提供する

682	**(A) personalized**	サービス内容や製品仕様をperson（個人）に合わせて変えること。「名入りの」の意味でも出る。圀 personalized birthday cake（名入りの誕生日ケーキ） disposableは、disposable cups（使い捨てのカップ）といった形で用いられる。
	形 個人に合わせた、名入りの	
	disposable	
	形 捨てられる、使い捨ての	

□ **an array of** 多種多様な、さまざまな

個人に合わせた多種多様なサービスを提供する

683	**(B) certified**	certified instructor（資格を持ったインストラクター）やcertified electrician（資格を持った電気技師）といった形でも出る。refundableと合わせて、non-refundable（返金不可の）も頭に入れよう。
	形 資格を持った、有資格の、公認の	
	refundable	
	形 返金可能な	

□ **inspector** 名 検査官　□ **premises** 名 敷地

資格を持った検査官が、明日の午後、敷地を検査します。

684	**(A) spacious**	不動産の物件紹介やホテルの宣伝で、部屋の広さをアピールする際に主に出る。adverseは、adverse weather conditions（悪天候）が重要表現。
	形 広い	
	adverse	
	形 よくない、不利な	

そのホテルには、200室の広い客室があります。

685	**(A) medication**	😊 TOEICの世界では、米国同様、1枚の処方せんで、繰り返し薬のrefill（補充、詰め替え）がもらえる「リフィル処方せん」という制度が一般的。「薬のrefillをお願いします」と薬局に依頼するシーンも登場する。日本とは事情が異なるので、頭に入れておこう。
	名 薬	
	circulation	
	名 発行部数、流通、（図書館の）貸出・返却	

□ **refill** 名 補充、詰め替え、おかわり

薬の補充を依頼する

686 (B) commute

名 通勤、通学 動 通勤する、通学する

patronage

名 愛顧

□ daily 形 毎日の

日々の長い通勤

通勤時間の長さは、引っ越しの理由の一つとして、特にLに出る。動詞も重要。例 We commute to work together.(我々は一緒に通勤しています) patronageは、Thank you for your patronage.(ご愛顧ありがとうございます) といったお客様へのあいさつで出る。

687 (B) comply

動 順守する

compile

動 編集する、取りまとめる

□ safety requirements 安全要件、安全の必要条件

安全要件を順守する

自動詞で、前置詞withを伴う語法にも注意。名詞のcompliance (順守) も重要。例 in compliance with the law (法律を順守して) compileは、情報を1つにまとめること。例 compile a list of participants (参加者をリストにまとめる)

688 (A) disruption

名 混乱、妨げ

bearer

名 (小切手やクーポン等の) 持参人

□ minimize 動 最小限にする

地域社会の混乱を最小限にする

TOEICの試験中の騒音や、停電を引き起こす雷のような、通常の流れを妨げる予想外の出来事のこと。bearerは、主に、Part 7のクーポン上の表記で出る。例 the bearer of this coupon (このクーポンの持参人)

689 (B) designated

形 指定された

prospective

形 見込みのある、将来の

□ allow 動 許す、認める

キャンプは、指定されたエリアのみで認められています。

野球の大谷選手の打順では、Designated hitter, number 17, Shohei Ohtani.(指名打者、背番号17、ショウヘイ・オオタニ) のアナウンスが流れる。prospectiveは、prospective customers (見込み客) や prospective renters (借主候補) といった形で出る。

690 (A) introductory

形 入門の、導入の、お試しの

skeptical

形 懐疑的な

その入門クラスは新規受講者向けです。

「導入の」「お試しの」の意味でも出る。例 introductory chapter(序章)、introductory price (お試し価格) skepticalは、何かに疑いを持つ様子を表す。例 I'm a little skeptical about the data.(私はそのデータに少し懐疑的だ)

691 develop a ------- plan

(A) hesitant
(B) strategic

692 ------- unnecessary e-mails from the inbox

(A) delete
(B) simplify

693 The symposium was worth attending because it was so -------.

(A) rigorous
(B) informative

694 The device is very -------.

(A) fragile
(B) minimal

695 Thank you for your hard work and -------.

(A) dedication
(B) clientele

696

The restaurant ------- to be busy at lunchtime.

(A) adapts
(B) tends

697

impact of ------- endorsement on consumer buying behavior

(A) facet
(B) celebrity

698

a box of ------- chocolates

(A) assorted
(B) ongoing

699

The customer complained about ------- information on the itinerary.

(A) inexperienced
(B) inaccurate

700

the budget for the current ------- year

(A) fiscal
(B) fascinating

691	**(B) strategic**	
	形 戦略的な	TOEICの世界には、戦略を持たず、勢いだけの経営者は存在しない。
	hesitant	
	形 ためらって	
	戦略的な計画を作り上げる	

692	**(A) delete**	キーボードのDelete (削除) キーでもおなじみの単語。simplifyは、複雑なことや難しいことをよりsimple (シンプル) にすること。例 simplify a system (システムを簡略化する)、simplify a process (プロセスを簡素化する)
	動 削除する	
	simplify	
	動 簡略化する、単純化する	
	□ inbox 名 (電子メールの) 受信トレイ　□ unnecessary 形 不要な	
	不要なメールを受信トレイから削除する	

693	**(B) informative**	「役立つinformation (情報) をたくさん提供する」イメージの形容詞。rigorousは、「妥協を許さない」イメージで、Rで出る。例 rigorous inspection (厳格な検査)
	形 役に立つ、情報満載の	
	rigorous	
	形 厳格な、厳密な	
	□ symposium 名 討論会　□ worth 前 価値がある	
	その討論会は、非常に有益だったので、出席した価値があった。	

694	**(A) fragile**	日本語の「ワレモノ注意」のステッカーは、英語では「FRAGILE」。minimalは、minimal damage (わずかなダメージ) や minimal cost (わずかなコスト) といった形で用いられる。
	形 壊れやすい	
	minimal	
	形 わずかな、最小 (限) の	
	□ device 名 装置、機器、デバイス	
	その機器は非常に壊れやすい。	

695	**(A) dedication**	何かのためにすべてを捧げることで、主に社員の頑張りを称える文脈で出る。clienteleは、店やホテル、レストラン等の客層を表す。例 The shop attracts a young clientele. (その店は若年層に人気だ)
	名 献身、尽力、落成式	
	clientele	
	名 顧客層	
	皆様の努力と献身に感謝申し上げます。	

696

(B) tends

tend 動 ～する傾向にある、～しがちだ

adapts

adapt 動 適応する、適応させる、改作する

tend to do (～する傾向にある) と不定詞を伴う語法も重要。adaptは、adapt to X (Xに適応する) や、adapt X to Y (XをYに適応させる) といった形で出る。「(本や演劇を映画やTV番組に) 改作する」の意味も押さえたい。例 adapt a novel into a film (小説を映画化する)

そのレストランは、ランチタイムは混雑しがちだ。

697

(B) celebrity

名 有名人

facet

名 面

日本語の「セレブ」は英語では celebrity (有名人) で、品詞問題でも狙われる。facetは、語彙問題での出題例があるので、類義語の aspect (面) と合わせて頭に入れよう。例 every facet of a project (プロジェクトのあらゆる面)

□ impact 名 影響　□ endorsement 名 推薦　□ consumer 名 消費者
□ buying behavior 購買行動

有名人の推薦が消費者の購買行動に与える影響

698

(A) assorted

形 詰め合わせの、盛り合わせの

ongoing

形 継続中の、進行中の

assorted sandwiches (サンドイッチの詰め合わせ) や assorted vegetables (野菜の盛り合わせ) といった形でも出る。ongoingは、現在も going on (続いている) 様子を表す。例 ongoing renovations (進行中の改装工事)、ongoing negotiations (継続中の交渉)

チョコレートの詰め合わせボックス

699

(B) inaccurate

形 不正確な

inexperienced

形 経験不足の

☺ TOEIC の世界では、情報が不正確なことは日常茶飯事だが、すべて不注意によるうっかりミスで、故意の情報改ざんは絶対に行われない。

□ complain 動 文句を言う　□ itinerary 名 旅程表

お客様から、旅程表の情報が不正確であるとの苦情がありました。

700

(A) fiscal

形 会計の

fascinating

形 魅力的な

fiscal year (会計年度) の形で覚えよう。fascinatingは主にLで出る。"Have you read the book?" (その本を読みましたか) "Yes. The story is fascinating." (はい。ストーリーが魅力的です)

□ current 形 現在の

現会計年度の予算

前置詞 or 接続詞 or 修飾語
Preposition, Conjunction, or Modifier

11

RSVP as soon as possible, ------- there is limited seating.

(A) yet

(B) as

Please let me know ------- you are interested.

(A) if

(B) but

You should wear a helmet ------- riding a bicycle.

(A) when

(B) rather

I knew the presenter ------- attending the webinar.

(A) before

(B) every time

I will be here ------- you come back.

(A) by

(B) until

006

The museum will be open on Mondays ------- the summer.

(A) during
(B) so

007

I will visit Kyoto ------- I'm in Japan.

(A) while
(B) so far

008

Nancy moved to Seattle ------- she wanted to live close to her parents.

(A) that
(B) because

009

We took a taxi ------- it was raining.

(A) since
(B) as a result

010

Please let me know ------- you know the schedule.

(A) once
(B) soon

001	**(B) as** 接 ～なので、～するとき、～するにつれて　前 ～として **yet** 接 しかし　副 まだ	どちらも2つの節 (SV) をつなぐ接続詞として機能するので、文脈がうまくつながる (B) as (～なので) を選ぶ。接続詞のyetはbutの意味で、文意が通じない。例 The sun was shining, yet it was cold. (太陽は出ていたが、寒かった)
	□ **RSVP** お返事ください　□ **limited** 形 限られた	
	座席が限られているので、できるだけ早くお返事ください。	
002	**(A) if** 接 もし～なら、～かどうか **but** 接 しかし	どちらも2つの節 (SV) をつなぐ接続詞として機能するので、文脈がうまくつながる (A) if (もし～なら) を選ぶ。butは文意が通じない。ifは「～かどうか」の意味も重要。例 I'll see if he is coming. (彼が来るかどうか確認します)
	もしご興味があればお知らせください。	
003	**(A) when** 接 ～するとき **rather** 副 かなり、むしろ	接続詞 when (～するとき) は、2つの節 (SV) の主語が同じ場合、直後の「主語 +be動詞 (ここでは you are)」を省略し、「when 分詞 (-ing/-ed)」の形を取れる。rather は接続機能がない副詞。
	自転車に乗る際は、ヘルメットを着用すべきです。	
004	**(A) before** 前 ～の前に　接 ～する前に **every time** 接 ～するときはいつでも (= whenever)	空所前の節 (SV) と後のattending the webinarという節ではないカタマリをつなぐのは、前置詞の (A) before (～の前に)。beforeは、節 (SV) を伴う接続詞としても機能する。every timeは節を伴う接続詞。
	□ **presenter** 名 発表者　□ **webinar** 名 ウェブセミナー	
	ウェブセミナーに出席する前から、私はその発表者を知っていた。	
005	**(B) until** 接 ～するまでずっと　前 ～までずっと **by** 前 ～までには　副 過ぎて、そばに	空所の前後の2つの節 (SV) をつなぐのは、接続詞の (B) until (～するまでずっと)。untilは前置詞としても機能する。例 I have a meeting until five o'clock. (私は5時まで会議があります) byは前置詞または副詞。
	あなたが戻るまで私がここにいます。	

006	(A) during	空所前の節(SV)と後の名詞 the summer をつなぐのは、前置詞の (A) during (〜の間)。so は、節を伴う接続詞、または接続機能がない副詞。
	前 〜の間	
	so	
	副 とても、そんなに 接 なので、〜するために	
	そのミュージアムは夏の間、月曜日も開館します。	

007	(A) while	空所の前後の2つの節 (SV) をつなぐのは、接続詞の (A) while (〜する間)。while は、when 同様、2つの節 (SV) の主語が同じ場合、直後の「主語 +be動詞」をまとめて省略できるので、ここでも、I will visit Kyoto while in Japan. としてもよい。so far は副詞。
	接 〜する間、〜する一方で	
	so far	
	副 今まで	
	私は日本にいる間、京都を訪れる予定です。	

008	(B) because	空所の前後の2つの節 (SV) をつなぐのは、接続詞の (B) because (〜なので)。接続詞のthatは、2つの節をつなげず (副詞節は作らず)、名詞のカタマリ (名詞節) を作る。例 I know that he loves TOEIC. (that以降はknowの目的語の名詞節)
	接 〜なので	
	that	
	接 〜ということ 代 それ 形 あの	
	□ close to 〜の近くで、〜に近い	
	Nancyは、両親の近くに住みたかったので、シアトルに引っ越した。	

009	(A) since	空所の前後の2つの節 (SV) をつなぐのは、接続詞の (A) since (〜なので)。since は、接続詞の場合、「〜なので」「〜して以来」の意味を持つが、前置詞の場合、「〜以来」の意味しかないことにも注意。例 since last year (昨年来) as a resultは副詞。
	接 〜なので、〜して以来 前 〜以来	
	as a result	
	副 結果として	
	雨が降っていたので、私たちはタクシーを使った。	

010	(A) once	空所の前後の2つの節 (SV) をつなぐのは、接続詞の (A) once (〜したらすぐに)。once は、副詞としても頻出するが、Part 5では、この接続詞の用法が特に重要。soon は接続機能がない副詞。
	接 〜したらすぐに 副 一度、かつて	
	soon	
	副 もうすぐ	
	スケジュールがわかり次第、お知らせください。	

011

I will call you ------- I get back to my desk.

(A) as soon as
(B) in light of

012

I'm afraid I can't exchange it ------- the receipt.

(A) instead
(B) without

013

I have not decided ------- to accept the offer.

(A) whether
(B) thus

014

Give us your honest opinions ------- we can improve our service.

(A) so that
(B) other than

015

We need to hire additional staff ------- meet holiday demand for our toys.

(A) in order to
(B) live up to

016

------- the decrease in competition, the airline raised its ticket prices.

(A) For example
(B) Because of

017

Our book club will meet on Wednesday ------- Thursday next week.

(A) furthermore
(B) instead of

018

I will not buy the refrigerator ------- the price is lowered.

(A) meanwhile
(B) unless

019

I'd like to leave early ------- stay late.

(A) rather than
(B) additionally

020

Please make a reservation at least one month ------- time.

(A) in advance
(B) ahead of

011	**(A) as soon as**	空所の前後の2つの節 (SV) をつなぐのは、接続詞の (A) as soon as (〜するとすぐに)。in light of は名詞を伴う前置詞。例 in light of the situation (状況を考慮して)
	接 〜するとすぐに	
	in light of	
	前 〜を考慮して	
	席に戻ったら、すぐにお電話します。	

012	**(B) without**	空所前の節 (SV) と後の名詞 the receipt をつなぐのは、前置詞の (B) without (〜なしに)。instead は接続機能がない副詞。
	前 〜なしに	
	instead	
	副 代わりに	
	□ **I'm afraid** 申し訳ないのですが	
	申し訳ありませんが、レシート無しでそれを交換することはできません。	

013	**(A) whether**	接続詞 whether は、直後に不定詞を伴い、「〜するかどうか」という意味を表す。2つの節 (SV) をつなぐ場合は、Whether you like it or not, you must take TOEIC. (好きであろうとなかろうと〜) といった形で、「〜であろうと」の意味になる。thus は副詞。
	接 〜かどうか、〜であろうと	
	thus	
	副 結果として	
	□ **accept** 動 受け入れる	
	私はそのオファーを受けるかどうか決めていない。	

014	**(A) so that**	空所の前後の2つの節 (SV) をつなぐのは、接続詞の (A) so that (〜するために)。other than は名詞を伴う前置詞。例 Asian countries other than Japan (日本以外のアジアの国)
	接 〜するために、〜できるように	
	other than	
	前 〜以外の	
	□ **opinion** 名 意見　□ **improve** 動 改善する	
	当社がサービスを改善できるよう、率直なご意見をお寄せください。	

015	**(A) in order to**	直後に原形動詞 meet を伴うのは、不定詞の (A) in order to (〜するために)。live up to の to は前置詞で名詞を伴う。例 live up to expectations (期待に応える)
	〜するために	
	live up to	
	(期待・要求等) に応える	
	□ **hire** 動 (一時的に) 雇う　□ **additional** 形 追加の　□ **demand** 名 需要	
	当社の玩具のホリデー休暇の需要を満たすため、追加のスタッフを雇う必要があります。	

016 **(B) Because of**

because of 前 ～が理由で

For example

for example 副 例えば

空所後からカンマまでの節ではないカタマリと、カンマ後の節 (SV) をつなぐのは、前置詞の (B) Because of (～が理由で)。for example は副詞。

□ decrease 名 減少　□ competition 名 競争　□ raise 動 上げる

競争の減少が理由で、その航空会社はチケット価格を上げた。

017 **(B) instead of**

前 ～の代わりに

furthermore

副 さらに

空所前の節 (SV) と後の名詞 Thursday をつなぐのは、前置詞の (B) instead of (～の代わりに)。furthermore は接続機能がない副詞。

当ブッククラブは、来週は木曜日ではなく水曜日に集まる予定です。

018 **(B) unless**

接 ～しない限り

meanwhile

副 その間

空所の前後の2つの節 (SV) をつなぐのは、接続詞の (B) unless (～しない限り)。meanwhile は接続機能がない副詞。

□ refrigerator 名 冷蔵庫　□ lower 動 下げる

値段が下がらない限り、私はその冷蔵庫を買いません。

019 **(A) rather than**

接 ～ではなく

additionally

副 加えて

(A) rather than (～ではなく) は、動詞と動詞 (ここでは leave と stay)、名詞と名詞といった文法的に同じ形をつなぐ機能を持つ (2つの節はつなげない)。additionally は接続機能がない副詞。

遅くまで残るのではなく、早く帰りたいです。

020 **(B) ahead of**

前 ～より前に

in advance

副 事前に

空所前の節 (SV) と後の名詞 time をつなぐのは、前置詞の (B) ahead of (～より前に)。ahead of schedule (予定より早く) も重要表現。in advance は副詞。例 pay in advance (事前に支払う)

□ reservation 名 予約　□ at least 少なくとも、最低

少なくとも1か月前にご予約ください。

021

**Your order will be delivered -------
October 19.**

(A) besides
(B) no later than

**------- you do not have your own
equipment, you can rent it from us.**

(A) In fact
(B) Even if

**My flight has been canceled ------- bad
weather.**

(A) as a result of
(B) as a consequence

------- your support, the event went well.

(A) Thanks to
(B) By the way

------- it was raining, we went for a walk.

(A) Although
(B) Even

026

Highway 99 is inaccessible ------- road construction.

(A) except for
(B) due to

027

The hotel offers complimentary airport shuttle service ------- free parking.

(A) as well as
(B) in addition

028

------- my résumé, I have attached a list of references.

(A) In addition to
(B) Barring

029

You can cancel your order ------- the item has not been dispatched.

(A) as if
(B) as long as

030

------- coming to London, Mr. Wong was in charge of our Edinburgh branch.

(A) Beforehand
(B) Prior to

021	**(B) no later than**	どちらも前置詞として機能するので、文脈がうまくつながる (B) no later than (遅くとも~までに) を選ぶ。besides は文意が通じない。例 other companies besides Amazon (Amazon以外の他の会社)
	前 遅くとも~までに	
	besides	
	前 ~に加えて、~以外 副 その上	
	ご注文は遅くとも10月19日 (TOEICの日) までには配達されます。	

022	**(B) Even if**	カンマの前後の2つの節 (SV) をつなぐのは、接続詞の (B) Even if (たとえ~でも)。in fact は副詞。例 I thought I was right. In fact, I was wrong. (私は正しいと思っていました。ところが実際は、間違っていました)
	even if 接 たとえ~でも	
	In fact	
	in fact 副 実は、ところが実際は	
	□ equipment 名 機器　□ rent 動 レンタルする	
	たとえご自身の機器をお持ちでなくても、当社からレンタルできます。	

023	**(A) as a result of**	空所前の節 (SV) と後の名詞 bad weather をつなぐのは、前置詞の (A) as a result of (~の結果)。as a consequence は副詞。
	前 ~の結果	
	as a consequence	
	副 結果として	
	悪天候のため、私のフライトはキャンセルになった。	

024	**(A) Thanks to**	空所後の名詞 your support と、カンマ後の節 (SV) をつなぐのは、前置詞の (A) Thanks to (~のおかげで)。by the way は副詞。
	thanks to 前 ~のおかげで	
	By the way	
	by the way 副 ところで	
	皆様のご支援のおかげで、イベントはうまくいきました。	

025	**(A) Although**	カンマの前後の2つの節 (SV) をつなぐのは、接続詞の (A) Although (~だが)。even は接続機能がない副詞。
	although 接 ~だが	
	Even	
	even 副 ~ですら	
	雨が降っていたが、私たちは散歩に出かけた。	

026

(B) due to

前 〜が理由で

except for

前 〜を除いて

どちらも前置詞として機能するので、文脈がうまくつながる (B) due to (〜が理由で) を選ぶ。except for は文意が通じない。 例 every day except for Sunday (日曜を除いて毎日)

□ **inaccessible** 形 アクセスできない □ **road construction** 道路工事

99号線は、道路工事のため通行止めです。

027

(A) as well as

接 〜に加えて

in addition

副 加えて

(A) as well as (〜に加えて) は、等位接続詞の and 同様、名詞と名詞、動詞と動詞といった文法的に同じ形をつなぐ (2つの節はつなげない)。in addition は副詞。

□ **complimentary** 形 無料の □ **shuttle service** 送迎サービス

そのホテルは、無料の駐車場に加えて、無料の空港の送迎サービスを提供している。

028

(A) In addition to

in addition to 前 〜に加えて

Barring

barring 前 〜がなければ

どちらも前置詞として機能するので、文脈がうまくつながる (A) In addition to (〜に加えて) を選ぶ。barring は文意が通じない。 例 barring unexpected delays (予想外の遅れがなければ)

□ **résumé** 名 履歴書 □ **attach** 動 添付する □ **reference** 名 照会先

履歴書に加えて、照会先のリストも添付いたしました。

029

(B) as long as

接 〜する限り

as if

接 まるで〜かのように

どちらも2つの節 (SV) をつなぐ接続詞として機能するので、文脈がうまくつながる (B) as long as (〜する限り) を選ぶ。as if は文意が通じない。 例 Ted talks as if he were rich. (Ted はまるで金持ちであるかのように話す)

□ **dispatch** 動 発送する、派遣する

品物が発送されていない場合に限り、ご注文はキャンセル可能です。

030

(B) Prior to

prior to 前 〜の前に

Beforehand

beforehand 副 事前に

空所後からカンマまでの節ではないカタマリと、カンマ後の節 (SV) をつなぐのは、前置詞の (B) Prior to (〜の前に)。この to が前置詞で、名詞や動名詞を伴う語法にも注意。beforehand は接続機能がない副詞。

□ **in charge of** 〜の責任者である

ロンドンに来る前、Wong さんは Edinburgh 支店の責任者だった。

031

Peter goes to the beach ------- it is sunny.

(A) however

(B) whenever

032

We have been friends ------- we met ten years ago.

(A) ever since

(B) even so

033

------- reduce costs, we have stopped advertising on television.

(A) In an effort to

(B) According to

034

Participants must register ------- the convention.

(A) in case

(B) in advance of

035

Ms. Tang received a company award ------- her exceptional sales performance.

(A) in order that

(B) on account of

036

------- the high price, I bought the laptop.

(A) Despite
(B) Moreover

037

If you have any questions ------- our products, please feel free to contact us.

(A) accordingly
(B) concerning

038

Mr. Tanaka accepted the award ------- the company.

(A) as far as
(B) on behalf of

039

------- everyone has arrived, let's start our meeting.

(A) In contrast
(B) Now that

040

------- the inclement weather, the stadium was filled to capacity.

(A) In spite of
(B) In particular

031	**(B) whenever**	空所の前後の2つの節 (SV) をつなぐのは、接続詞の (B) whenever (～するときはいつでも)。howeverは、TOEICでは副詞として出題される。例 I wanted to buy the car. However, it was too expensive. (私はその車を買いたかった。しかし、高すぎた)
	接 ～するときはいつでも	
	however	
	副 しかしながら	
	晴れたらいつでもPeterはビーチに出かける。	
032	**(A) ever since**	空所の前後の2つの節 (SV) をつなぐのは、接続詞の (A) ever since (～して以来ずっと)。even soは副詞。
	接 ～して以来ずっと　副 それ以来ずっと	
	even so	
	副 たとえそうだとしても	
	10年前に出会って以来ずっと私たちは友人だ。	
033	**(A) In an effort to**	直後に原形動詞reduceを伴うのは、不定詞の (A) In an effort to (～しようとして)。according toは名詞を伴う前置詞。例 according to the speaker (話し手によると)、according to the rules (ルールに従って)
	in an effort to ～しようとして	
	According to	
	according to 前 ～によると、～に従って	
	□ reduce 動 減らす、下げる	
	コスト削減のため、当社はテレビCMを止めた。	
034	**(B) in advance of**	空所前の節 (SV) と後の名詞the convention をつなぐのは、前置詞の (B) in advance of (～の前に)。in caseは節を伴う接続詞。例 Take your umbrella in case it rains. (雨が降った場合に備えて傘を持って行ってください)
	前 ～の前に	
	in case	
	接 ～した場合に備えて	
	□ participant 名 参加者　□ register 動 登録する、申し込む	
	□ convention 名 (大規模で専門的な) 会議	
	参加者は、会議の前に登録しなければならない。	
035	**(B) on account of**	空所前の節 (SV) と後の名詞her exceptional sales performanceをつなぐのは、前置詞の (B) on account of (～が理由で)。in order thatは節を伴う接続詞で、so thatと同じ意味。
	前 ～が理由で	
	in order that	
	接 ～するために、～できるように (= so that)	
	□ award 名 賞　□ exceptional 形 並外れた、傑出した	
	傑出した営業成績が理由で、Tangさんは会社の賞をもらった。	

036 (A) Despite

despite 前 ～にもかかわらず	空所後の名詞 the high price と、カンマ後の節 (SV) をつなぐのは、前置詞の (A) Despite (～にもかかわらず)。moreover は接続機能がない副詞。
Moreover	
moreover 副 その上	

□ laptop 名 ノートPC

高価格にもかかわらず、私はそのノートPCを買った。

037 (B) concerning

前 ～に関する	空所前の節 (SV) と後の名詞 our products をつなぐのは、前置詞の (B) concerning (～に関する＝regarding)。accordingly は接続機能がない副詞。
accordingly	
副 それに応じて	

□ feel free to do 気軽に～する

当社の製品に関してご質問があれば、お気軽にご連絡ください。

038 (B) on behalf of

前 ～を代表して	空所前の節 (SV) と後の名詞 the company をつなぐのは、前置詞の (B) on behalf of (～を代表して)。as far as は節を伴う接続詞。例 As far as I know, Fumiyo is coming to the party.(私が知っている範囲では、フミヨはパーティに来ます)
as far as	
接 ～する範囲では	

□ accept 動 受け取る　□ award 名 賞

タナカさんは、会社を代表して賞を受け取った。

039 (B) Now that

now that 接 今は～なので	カンマの前後の2つの節 (SV) をつなぐのは、接続詞の (B) Now that (今は～なので)。「(前はそうではなかったが) 今は～なので」という意味を表す。in contrast は副詞。
In contrast	
in contrast 副 対照的に	

今、全員到着したので、会議を始めましょう。

040 (A) In spite of

in spite of 前 ～にもかかわらず	空所後の名詞 the inclement weather と、カンマ後の節 (SV) をつなぐのは、前置詞の (A) In spite of (～にもかかわらず＝despite)。in particular は副詞。
In particular	
in particular 副 特に	

□ inclement weather 悪天候、荒れ模様の天気　□ be filled to capacity 満員になる

悪天候にもかかわらず、スタジアムは満員になった。

041

------- rain, the event will be moved to the library's community room.

(A) In that case
(B) In the event of

042

------- it snows, the game will move to the gymnasium.

(A) In the meantime
(B) In the event that

043

------- the weather forecast, it was a cold day.

(A) On the contrary
(B) Contrary to

044

Returns are accepted ------- the item is in its original condition.

(A) provided that
(B) even though

045

------- traditional hotels, we do not have a staffed front desk.

(A) Unlike
(B) Alike

046

Mike was determined to buy the painting ------- the price.

(A) after
(B) regardless of

047

The project was temporarily suspended ------- a lack of funds.

(A) owing to
(B) though

048

Our overseas sales are up, ------- our domestic sales are down.

(A) after all
(B) whereas

049

All items must be returned to us ------- our return policy.

(A) incidentally
(B) in accordance with

050

------- its popularity, the tour takes place only once a month.

(A) Notwithstanding
(B) Given that

041	**(B) In the event of**	空所後の名詞 rain と、カンマ後の節 (SV) をつなぐのは、前置詞の (B) In the event of (〜の場合)。in that case は副詞。
	in the event of **前** 〜の場合	
	In that case	
	in that case **副** その場合	
	雨の場合、そのイベントは図書館のコミュニティルームに移動します。	

042	**(B) In the event that**	カンマの前後の2つの節 (SV) をつなぐのは、接続詞の (B) In the event that (〜した場合)。in the meantime は副詞。
	in the event that **接** 〜した場合	
	In the meantime	
	in the meantime **副** その間	
	□ gymnasium **名** 体育館	
	雪が降った場合、試合は体育館に移動になります。	

043	**(B) Contrary to**	空所後の名詞 the weather forecast と、カンマ後の節 (SV) をつなぐのは、前置詞の (B) Contrary to (〜に反して)。on the contrary は副詞。
	contrary to **前** 〜に反して	
	On the contrary	
	on the contrary **副** それどころか	
	□ weather forecast 天気予報	
	天気予報に反して、その日は寒かった。	

044	**(A) provided that**	どちらも2つの節 (SV) をつなぐ接続詞として機能するので、文脈がうまくつながる (A) provided that (〜するという条件で) を選ぶ。that が省略された provided や、providing (that) の形でも同じ意味を表す。even though は文意が通じない。
	接 〜するという条件で	
	even though	
	接 〜だが	
	□ return **名** 返品 □ accept **動** 受け付ける □ original condition 元の状態	
	品物が元の状態であるという条件で、返品は受け付けます。	

045	**(A) Unlike**	空所後の名詞 traditional hotels と、カンマ後の節 (SV) をつなぐのは、前置詞の (A) Unlike (〜とは違って)。alike は副詞または形容詞で、X and Y alike (X も Y も同様に) は重要表現。**例** young and old alike (若者もシニアも同様に)
	unlike **前** 〜とは違って	
	Alike	
	alike **副** 同様に **形** よく似ている	
	□ traditional **形** 伝統的な、従来型の □ staffed front desk スタッフのいる受付	
	従来型のホテルとは違って、当ホテルにスタッフのいる受付はありません。	

350

046

(B) regardless of

前 ～とは無関係に

after

前 ～の後で　接 ～した後で

□ determined 形 決意している、断固とした

Mikeは、価格と関係なく、その絵を買う決意だった。

> どちらも前置詞として機能するので、文脈がうまくつながる (B) regardless of (～とは無関係に) を選ぶ。after は文意が通じない。after は節 (SV) を伴う接続詞としても機能する。

047

(A) owing to

前 ～が理由で

though

接 ～だが　副 でも

□ temporarily 副 一時的に　□ suspend 動 一時停止する　□ lack 名 不足　□ fund 名 資金

資金不足が理由で、そのプロジェクトは一時的に停止された。

> 空所前の節 (SV) と後の節ではないカタマリをつなぐのは、前置詞の (A) owing to (～が理由で)。though は、節をつなぐ接続詞、または接続機能がない副詞。Part 5 で副詞の出題例もある。例 Don't worry, though. (でも、心配しないでください)

048

(B) whereas

接 ～であるのに対して

after all

副 結局は

□ overseas 形 海外の　□ domestic 形 国内の

当社の国内売り上げが下がっているのに対し、海外売り上げは伸びている。

> 空所の前後の2つの節 (SV) をつなぐのは、接続詞の (B) whereas (～であるのに対して)。対照的な内容の節をつなぐフォーマルな接続詞で、Part 5で頻出する。after all は副詞。

049

(B) in accordance with

前 ～に従って

incidentally

副 ちなみに、ところで

□ return policy 返品規定

すべての品物は、当社の返品規定に従って戻されなければならない。

> 空所前の節 (SV) と後の名詞 our return policy をつなぐのは、前置詞の (B) in accordance with (～に従って)。副詞の incidentally は、Part 6 の接続語の問題で狙われるので、「ちなみに、ところで」の意味を頭に入れよう。

050

(A) Notwithstanding

notwithstanding 前 ～にもかかわらず

Given that

given that 接 ～を考慮すると

□ popularity 名 人気

人気にもかかわらず、そのツアーは月に一度しか行われない。

> 空所後の名詞 its popularity と、カンマ後の節 (SV) をつなぐのは、前置詞の (A) Notwithstanding (～にもかかわらず = despite, in spite of)。given that は節を伴う接続詞。

051

------- the event, complimentary refreshments were served.

(A) Following
(B) Afterwards

052

We carry a range of yard tools ------- rakes and shovels.

(A) per
(B) including

053

I paid 990 dollars ------- tax for the car.

(A) regarding
(B) excluding

054

The new policy will take effect ------- approval from management.

(A) pending
(B) throughout

055

All classes run for one hour, unless ------- noted.

(A) otherwise
(B) given

056

My flight arrived ------- late that
I couldn't attend the meeting.

(A) so

(B) too

057

We recycle a variety of materials -------
paper, plastic, and rubber.

(A) as though

(B) such as

058

Mr. Wilkinson retired last year, and
I haven't seen him -------.

(A) without

(B) since

059

------- November 1, our store will remain
open until 9 P.M.

(A) As of

(B) Nonetheless

060

Over 3,000 runners participated in the
fun run, the highest turnout -------.

(A) within

(B) yet

051	**(A) Following**	空所後の名詞the eventと、カンマ後の節 (SV) をつなぐのは、前置詞の (A) Following (〜に続いて)。followingは形容詞以外に、この afterの意味の前置詞でも頻出。afterwards は副詞。設問文中のrefreshmentsは、会議 やイベント中に出る軽い飲食物を指す重要語。
	following 前 〜に続いて 形 次の、以下の	
	Afterwards	
	afterwards 副 その後で	
	□ complimentary 形 無料の □ refreshments 名 軽い飲食物	
	イベントの後で、無料の軽い飲食物が出された。	

052	**(B) including**	どちらも前置詞として機能するので、文 脈がうまくつながる (B) including (〜を含 む) を選ぶ。 perは文意が通じない。 例 six cents per minute (1時間につき6セン ト)、 per your request (あなたのリクエス トに従って)
	前 〜を含む	
	per	
	前 〜につき、〜に従って	
	□ carry 動 (お店が商品を) 扱う □ yard 名 庭 □ rake 名 熊手	
	当店では、熊手やシャベルを含む幅広い庭道具を扱っています。	

053	**(B) excluding**	どちらも前置詞として機能するので、文脈 がうまくつながる (B) excluding (〜を除く) を選ぶ。regardingはここでは文意が通じ ないが、頻出する重要語。 例 regarding your order (あなたのご注文に関して)
	前 〜を除く	
	regarding	
	前 〜に関する	
	□ tax 名 税	
	私は、税別990ドルをその車に支払った。	

054	**(A) pending**	どちらも前置詞として機能するので、文脈 がうまくつながる (A) pending (〜の結果次 第で) を選ぶ。throughoutは、through- out the day (その日中) やthroughout Europe (ヨーロッパ中で) といった形で頻出 する重要語。
	前 〜の結果次第で、〜の結果待ちで 形 保留の	
	throughout	
	前 〜を通してずっと、〜の至る所で	
	□ take effect 有効になる □ approval 名 承認 □ management 名 経営陣	
	その新規定は、経営陣の承認があり次第、有効になります。	

055	**(A) otherwise**	unless otherwise -edの形で、「特に〜され ていない限り」の意味を表す。givenは、give の過去分詞に加えて、「〜を考慮に入れる と」の意味の前置詞でも頻出。 例 Given the circumstances, we have done well. (状 況を考慮に入れると、我々はよくやりました)
	副 他のやり方で、さもなければ	
	given	
	前 〜を考慮に入れると	
	□ run 動 続く □ unless 接 〜しない限り □ note 動 述べる、記す	
	特に明記されていない限り、授業はすべて1時間です。	

056	**(A) so**	副詞のsoは、接続詞thatとペアになり、「so〜that...」の形で、「非常に〜なので、…だ」の意味を表す。tooは、「too 〜 to...(〜すぎて…できない)」の形になる。例 My flight arrived too late for me to attend the meeting. (私のフライトの到着が遅すぎて、会議に出席できなかった)
	副 非常に、そんなに	
	too	
	副 〜すぎる、〜もまた	
	私のフライトの到着が遅すぎて、会議に出席できなかった。	

057	**(B) such as**	such asは、名詞や動名詞をつなぎ、「X such as Y」の形で、「X、例えばYのような」と、具体例を示す。as thoughは節 (SV)を伴う接続詞。例 It looks as though it's going to rain. (雨が降りそうだ)
	〜のような	
	as though	
	接 まるで〜かのように	
	□ a variety of さまざまな	
	当社は、紙、プラスチック、ゴムのような、さまざまな材料をリサイクルしています。	

058	**(B) since**	sinceは主に接続詞または前置詞で出るが、こうした「それ以来」の意味の副詞での出題例もある。頭に入れておこう。withoutは前置詞。
	副 それ以来	
	without	
	前 〜なしに	
	□ retire 動 退職する	
	Wilkinsonさんが昨年退職し、それ以来、私は彼に会っていない。	

059	**(A) As of**	空所後の November 1という名詞と、カンマ後の節 (SV)をつなぐのは、前置詞の(A) As of (〜以降、〜付で)。nonethelessは neverthelessの類義語で、接続機能がない副詞。
	as of 前 (日時を伴い) 〜以降、〜付で	
	Nonetheless	
	nonetheless 副 それにもかかわらず、それでもなお	
	11月1日以降、当店は午後9時まで営業を続けます。	

060	**(B) yet**	副詞のyetは、「まだ」の意味で頻出するほか、最上級と合わせて用いられ、「今までのところ」の意味を表す。withinは「範囲内」が基本イメージの前置詞で、within 24 hours (24時間以内)や within the budget (予算内)、within the company (社内)といった形で用いられる。
	副 (最上級と合わせて) 今までのところ、まだ	
	within	
	前 〜以内で、〜の範囲内で	
	□ participate 動 参加する □ fun run マラソン大会 □ turnout 名 参加者数	
	3000名以上のランナーがそのマラソン大会に参加し、今までで最高の参加者数だった。	

「TEX ファイル」につきまして

　私は、2008年6月から TOEIC を受け続け、本書の執筆時点（2023年1月末）で、受験回数は130回、990点の取得回数は110回を超えました。

　私が TOEIC 対策書を執筆する上で大切にしているのは、実際の試験内容を反映した生きた情報を提供することです。そのため、TOEIC 公開テストを毎回受験し、試験中は、早めに解答を終え、残り時間を試験情報の記憶に充てています。試験後は、すぐに会場近くのカフェ等に移動し、出題された単語や、出題ポイント、正解につながる重要語句等を思い出してメモしています。そのメモに、ネット上で得た情報を精査・追加し、エクセルシートにまとめたのが、「TEX ファイル」と名付けた手作りのデータベースです。

　TOEIC を受け慣れている私でも、2時間の試験を真剣に受験すると疲労感がありますが、毎回必死に記憶から情報を絞り出し、「TEX ファイル」に記録しています。この「TEX ファイル」の更新作業は、これまで一度も怠ったことはありません。

　本書と同じ特急シリーズの『TOEIC® L&R TEST 出る単特急 金のフレーズ（通称金フレ）』がミリオンセラーになった大きな要因は、この「TEX ファイル」にあると思っています。多くの読者が、掲載された単語が本当に試験に出ることを実感し、評判が口コミで広がったのでしょう。

　本書の執筆にあたっては、最新版の「TEX ファイル」を参照しつつ、一つ一つの単語が実際の試験でどういう形で出題されたのかを確認し、読者の皆様のスコアアップに直結する内容になるよう工夫しました。試験でその効果を実感していただけるはずです。

　本書は、これまでの受験を通して私が得た、試験に関するノウハウを凝縮した1冊です。読者の皆様のスコアアップに役立つことを、著者として確信しています。

990点レベル

🔊12 — 🔊13

頂点の
130問

701

an initiative to ------- entrepreneurship

(A) foster
(B) dispatch

702

We look forward to a ------- beneficial relationship.

(A) mutually
(B) reportedly

703

prepare ------- Thai cuisine

(A) avid
(B) authentic

704

increase productivity by reducing noise -------

(A) certifications
(B) distractions

705

The concierge was ------- helpful.

(A) exceptionally
(B) neatly

706

------- strictly to the rule

(A) merge
(B) adhere

707

a T-shirt ------- the slogan, "No TOEIC, No Life"

(A) bearing
(B) attesting

708

send information ------- to a contract

(A) bold
(B) pertinent

709

Ms. Montoya is a ------- instructor.

(A) decorative
(B) seasoned

710

The journal is published -------.

(A) periodically
(B) inadvertently

701	**(A) foster**	TOEICの世界でも、起業は盛んに行われ、最初は苦労しても、最終的にはたいてい成功する。少なくとも、起業に失敗して転落人生を歩む人は存在しないので、起業天国といえる。
	動 育成する、促進する	
	dispatch	
	動 発送する、派遣する　名 発送	

□ initiative 名 新たな取り組み　□ entrepreneurship 名 起業家精神

起業家精神育成のための新たな取り組み

702	**(A) mutually**	mutually acceptable (互いに納得できる) や mutually convenient (互いにとって好都合な) といった形も頭に入れよう。reportedlyは、Richard reportedly declined the offer. (Richardは、伝えられるところによると、そのオファーを断った) といった形で用いられる。
	副 互いに、相互に	
	reportedly	
	副 伝えられるところによると	

□ look forward to ～を楽しみにしている　□ beneficial 形 有益な

互いにとって有益な関係を築くことを期待しています。

703	**(B) authentic**	「伝統を守った本格的な」という意味で、料理を表す際によく用いられる。芸術作品等が「本物の、真作の」の意味でも出る。例 authentic work of Taro Okamoto (岡本太郎の真作) avidは、avid readers (熱心な読者) が重要表現。
	形 本物の、本格的な、本場の	
	avid	
	形 熱心な	

□ cuisine 名 (特定の国や地域の) 料理

本格的なタイ料理を用意する

704	**(B) distractions**	「dis (離れた方向に)＋tract (引く) モノ」が語源で、勉強中のLINEのように、気をそらせるモノのこと。certificationは、certification course(資格取得コース) や、proof of certification (資格の証明) といった形で出る。
	distraction 名 邪魔、気晴らし	
	certifications	
	certification 名 認定、認証	

□ productivity 名 生産性

騒音による邪魔を減らすことで生産性を高める

705	**(A) exceptionally**	過去分詞や副詞を修飾する形でも出る。例 an exceptionally talented singer(並外れた才能を持つ歌手)、Our plan worked exceptionally well. (我々の計画は非常にうまく行った) neatlyは、neatly arranged books (整然と並べられた本) のように用いられる。
	副 並外れて、きわめて	
	neatly	
	副 きちんと、整然と	

□ concierge 名 コンシェルジュ　□ helpful 形 助けになる、役立つ

そのコンシェルジュの対応は格別でした。

706	**(B) adhere**	「くっつく」が語源で、そこから「ルール等に忠実に従う」の意味が派生した。adhere to X（Xに忠実に従う）の形で押さえよう。mergeは、merge with another company（別の会社と合併する）といった形で用いられる。
	動 (規則や法律等に) 忠実に従う、くっつく	
	merge	
	動 合併する	
	□ **strictly** **副** 厳格に、厳密に	
	ルールに厳密に従う	

707	**(A) bearing**	関連表現のbear in mind (that) SV（SがVすることを念頭に置く）も重要。attestは、attest to X（Xを証明する）の形で、製品の質の高さや応募者の能力の高さを証明する文脈で主に出る。**例** I can attest to the quality of their work.（彼らの仕事の質は私が保証します）
	bear **動** (印等が) 付いている、耐える	
	attesting	
	attest **動** (本当であることを) 証言する、証明する	
	「TOEICがない人生なんて」というスローガンが付いたTシャツ	

708	**(B) pertinent**	relevantの類義語で、pertinent to X（Xに関連した）の形で押さえよう。pertinent information（関連情報）やpertinent questions（関連した質問）といった形でも出る。boldは、bold move（大胆な行動）やbold decision（大胆な決定）といった形で用いられる。
	形 関連した	
	bold	
	形 大胆な	
	契約に関連した情報を送る	

709	**(B) seasoned**	season（季節）を問わず、ずっと一つのことを続けていて、経験豊富な様子を表す。**例** seasoned lawyer（経験豊富な弁護士）、seasoned journalist（経験豊富なジャーナリスト）decorativeは、decorative plants（観葉植物）といった形で用いられる。
	形 経験豊富な、味付けされた	
	decorative	
	形 装飾の、飾りの	
	Montoyaさんは、経験豊富なインストラクターだ。	

710	**(A) periodically**	「一定のperiod（期間）ごとに」の意味で、品詞問題の選択肢でも出る。 TOEICの世界では、うっかりミスが多発するので、inadvertently（不注意で、うっかり）も頭に入れておこう。
	副 定期的に、頻繁に	
	inadvertently	
	副 不注意で、うっかり	
	□ **journal** **名** 専門誌 □ **publish** **動** 出版する	
	その専門誌は、定期的に発行されている。	

711 enjoy a ------- lunch

(A) controversial
(B) gourmet

712 Ms. Gupta's article was revised for length and -------.

(A) clarity
(B) referral

713 Your advice has been ------- to us.

(A) acclaimed
(B) invaluable

714 face a ------- challenge

(A) discerning
(B) formidable

715 ------- effectively with customers

(A) distract
(B) interact

716

meet a sales -------
(A) quota
(B) raffle

717

use no synthetic -------
(A) fertilizers
(B) couriers

718

file documents in ------- order
(A) prestigious
(B) chronological

719

in ------- of a national holiday
(A) observance
(B) appraisal

720

Given the time -------, the project will not be easy.
(A) constraints
(B) credentials

711	**(B) gourmet**	TOEICの世界にも、gourmet show (グルメ番組) は存在するが、即興で料理を作ったり、簡単でヘルシーな料理を紹介したりする番組が主で、料理人同士の対決は行われない。
	形 グルメ向けの、グルメな　名 グルメ	
	controversial	
	形 物議をかもすような	
	グルメなランチを楽しむ	

712	**(A) clarity**	clear (クリア) であること。referralは、他のお客様や適任の人、別の専門家等を紹介する文脈で出る。例 provide a referral (紹介する)、customer referral program (お客様紹介プログラム)
	名 明快さ、わかりやすさ、明瞭さ	
	referral	
	名 (人の) 紹介	
	□ revise 動 修正する、見直す　□ length 名 長さ	
	Guptaさんの記事は、長さと明快さを見直された。	

713	**(B) invaluable**	「価値がない」の意味ではないことに注意。「価値を計ることができない→計り知れない価値がある」と意味が転じた。acclaimedは、critically acclaimed novel (評論家絶賛の小説) や、internationally acclaimed singer (国際的に評価の高い歌手) といった形で出る。
	形 非常に貴重な、計り知れない価値がある	
	acclaimed	
	形 称賛されている	
	あなたの助言は我々にとって非常に貴重です。	

714	**(B) formidable**	「fear (恐れ) を生じさせるような」が語源で、「怖くなるほど難しい、恐ろしいほど強い、畏怖されるほどの」といった意味が派生した。discerningは、音楽や芸術等の良し悪しを判断する力を持った人を主に表す。例 discerning reader (違いがわかる読者)
	形 非常に困難な、恐るべき、圧倒的な	
	discerning	
	形 違いがわかる、目 (耳) の肥えた	
	非常に困難な課題に直面する	

715	**(B) interact**	interact with X (Xと交流する) の形で押さえよう。distractの派生語の形容詞distracted (気もそぞろの、うわの空の) も覚えておきたい。例 David seemed distracted. (Davidは気もそぞろの様子だった)
	動 交流する	
	distract	
	動 気をそらす、気を散らす	
	□ effectively 副 効果的に	
	顧客と効果的に交流する	

716	**(A) quota**	「ノルマ」は、元々はロシア語。戦時中、シベリアに抑留された日本兵に課された「ノルマ」が、帰国後に日本で広まったとされる。raffleは、当たると景品がもらえるくじ引きのことで、TOEICの世界でも人気のイベントの一つ。
	名 ノルマ、目標値	
	raffle	
	名 福引、くじ引き	
	販売ノルマを達成する	

717	**(A) fertilizers**	Lでは、fertilizer (肥料) やsoil (土) といった単語が、会話の場所 (hardware store: ホームセンター) や話し手の職業 (farmer: 農家) を推測するヒントになる場合がある。courierは、courier service (宅配業者) といった形や、宅配業者の社名で主に出る。
	fertilizer 名 肥料	
	couriers	
	courier 名 宅配業者	
	□ synthetic 形 合成の	
	合成肥料を一切使わない	

718	**(B) chronological**	order (順番) を用いた表現として、in alphabetical order (アルファベット順に) とin numerical order (番号順に) も重要。prestigiousは、prestigious university (名門大学) やprestigious award (名高い賞) といった形で出る。
	形 年代順の、時系列の	
	prestigious	
	形 名高い、名門の	
	□ document 名 書類　□ order 名 順番	
	書類を時系列でファイルする	

719	**(A) observance**	法律やルール、伝統等に従うこと。例 observance of the law (法律の順守) appraisalは、performance appraisal (勤務評定: 社員の成績評価のこと) やhome appraisal (家の査定) といった形で用いられる。
	名 (法律やルール、伝統等に) 従うこと、順守	
	appraisal	
	名 査定、評価	
	国民の休日に従って	

720	**(A) constraints**	budget constraints (予算の制約) も合わせて覚えよう。credentialsは通常複数形で、資格や学歴、業績等、個人の能力を証明するものを指す。例 academic/education credentials (学歴)
	constraint 名 制約	
	credentials	
	名 資格	
	□ given 前 ～を考慮に入れると	
	時間の制約を考慮に入れると、そのプロジェクトは容易ではないだろう。	

721

We have to ------- production of the item.

(A) accelerate
(B) convince

722

The feature film will be shown in its
------- tomorrow night.

(A) occupancy
(B) entirety

723

Our next meeting is ------- scheduled
for July 20.

(A) tentatively
(B) vigorously

724

The skirt is ------- with beautiful flowers.

(A) endorsed
(B) embroidered

725

Cultures can differ ------- from country
to country.

(A) discreetly
(B) drastically

726

The novel gives a realistic ------- of life in Japan.

(A) portrayal
(B) prototype

727

boost employee -------

(A) morale
(B) reservoir

728

Auditors are working to ------- the financial reports.

(A) verify
(B) terminate

729

The package was damaged in -------.

(A) tribute
(B) transit

730

------- a new credit card

(A) repave
(B) activate

721	**(A) accelerate**	文字通り、アクセルを踏んで加速するイメージ。convinceは、convince〈人〉to do（人が〜するよう説得する）や、convince〈人〉of X（人にXを納得させる）、convince〈人〉that SV（SがVすることを人に信じさせる）といった「人」を目的語に取る語法も重要。
	動 早める、急ぐ、加速させる	
	convince	
	動 確信させる、納得させる、説得する	
	□ production 名 生産　□ item 名 品物	
	我々はその品物の生産を早めなければならない。	

722	**(B) entirety**	in its/their entirety（全部）の形で押さえよう。occupancyは、double occupancy（2人部屋）や、single occupancy of a double room（ダブルルームのシングルユース）といった形で用いられる。
	名 全部	
	occupancy	
	名（ホテルや部屋の）占有、占有人数	
	□ feature film 長編映画	
	その長編映画は、明日の夜、全編上映される。	

723	**(A) tentatively**	😊 TOEICの世界では、仮設定された会議スケジュールの変更に気づかず、会議をすっぽかしたり、「え、明日じゃないの?」などと驚いたりする社員がしばしば登場する。
	副 仮に	
	vigorously	
	副 精力的に、力強く	
	我々の次回の会議は、7月20日に仮で予定されています。	

724	**(B) embroidered**	embroiderは、主にPart 7の商品説明で出る。endorseは、「(有名人が広告で)推薦する」「(権威のある団体が公式に)支持する」という意味。製品やサービスの広告で出る。例 Taylor Swift endorses Diet Coke.（Taylor SwiftはDiet Cokeを推薦している）
	embroider 動 刺繍する	
	endorsed	
	endorse 動 (有名人が広告で)推薦する、(公に)支持する	
	そのスカートには、美しい花の刺繍が入っている。	

725	**(B) drastically**	drastically different（大きく異なる）やdrastically cut costs（コストを大幅に削減する）といった形でも用いられる。discreetlyは、「波風を立てない」「事を荒立てない」イメージ。例 handle difficult customers discreetly（波風を立てずに難しいお客様に対応する）
	副 劇的に、大きく	
	discreetly	
	副 波風を立てずに、事を荒立てずに	
	□ differ 動 異なる	
	文化は、国によって大きく異なることがある。	

726	**(A) portrayal**	映画や本、発言等の中での人やモノの描写のこと。関連語の portrait (肖像画) も押さえよう。圆 paint a portrait (肖像画を描く) prototype は、develop a prototype (試作品を開発する) や test a prototype (試作品をテストする) といった形で出る。
	名 描写	
	prototype	
	名 試作品	

□ **novel** 名 小説　□ **realistic** 形 現実的な

その小説は、日本での生活を現実的に描写している。

727	**(A) morale**	improve morale (士気を高める) の形でも出る。reservoir は、飲料水や田畑のかんがい、水力発電用の貯水池の意味で、Part 4・7で出題例がある。
	名 士気、やる気	
	reservoir	
	名 貯水池、宝庫	

□ **boost** 動 押し上げる

社員の士気を高める

728	**(A) verify**	verify a reservation (予約を確認する) や、verify that SV (S が V することを証明する、確かめる) といった形でも出る。terminate は、terminate a contract (契約を打ち切る) や terminate a lease (リース契約を終わらせる) といった形で用いられる。
	動 検証する、証明する、(正しいか) 確認する	
	terminate	
	動 終わらせる、打ち切る	

□ **auditor** 名 会計監査官　□ **financial report** 財務報告書

会計検査官が、財務報告書を検証中です。

729	**(B) transit**	in transit (輸送中) は重要表現。transit authority (交通局) や transit map (路線図) も覚えよう。tribute は、「感謝や尊敬、称賛の印」のことで、功績のある人物やアーティストを称賛するために作られるのが、「トリビュート・アルバム」。
	名 輸送	
	tribute	
	名 賛辞、感謝や尊敬の印	

その荷物は輸送中にダメージを受けた。

730	**(B) activate**	カードや機器等を active (作動状態) にすること。圆 activate a security badge (身分証を有効にする)、activate an alarm (警報を作動させる) repave は、repave a road (道路を再舗装する) や repave a driveway (私道を再舗装する) といった形で出る。
	動 使えるようにする、始動させる、作動させる	
	repave	
	動 再舗装する	

新しいクレジットカードを使えるようにする

731 Construction is already ------- on the apartment complex.

(A) underway

(B) secondary

732 Road conditions have -------.

(A) deteriorated

(B) entailed

733 reduce downtown traffic -------

(A) congestion

(B) proprietor

734 The heavy snow caused a ------- delay.

(A) managerial

(B) lengthy

735 the best laptop in terms of ------- and ease of use

(A) outreach

(B) durability

736

Ms. Ferena outlined the ------- schedule for the project.

(A) tentative

(B) nutritious

737

------- a parking ticket

(A) streamline

(B) validate

738

high employee ------- rate

(A) anecdote

(B) retention

739

We found a ------- in the system and quickly fixed it.

(A) flaw

(B) willingness

740

a workshop for ------- writers

(A) aspiring

(B) unprecedented

731	**(A) underway**	常に補語として用いられ、名詞を修飾しない語法も押さえたい。secondaryは、主にsecondary school (中等学校) の形で出るが、「二次的な、二の次で」の意味も重要。例 secondary issue (二次的な課題)
	形 進行中で	
	secondary	
	形 (教育が) 中等の、二次的な、二の次で	
	□ apartment complex アパート、集合住宅	
	そのアパートでは工事がすでに進行中です。	

732	**(A) deteriorated**	😑 TOEICの世界では、道路状況が悪化しても、交通事故は起こらず、凍結した路面で転倒してけがをする人も存在しない。
	deteriorate 動 悪化する	
	entailed	
	entail 動 必要とする、〜を伴う	
	道路状況が悪化した。	

733	**(A) congestion**	traffic congestion (交通渋滞) の形で押さえよう。proprietorは、「(ビジネスの) オーナー」のこと。主にRで、お店やレストラン、ホテルのオーナーの意味で出る。
	名 渋滞、混雑	
	proprietor	
	名 (ビジネスの) オーナー、所有者	
	中心街の交通渋滞を減らす	

734	**(B) lengthy**	「長々とした」イメージの形容詞。例 lengthy report (長い報告書)、lengthy process (長期にわたるプロセス) managerialは、「manager (マネージャー) の」という意味。Part 7の求人広告で、managerial experience (管理職の経験) がしばしば要件として出る。
	形 長い	
	managerial	
	形 管理職の、経営上の	
	□ cause 動 引き起こす □ delay 名 遅延	
	大雪が、大幅な遅延を引き起こした。	

735	**(B) durability**	製品の特長を答える問題で、(C) Its durability (その耐久性) といった形で選択肢にも出る。outreachは、恵まれない人のために支援の手をreach out (差し伸べる) 活動のこと。例 outreach program (支援活動プログラム)
	名 耐久性	
	outreach	
	名 支援活動、福祉活動	
	□ laptop 名 ノートPC □ in terms of 〜の点で □ ease of use 使いやすさ	
	耐久性と使いやすさの点でベストのノートPC	

736	**(A) tentative** 形 仮の **nutritious** 形 栄養のある	tentative booking (仮予約) や tentative deal (仮契約)、tentative agreement (暫定合意) といった表現も頭に入れよう。nutritiousは、nutritious diet (栄養のある食事) といった形で出る。
	□ outline 動 概要を説明する	
	Ferenaさんが、プロジェクトの仮スケジュールの概要を説明した。	

737	**(B) validate** 動 有効化する **streamline** 動 合理化する、簡略化する	valid(有効な) 状態にすること。streamlineは、「効率の悪い stream (流れ) を1本の line (線) にすっきりまとめる」イメージ。例 streamline a production process (生産工程を合理化する)
	駐車チケットを有効化する	

738	**(B) retention** 名 維持、保持 **anecdote** 名 逸話	TOEICでは、「(従業員やお客様を) 維持すること、つなぎとめること」の意味で主に出る。例 customer retention (顧客維持) anecdoteは、「この本には、彼の興味深い逸話が満載だ」といった形で、本の書評で主に出る。
	□ rate 名 割合	
	高い従業員定着率	

739	**(A) flaw** 名 欠点、欠陥 **willingness** 名 意欲、心づもり	計画やシステム等にある欠陥や欠点のこと。関連語のflawless (完ぺきな) も押さえよう。例 flawless service (完ぺきなサービス) willingnessは、求人の要件を答える問題の選択肢で主に出る。例 (D) Willingness to travel (出張する意欲)
	当社はシステムの欠陥を発見し、迅速にそれを直しました。	

740	**(A) aspiring** 形 〜志望の **unprecedented** 形 前例のない、空前の	「何かになりたい」人を表し、aspiring manager (マネージャー志望の人) といった形でも出る。unprecedentedは、「un(not) +precede (先行する)」が語源で、「前例のない」「空前の」という意味。例 unprecedented sales (空前の売り上げ)
	作家志望の人向けの研修会	

741

The manufacturer specializes in ------- plastic parts.

(A) fabricating
(B) embracing

742

A $50 administration fee will be ------- from the refund.

(A) diluted
(B) deducted

743

sell items at a ------- of their original price

(A) fraction
(B) tuition

744

a ------- accounting firm

(A) reputable
(B) periodic

745

reach a ------- by exceeding one million subscribers

(A) tutorial
(B) milestone

746

I ------- disagree with your opinion.

(A) strategically
(B) respectfully

747

The jacket is made of ------- materials.

(A) synthetic
(B) inaugural

748

Please try to ------- the data that was lost.

(A) obstruct
(B) retrieve

749

Making a movie is a ------- effort.

(A) forthcoming
(B) collaborative

750

Ms. Dolanski is a ------- attorney.

(A) resourceful
(B) vast

741	**(A) fabricating**	「捏造する、でっちあげる」の意味もあるが、TOEICでは「(製品や機器を) 製造する」の意味で出る。embraceには、「抱擁する、抱きしめる」の意味もあるが、感動のシーンがないTOEICでは出ない。
	fabricate 動 製造する、捏造する	
	embracing	
	embrace 動 (新しい考えや意見を) 受け入れる、含む	
	□ **manufacturer** 名 製造業者　□ **specialize** 動 専門とする	
	そのメーカーは、プラスチック部品の製造を専門としている。	

742	**(B) deducted**	動詞問題でも狙われるので、他動詞で、能動態ならdeduct X from Y (YからXを控除する) と目的語を取る語法にも注意。diluteは、洗剤や塗料、溶液等を薄める、といった文脈でRで出る。
	deduct 動 控除する、差し引く	
	diluted	
	dilute 動 薄める	
	□ **administration fee** 管理手数料　□ **refund** 名 返金	
	50ドルの管理手数料が返金から控除されます。	

743	**(A) fraction**	fraction of X (Xのほんの一部、ごく一部) は重要表現。例 fraction of the population (人口のごく一部) TOEICの世界では、仕事に関連した研修や講座を社員が取ると、tuition reimbursement (授業料の払い戻し) に応じてくれる会社が多い。
	名 (ほんの) 一部	
	tuition	
	名 授業料	
	品物を定価の数分の一の価格で販売する	

744	**(A) reputable**	reputation (評判) が良く、信頼できること。periodicは、periodic updates (定期更新) やperiodic cleaning (定期清掃) といった形で用いられる。
	形 評判の良い、信頼できる	
	periodic	
	形 定期的な	
	□ **accounting firm** 会計事務所	
	評判の良い会計事務所	

745	**(B) milestone**	元々は、道路脇に置かれた「〜まであと何マイル」と書かれた石のこと。tutorialは、「(少人数での) 個別指導」や、「(オンライン上での) 指導プログラム」の意味で主に出る。例 complete an online tutorial (オンラインでの指導プログラムを終える)
	名 節目、記念すべき出来事	
	tutorial	
	名 個別指導、(オンラインでの) 指導プログラム	
	□ **reach** 動 到達する　□ **exceed** 動 超える　□ **subscriber** 名 長期契約者	
	100万人の長期契約者を超える節目に到達する	

746	**(B) respectfully**	TOEICの世界では、住民は、常に他人の意見をrespect（尊重）し、「そんなのダメに決まってるだろ」「はぁ？ なに言ってんだよ」などと頭ごなしに否定することは絶対にない。
	副 失礼ながら、敬意をもって	
	strategically	
	副 戦略的に	
	□ disagree 動 意見が合わない、意見が異なる	
	私は、失礼ながら、あなたとは意見が異なります。	

747	**(A) synthetic**	synthetic fabrics（合成繊維）とsynthetic fertilizers（合成肥料）も覚えよう。inaugural は、the inaugural issue（創刊号）や the inaugural speech（就任演説）、the inaugural event（初開催のイベント）といった形で用いられる。
	形 合成の、人工の	
	inaugural	
	形 最初の、初回の、就任の	
	そのジャケットは、合成素材で出来ている。	

748	**(B) retrieve**	失くしたり落としたりしたモノを見つけて取り戻すこと。ゴールデン・レトリーバー (golden retriever) は、元々、撃ち落された獲物を見つけてくわえて戻って来る狩猟犬だった。obstructは、obstruct a view（視界をさえぎる）といった形で出る。
	動 (見つけて) 取り戻す、(データを) 復元する	
	obstruct	
	動 (進路や視界を) ふさぐ、さえぎる	
	消えたデータの復元をお試しください。	

749	**(B) collaborative**	collaborative research（共同研究）や collaborative publication（共同出版）も覚えよう。forthcomingは、forthcoming trip（今度の出張）や、forthcoming event（今度のイベント）、forthcoming film（今度の映画）といった形で用いられる。
	形 共同の	
	forthcoming	
	形 今度の	
	映画製作は共同作業だ。	

750	**(A) resourceful**	「問題解決能力が高い」「機転が利く」人を表す。「問題解決のためのresourceをfullに持っている」イメージ。vastは、the vast Amazon rainforest（広大なアマゾンの熱帯雨林）や、the vast majority of people（大多数の人々）といった形で用いられる。
	形 問題解決力が高い、機転が利く	
	vast	
	形 広大な、莫大な	
	□ attorney 名 弁護士	
	Dolanskiさんは、問題解決力が高い弁護士だ。	

751 write an ------- editorial

(A) unclaimed
(B) insightful

752 The annual budget ------- was delayed.

(A) allocation
(B) ventilation

753 devise a ------- plan to address the problem

(A) rectangular
(B) feasible

754 The construction project will only ------- traffic congestion in the area.

(A) reimburse
(B) aggravate

755 ------- from a mailing list

(A) unsubscribe
(B) alleviate

756

analyze patterns of ------- in supply chain management

(A) inefficiency

(B) pest

757

Nowadays, Internet access is a ------- in Tokyo.

(A) fluctuation

(B) given

758

Please be ------- to your neighbors.

(A) considerate

(B) robust

759

the deadline for placing ------- ads in a newspaper

(A) enduring

(B) classified

760

------- a business by hiring more foreign nationals

(A) unveil

(B) diversify

751	(B) insightful	物事の本質を鋭く見抜く様子を表す。例 insightful entrepreneur（洞察力のある起業家）unclaimedは、unclaimed items（持ち主不明の物）やunclaimed print copies（持ち主不明の印刷したコピー）といった形で、主にRで、保管規定や社内規則の説明で出る。
	形 洞察力のある	
	unclaimed	
	形 持ち主不明の	
	□ editorial 名 社説	
	洞察力のある社説を書く	

752	(A) allocation	🌀 TOEICの世界には、配分された予算を使い切らないと翌年の予算が削られるので、年度末に無理やり本を購入しようとする図書館員も登場した。
	名 割り当て、配分	
	ventilation	
	名 換気	
	□ annual 形 年間の □ delay 動 遅らせる	
	年間予算の配分が遅れた。	

753	(B) feasible	名詞のfeasibility（実現可能性）と合わせて覚えよう。rectangularは、rectangular table（長方形のテーブル）やrectangular frame（長方形のフレーム）といった形で出る。形を表す形容詞として、round（丸い）、oval（楕円形の）、square（正方形の）も頭に入れよう。
	形 実現可能な	
	rectangular	
	形 長方形の	
	□ devise 動 考案する □ address 動 対処する	
	問題に対処するため、実現可能な計画を考案する	

754	(B) aggravate	よくない状況をさらに悪化させること。例 aggravate a problem（問題を悪化させる）reimburseは、自分で支払った経費や代金を払い戻してもらうこと。Lでも出る。例 Kaya was reimbursed for her trip, wasn't she?（カヤは出張の払い戻しを受けましたよね）
	動 悪化させる	
	reimburse	
	動 払い戻す	
	□ traffic congestion 交通渋滞	
	その建設工事は、その地域の交通渋滞を悪化させるだけだろう。	

755	(A) unsubscribe	メーリングリストから外すこと。unsubscribe from X（Xから外す）の形で押さえよう。alleviateは、alleviate concerns（懸念を和らげる）や、alleviate crowding（混雑を緩和する）、alleviate shortages（不足を補う）といった形で用いられる。
	動 （メーリングリストから）外す	
	alleviate	
	動 軽減する、和らげる	
	メーリングリストから名前を外す	

756	**(A) inefficiency**	設問中の、supply chain management (サプライチェーンマネジメント) は、「原材料・部品調達 → 生産 → 物流・流通 → 販売」といった流れ (供給連鎖) を全体で管理し、効率を高める経営手法のこと。TOEICでも出るので頭に入れておこう。
	名 効率の悪さ、非効率	
	pest	
	名 害虫	
	□ **analyze** 動 分析する	
	サプライチェーンマネジメントの非効率なパターンを分析する	

757	**(B) given**	give の過去分詞以外に、「〜を考慮に入れると」という前置詞でも頻出。名詞も出題例がある。fluctuation の語源は「流れ」。価格や天気などが、絶えず変動しながら流れるイメージ。例 price fluctuations (価格変動)、temperature fluctuations (気温変動)
	名 当たり前のこと 前 〜を考慮に入れると	
	fluctuation	
	名 変動	
	□ **nowadays** 副 近頃、今日では	
	今日では、インターネット接続は東京では当たり前のことだ。	

758	**(A) considerate**	他人の気持ちを consider (思いやる) 様子を表す。robust の語源は、「robur (= oak : ナラの木) のように力強い」で、robust growth (力強い成長) や robust economy (力強い経済) といった形で用いられる。
	形 思いやりがある、配慮する	
	robust	
	形 力強い、頑強な	
	□ **neighbor** 名 近所の人	
	近隣住民の方にご配慮ください。	

759	**(B) classified**	classified ads は、「売ります」「買います」「募集」などの広告を、地域やジャンルで classify (分類) して一覧表示した新聞の三行広告のこと。enduring は文法問題でも狙われるので、-ing 形であることも押さえよう。例 enduring relationship (永続的な関係)
	形 分類された、機密扱いの	
	enduring	
	形 永続的な	
	新聞への三行広告掲載の締め切り	

760	**(B) diversify**	自動詞でも出る。例 diversify into new business areas (新しいビジネス分野に手を広げる) unveil は、類義語の reveal 同様、「veil (ベール) をはがす」が語源。例 unveil a new product (新製品を披露する)
	動 多様化する、多角化する	
	unveil	
	動 披露する	
	□ **foreign national** 外国籍の人	
	より多くの外国籍の人を雇うことで、会社を多様化する	

761 The position requires strong ------- skills.

(A) interpersonal
(B) intriguing

762 Most chemicals can be ------- to health if not used properly.

(A) hazardous
(B) obsolete

763 The aging courthouse will be -------.

(A) demolished
(B) incurred

764 an ------- list of expenses

(A) ergonomic
(B) itemized

765 a ------- yet inexpensive bag

(A) consecutive
(B) sturdy

766

improve the city's ------- system

(A) compliment
(B) drainage

767

The inn is located in ------- to the city center.

(A) proximity
(B) oversight

768

The building was ------- 30 years ago.

(A) refurbished
(B) outweighed

769

conduct an ------- survey

(A) anonymous
(B) endangered

770

The gift certificate is ------- at any of our stores nationwide.

(A) versatile
(B) redeemable

761	**(A) interpersonal**	Part 7の求人広告では、「interpersonal skills→communication skills」の言い換えに注意。intriguingは、intriguing story (興味をそそるストーリー) やintriguing subject (興味をそそるテーマ) といった形で、本や展示会の紹介等で出る。
	形 対人の	
	intriguing	
	形 興味をそそる、好奇心を掻き立てる	
	その職には、すぐれた対人スキルが求められる。	

762	**(A) hazardous**	😄 TOEICの世界では、こうした注意喚起は行われるが、事件や事故は起こらない。obsoleteは、「機械や器具等が最新式ではない、古い」という意味。例 obsolete equipment (旧式の機器)
	形 危険な	
	obsolete	
	形 すたれた、時代遅れの	
	☐ **chemical** 名 化学物質　☐ **properly** 副 適切に	
	ほとんどの化学物質は、適切に使わないと健康に害を及ぼす可能性がある。	

763	**(A) demolished**	動詞問題でも狙われるので、他動詞で、能動態なら目的語が必要な語法にも注意。incurの語源は、「in (中) にcur (流れる)」で、悪い状況の中に自ら入り込んでしまうイメージ。例 incur expenses (費用を負担する)、incur a late fee (延滞金を負担する)
	demolish 動 (建物を) 取り壊す、解体する	
	incurred	
	incur 動 (罰金や費用等を) 負担する、被る、負う	
	☐ **aging** 形 老朽化している　☐ **courthouse** 名 裁判所	
	その老朽化した裁判所は、取り壊される予定だ。	

764	**(B) itemized**	item (項目) ごとに分けること。itemized receipt (項目分けした領収書) も覚えよう。ergonomicは、ergonomic chair (人間工学に基づいた椅子) やergonomic furniture (人間工学に基づいた家具) といった形で出る。
	形 項目分けされた、項目別の	
	ergonomic	
	形 人間工学に基づいた	
	☐ **expense** 名 費用、経費	
	項目分けされた経費のリスト	

765	**(B) sturdy**	sturdy table (頑丈なテーブル) やsturdy ladder (頑丈なハシゴ) といった形でも出る。consecutiveは、for seven consecutive years (7年連続で) やfor the third consecutive quarter (3四半期連続で) といった形で用いられる。
	形 頑丈な、丈夫な	
	consecutive	
	形 連続した	
	☐ **yet** 接 しかし、だが　☐ **inexpensive** 形 安価な	
	丈夫でしかも安価なバッグ	

766	**(B) drainage**	主にdrainage system (排水システム) の
	名 排水	形でRで出る。complimentは、(C) To give a compliment (ほめるため) といった形で、目的を答える問題の選択肢にも出る。
	compliment	
	名 ほめ言葉、賛辞 **動** ほめる	
	市の排水システムを改善する	

767	**(A) proximity**	proximity to X (Xへの近さ) は重要表現。oversight は、oversight in the accounting department (経理部の見落とし) といった形で用いられる。
	名 近さ	
	oversight	
	名 見落とし、監視	
	□ **inn** 名 (小さな) ホテル、宿	
	そのホテルは、市の中心に近い場所にある。	

768	**(A) refurbished**	建物や古くなったモノを改装したり補修したりして、見た目をきれいにして機能性を高めること。**例** recently refurbished office (最近改装されたオフィス) outweighは、The advantages outweigh the risks. (メリットがリスクを上回っている) といった形で用いられる。
	refurbish **動** 改装する、改修する	
	outweighed	
	outweigh **動** ~を上回る、~より重い	
	そのビルは、30年前に改装された。	

769	**(A) anonymous**	😊 anonymous donor (匿名の寄付者) といった形でも出る。「アノニマス」は、匿名の国際ハッカー集団の名前にも使われているが、TOEICの世界にハッカーは存在しない。endangered は、endangered wildlife (絶滅の危機に瀕した野生動物) といった形で用いられる。
	形 匿名の	
	endangered	
	形 絶滅の危機に瀕した	
	□ **conduct** 動 行う □ **survey** 名 (アンケート) 調査	
	匿名のアンケート調査を行う	

770	**(B) redeemable**	「(無料券やクーポンが) お金や商品と交換可能な」という意味。versatileは、「多用途の、多才な」という意味。オンでもオフでも使えるパンツはversatile trousers、投げて打てて走れる大谷選手はversatile playerである。
	形 交換可能な、換金可能な	
	versatile	
	形 多用途の、多才な	
	□ **gift certificate** ギフト券 □ **nationwide** 副 全国的に	
	そのギフト券は、当社の全国どの店舗でもご利用頂けます。	

771

This software is not ------- with your computer.

(A) compatible
(B) inspiring

772

Eastbound traffic will be ------- at Rose Avenue.

(A) diverted
(B) depleted

773

After much -------, I will not be accepting the position.

(A) deliberation
(B) intermission

774

a ------- debate about the publishing industry

(A) culinary
(B) vigorous

775

The policy was adopted by a ------- vote of the board.

(A) unanimous
(B) lucrative

776

Mr. Beck functions as a ------- between the faculty and the alumni.

(A) reunion
(B) liaison

777

The supervisor ------- reminded her staff about the meeting.

(A) sparingly
(B) thoughtfully

778

Keith was ------- aware of the danger.

(A) keenly
(B) proportionally

779

a source of global economic -------

(A) testimonial
(B) instability

780

All children under 12 are ------- from the requirements.

(A) exempt
(B) affiliated

771	**(A) compatible**	be compatible with X (Xと互換性がある)の形で押さえよう。inspiringは、inspiring story (やる気の出る話)やinspiring leader (人をやる気にさせるリーダー)といった形で用いられる。
	形 互換性がある	
	inspiring	
	形 刺激的な、やる気にさせる	
	このソフトウェアは、あなたのコンピューターとは互換性がありません。	

772	**(A) diverted**	😄 TOEICの世界では、交通整理の主な理由は、工事、パレード、フェスティバル、倒木、信号機の故障で、交通事故は絶対に起こらない。
	divert 動 迂回させる、方向転換させる、(注意を)そらす	
	depleted	
	deplete 動 使い切る	
	□ eastbound 形 東方面の、東行きの	
	東方面の交通は、Rose通りで迂回します。	

773	**(A) deliberation**	after much deliberation (熟考の末、慎重に検討した結果)は重要表現。intermissionは、コンサートや劇の合間の休憩時間のこと。
	名 熟考	
	intermission	
	名 (演劇等の)休憩時間	
	□ accept 動 受け入れる	
	慎重に検討した結果、私はその職を受諾いたしません。	

774	**(B) vigorous**	vigor (元気、活力)がある様子を表す。例 vigorous campaign (精力的なキャンペーン)、vigorous exercise (激しい運動) culinaryは、culinary academy/institute/school (料理学校)や、culinary expert (料理の専門家)といった形で出る。
	形 活力のある、精力的な	
	culinary	
	形 料理の	
	□ debate 名 論戦、ディベート □ publishing industry 出版業界	
	出版業界に関する活気のある論戦	

775	**(A) unanimous**	unanimous decision (全員一致の決定)やunanimous approval (全員一致の承認)といった形も頭に入れよう。lucrativeは、lucrative business (もうかるビジネス)やlucrative career (もうかる職業)といった形で用いられる。
	形 全員一致の	
	lucrative	
	形 もうかる、利益になる	
	□ policy 名 規定 □ adopt 動 採用する □ vote 名 投票 □ board 名 取締役	
	その規定は、取締役の全員一致の投票で採択された。	

776	**(B) liaison**	TOEICでは、「(異なる部門やグループ間の)連絡係」の意味で主に出る。Part 7で、our university reunion (私たちの大学の同窓会) といった記述があれば、二人が同じ大学に通っていたことの正解根拠になる。頭に入れておこう。
	名 連絡係、連携	
	reunion	
	名 同窓会、再会	

□ function 動 機能する　□ faculty 名 (大学の) 教員　□ alumni 名 同窓生

Beckさんは、教員と同窓生の間の連絡係の役割をしている。

777	**(B) thoughtfully**	thoughtfullyは品詞・語彙問題の両方で狙われる。sparinglyは、Please use the color printer sparingly. (カラープリンターは控え目に使ってください) といった形で用いられる。
	副 思慮深く、親切に	
	sparingly	
	副 控え目に、ほんの少し	

□ supervisor 名 監督者、上司　□ remind 動 再確認する

その監督者は、スタッフに、会議について親切に再確認した。

778	**(A) keenly**	keenly aware of X (Xを痛感する) は重要表現。proportionallyは、proportionally fewer people (相対的に少ない数の人) といった形で、比較級を修飾する形を押さえておこう。
	副 非常に強く、痛いほど	
	proportionally	
	副 相対的に、比較して	

□ be aware of ～に気づいて

Keithは、危険を痛感していた。

779	**(B) instability**	stable (安定して) いないこと。market instability (市場の不安定さ) といった形でも用いられる。testimonialは、主に、「お客様の推薦の声」の文脈で出る重要語。例 consumer testimonials (消費者の推薦の声)、online testimonials (オンライン上の推薦の声)
	名 不安定さ	
	testimonial	
	名 推薦の声、推薦文	

□ source 名 源　□ global 形 グローバルな、地球規模の　□ economic 形 経済の

世界経済の不安定さの原因

780	**(A) exempt**	義務や支払い、ルール等から免除されることで、be exempt from X (Xを免除される) の形で頭に入れよう。affiliatedは、affiliated companies (関連会社) やbe affiliated with X (Xと関連がある) といった形で用いられる。
	形 免除された　動 免除する	
	affiliated	
	形 関連のある、提携した、つながっている	

□ requirement 名 要件、必要条件

12歳未満の子供は全員、その要件を免除されます。

781

------- three branches into one

(A) bolster
(B) consolidate

782

We are not ------- for any delays in shipments.

(A) imperative
(B) liable

783

The singer is ------- obligated to release an album this year.

(A) contractually
(B) indefinitely

784

overcome the ------- of the existing system

(A) installments
(B) shortcomings

785

propose an ------- to the policy

(A) artifact
(B) amendment

786

The hotel offers ------- views of the coastline.

(A) breathtaking
(B) unbiased

787

We will ------- the shipping charge.

(A) waive
(B) deviate

788

make a ------- donation to the charity

(A) probationary
(B) sizable

789

This year's marathon had the highest ------- yet.

(A) turnout
(B) custodian

790

Your old computer can be ------- and recycled at our recycling center.

(A) depicted
(B) dismantled

781	(B) consolidate	「con（一緒）にして solid（固い）状態にする」が語源。支店や子会社等を統合する文脈で主に出る。bolsterの語源は「長い枕」。そこから、「下支えする、押し上げる」の意味が派生した。例 bolster sales（売り上げを押し上げる）、bolster growth（成長を下支えする）
	動 統合する	
	bolster	
	動 下支えする、押し上げる	
	3つの支店を1つに統合する	

782	(B) liable	liable for X（Xに法的責任がある）の形で押さえよう。imperativeは、「命令」が語源（英語の命令文はimperative sentence）で、そこから、「きわめて重要な」の意味が派生した。it is imperative that SV（SがVすることが非常に重要だ）の形では、Vが原形になる語法も重要。
	形 法的責任がある	
	imperative	
	形 きわめて重要な、緊急の	
	当社は出荷の遅れに関し、法的責任は負いません。	

783	(A) contractually	「contract（契約）上」という意味。indefinitelyは、The event has been postponed indefinitely.（そのイベントは無期限で延期となった）のように用いられる。どちらも語彙問題での出題例があるので、頭に入れておこう。
	副 契約上	
	indefinitely	
	副 無期限に	
	□ obligated 形 義務がある、義務を負う	
	その歌手は、今年、アルバムをリリースする契約上の義務がある。	

784	(B) shortcomings	何かが short（足りない）こと。installmentは、the third installment in the series（シリーズ第3作）や、pay in 12 monthly installments（12か月の分割払い）といった形で用いられる。
	shortcoming 名 短所、欠点	
	installments	
	installment 名 （シリーズや分割払いの）一回分	
	□ overcome 動 克服する、乗り越える　□ existing 形 既存の	
	既存のシステムの短所を克服する	

785	(B) amendment	法律や契約書、規定等の修正のこと。amendment to X（Xの修正）の形で押さえよう。artifactは、博物館や展示会の展示品の紹介で主に出る。例 ancient Greek artifacts（古代ギリシャの遺物）、Japanese cultural artifacts（日本の文化財）
	名 修正	
	artifact	
	名 （歴史的・文化的価値のある）遺物、工芸品	
	□ propose 動 提案する	
	規定に対する修正を提案する	

786	**(A) breathtaking**	文字通り、「breath(息)をtake(のむ)ような」という意味。例 breathtaking scenery（息をのむような風景）、breathtaking adventure（息をのむような冒険）unbiased は、「不公平な偏りがない」という意味。例 unbiased reviews（公平なレビュー）
	形 息をのむような	
	unbiased	
	形 公平な、バイアスがかかっていない	
	そのホテルからは、息をのむように美しい海岸線の眺めが楽しめます。	

787	**(A) waive**	TOEICでは、補償や特典として、本来発生する費用を無料にする文脈で出る。例 waive a registration fee（登録料を無料にする）deviate は、deviate from the original plan（元々の計画からそれる）といった形で用いられる。
	動 （権利や条件を）放棄する、差し控える	
	deviate	
	動 （期待や計画から）それる、外れる	
	□ shipping charge 送料	
	当社は送料を無料にさせていただきます。	

788	**(B) sizable**	size（サイズ）が大きいこと。例 sizable amount of money（かなりの額のお金）、sizable number of people（かなりの数の人）probationary は、probationary period（試用期間）や、probationary employee（試用期間中の従業員）といった形で用いられる。
	形 かなり大きな、かなり多い	
	probationary	
	形 試用期間中の、仮採用中の	
	□ donation 名 寄付	
	慈善団体に多額の寄付を行う	

789	**(A) turnout**	イベントの参加者数や、選挙の投票者数のこと。例 low turnout for an event（イベントの少ない参加者数）custodian は、TOEICでは、「建物の保守管理や清掃を行う人」の意味で主に出る。類義語の janitor（清掃員、用務員）と合わせて覚えよう。
	名 参加（投票・来場）者数（率）	
	custodian	
	名 （建物の）管理人、用務員	
	□ yet 副 （最上級と合わせて）今までで	
	今年のマラソンは、今までで最も参加者数が多かった。	

790	**(B) dismantled**	「mantle（マント、外套）をはぎ取る」が語源で、そこから「分解する、解体する」の意味が派生した。depict は、書き言葉や演説、写真や絵画等で何かを描写することで、Rで出る。
	dismantle 動 分解する、解体する	
	depicted	
	depict 動 描写する	
	皆様の古い PC は、当社のリサイクルセンターで分解・再利用可能です。	

791

New York is a ------- city.

(A) vibrant
(B) commensurate

792

------- the stock in a store regularly

(A) attain
(B) replenish

793

Last night, the troupe delivered another ------- performance.

(A) orthodontic
(B) stellar

794

meet ------- requirements

(A) eligibility
(B) outage

795

The old building has been -------.

(A) revamped
(B) enacted

796

------- a business district

(A) mandate
(B) revitalize

797

Joan was recognized for her ------- work.

(A) exemplary
(B) bustling

798

in compliance with ------- industry standards

(A) concerted
(B) stringent

799

Mr. Itami always ------- maintains his apartment.

(A) provisionally
(B) meticulously

800

------- environmental impact

(A) mitigate
(B) forfeit

791	(A) vibrant	「活発な」「派手な」の意味も押さえよう。
	形 活気のある、派手な、活発な	例 vibrant person（活発な人）、vibrant colors（派手な色）commensurate は、The salary is commensurate with experience.（給与は経験に応じて優遇します）といった形で、主に Part 7 の求人広告で出る。
	commensurate	
	形 釣り合った、見合った	
	ニューヨークは、活気のある都市だ。	

792	(B) replenish	TOEIC では主に R で、在庫を補充する文脈で出る。attain は、attain a goal（目標を達成する）や attain a master's degree（修士号を取得する）といった形で用いられる。
	動 （空になったモノを）補充する	
	attain	
	動 達成する、獲得する	
	□ regularly 副 定期的に、頻繁に	
	店の在庫を定期的に補充する	

793	(B) stellar	「star（星）のように輝いている」イメージ。例 stellar reputation（輝かしい評判）、stellar results（非常に素晴らしい結果）、stellar career（輝かしいキャリア）orthodontic は、Part 7 で、orthodontic braces（歯科矯正器具）の広告での出題例がある。
	形 非常に素晴らしい、輝かしい	
	orthodontic	
	形 歯科矯正の	
	□ troupe 名 一座（パフォーマー集団）	
	昨夜、その一座は、また非常に素晴らしい公演を行った。	

794	(A) eligibility	eligibility for a loan（融資の資格）といった形でも出る。outage は、何かが out になることで、power outage（停電）や、server outage（サーバーダウン）、service outage（サービス停止）といった形で用いられる。
	名 資格、適格性	
	outage	
	名 機能停止期間、供給停止期間	
	資格要件を満たす	

795	(A) revamped	「vamp（靴のつま先革）を取り換える」が語源で、古くなったモノを新しくしたり、修繕したりすること。例 revamp an image（イメージを刷新する）enact は、enact a law（法律を制定する）や enact a policy（規定を制定する）といった形で用いられる。
	revamp 動 改装する、刷新する	
	enacted	
	enact 動 制定する	
	その古いビルは改装された。	

796	**(B) revitalize**	「re (再び) vit (命) を与える」こと。例 revitalize a town (町を復興する)、revitalize an industry (業界を活性化する) Part 7では、「mandated (義務付けられている) → required (求められている)」の言い換えにも注意。
	動 復興する、活性化する	
	mandate	
	動 義務付ける　名 権限	
	□ district 名 地区	
	ビジネス地区を復興する	

797	**(A) exemplary**	「他の人が見習うべき良いexample (例) になるような」という意味で、Rで出る。bustlingは、bustling city (活気のある街)や、The town was bustling with tourists. (その町は観光客でにぎわっていた) といった形で用いられる。
	形 模範的な	
	bustling	
	形 にぎわっている、活気のある	
	□ recognize 動 称える	
	Joanは、模範的な仕事で称えられた。	

798	**(B) stringent**	規則や法律が非常に厳しい様子を表し、Part 5での出題例がある。例 stringent safety regulations (厳しい安全規則) concertedは、concerted effort (一致団結した努力) が重要表現。
	形 厳しい	
	concerted	
	形 一致団結した	
	□ in compliance with 〜を順守して　□ standard 名 基準	
	厳しい業界基準を順守して	

799	**(B) meticulously**	形容詞のmeticulous (きめ細かな) も重要。例 meticulous research (きめ細かな調査) provisionally は、The game is provisionally scheduled for May 1. (その試合は仮に5月1日に予定されている) といった形で用いられる。
	副 細心の注意を払って、きめ細かく	
	provisionally	
	副 暫定的に、仮で	
	イタミさんは、常に自分のアパートをきめ細かく維持管理している。	

800	**(A) mitigate**	「softにする」が語源の、Rで出題例のある難語。例 mitigate risk (リスクを軽減する)、mitigate damage (ダメージを軽減する) forfeitは、法律やルールに違反して、お金や権利を失うこと。例 forfeit the deposit (預り金を没収される)
	動 和らげる、軽減する	
	forfeit	
	動 没収される、はく奪される　名 没収、罰則	
	環境への影響を軽減する	

801 The incident put the company in -------.

(A) tenure
(B) jeopardy

802 protect ------- information

(A) proprietary
(B) accommodating

803 Drivers are being advised to make ------- to avoid that part of town.

(A) detours
(B) purveyors

804 request ------- shipping

(A) stipulated
(B) expedited

805 study the ------- of a project

(A) feasibility
(B) gala

806

------- important points

(A) vacate
(B) reiterate

807

I greatly appreciate your ------- support.

(A) congested
(B) unwavering

808

The guest's handwriting was barely -------.

(A) legible
(B) optimal

809

form a strategic -------

(A) vicinity
(B) alliance

810

The board presented Mr. Shirono with a ------- plaque.

(A) commemorative
(B) viable

801	**(B) jeopardy**	in jeopardy（危機にある）のフレーズで押さえよう。tenureは、重要な仕事に就く期間のこと。例 during Mr. Hamasaki's tenure as CEO（ハマサキさんのCEOとしての在職期間中）
	名 危機、危険	
	tenure	
	名 在職期間、在任期間	
	□ incident 名 事件、出来事	
	その事件で、その会社は危機に陥った。	

802	**(A) proprietary**	「特許や商標等の権利を持った」という意味で、proprietary informationは、知的財産権を持った情報のこと。proprietary drug（専売医薬品）といった形でも用いられる。accommodatingは、accommodating staff（親身なスタッフ）といった形で出る。
	形 専有の、所有権を持つ	
	accommodating	
	形 親身な、親切な	
	□ protect 動 保護する、防御する	
	専有情報を保護する	

803	**(A) detours**	make/take a detour（回り道をする）は重要表現。purveyorは、主にPart 7の企業広告で出る。かつて、Starbucksの企業理念は、the premier purveyor of the finest coffee in the world（世界で最高のコーヒーの最高の販売業者）だった。
	detour 名 回り道 動 遠回りをする	
	purveyors	
	purveyor 名 販売業者、供給業者	
	□ advise 動 助言する □ avoid 動 避ける	
	ドライバーは、町のその部分を避けるため、回り道をすることをお勧めします。	

804	**(B) expedited**	「スピードアップする」という意味。expedited shipping（急ぎの出荷）は重要表現。「rush（急ぐ）→expedite（早める）」の言い換えにも注意。stipulateは、stipulate that SV（SがVすることを明記する）の形を取る語法も押さえよう。
	expedite 動 早める、促進させる	
	stipulated	
	stipulate 動 （契約や法律、規定で）明記する	
	急ぎの出荷を依頼する	

805	**(A) feasibility**	feasibility study（実現可能性調査）も重要表現。galaは、何かをお祝いする大掛かりなイベントのこと。例 charity gala（チャリティイベント）、gala dinner（祝賀夕食会）、gala performance（記念公演）
	名 実現可能性	
	gala	
	名 祝典、祝祭	
	プロジェクトの実現可能性を調査する	

806	**(B) reiterate**	重要なことを伝えるため、何度も繰り返し述べたり、行ったりすること。reiterate that SV (SがVすることを再度述べる)の形を取る語法にも注意。vacateは、vacate a building (建物を退去する)やvacate a space (場所を空ける)といった形で用いられる。
	動 繰り返し述べる、繰り返す	
	vacate	
	動 空ける、退去する	
	重要な点を繰り返す	

807	**(B) unwavering**	unwavering commitment (揺るがぬ献身)やunwavering efforts (たゆまぬ努力)といった形でも用いられる。congestedは、人や乗り物が詰まって身動きが取れない様子を表す。例 congested street (混雑した通り)、congested airport (混雑した空港)
	形 揺るがぬ、たゆまぬ	
	congested	
	形 混雑した、渋滞した	
	□ greatly 副 大いに	
	皆様の揺るがぬご支援に大いに感謝しています。	

808	**(A) legible**	反意語のillegible (読めない)も合わせて覚えよう。optimalは、optimal plan (最善の計画)やoptimal temperature (最適な温度)、optimal amount of time (最適な時間)といった形で用いられる。
	形 (印刷や文字が)読める	
	optimal	
	形 最善の、最良の、最適な	
	□ barely 副 かろうじて	
	そのゲストの手書き文字はかろうじて読めた。	

809	**(B) alliance**	form an alliance (提携を結ぶ)は出題例のある重要表現。類義表現のenter into a partnership (提携を結ぶ)も合わせて押さえよう。vicinityは、in the vicinity of X (X周辺で)の形で出る。例 in the vicinity of the station (駅周辺で)
	名 連携、連合、同盟	
	vicinity	
	名 近所、付近	
	□ form 動 結成する □ strategic 形 戦略的な	
	戦略的提携を結ぶ	

810	**(A) commemorative**	commemorative plaque (記念盾)の形で主にPart 7で出る。viableは、financially viable plan (財政的に実行可能な計画)やeconomically viable solution (経済的に実行可能な解決策)といった形で用いられる。
	形 記念の	
	viable	
	形 実行可能な、うまく行きそうな	
	□ plaque 名 盾	
	取締役会は、シロノさんに記念盾を贈呈した。	

811

The book provides money-saving tips for ------- shoppers.

(A) savvy
(B) janitorial

812

The rainy weather ------- the progress of our construction project.

(A) confronted
(B) impeded

813

We should ------- address environmental issues.

(A) proactively
(B) arbitrarily

814

The paint is -------.

(A) intuitive
(B) odorless

815

The outside auditors are directly ------- to the board.

(A) prime
(B) accountable

816

------- the painting before the auction

(A) authenticate
(B) tow

817

Please keep the manual ------- for future reference.

(A) vulnerable
(B) handy

818

recall the vehicles with an inaccurate ------- reading

(A) onboarding
(B) odometer

819

The restaurant is known for its ------- service.

(A) impeccable
(B) viral

820

students who have strong ------- in English

(A) contingency
(B) proficiency

811	**(A) savvy**	知識や経験が豊富で、判断能力が高い人を表す。例 savvy consumers（賢明な消費者）、savvy investors（賢明な投資家）
	形 賢明な 名 判断力	
	janitorial	janitorial は、janitorial services（清掃サービス、保守管理サービス）といった形で、主に Part 7 で出る。
	形 清掃の、（建物の）保守管理の	
	□ **tip** 名 コツ、アドバイス	

その本は、賢明な買い物客に、お金の節約のコツを提供している。

812	**(B) impeded**	「(物事や活動の進行や前進を)妨げる、遅らせる」という意味。confront は、confront a problem（問題に直面する）といった形で用いられる。Part 7で、face（直面する）や deal with（対処する）との言い換えにも注意。
	impede 動 妨げる、遅らせる、邪魔する	
	confronted	
	confront 動 (問題等に)直面する、対処する	
	□ **progress** 名 進行	

雨が多い天気が、我々の建設プロジェクトの進行を妨げた。

813	**(A) proactively**	問題等が起きてから対応するのではなく、「pro（前）もって active（積極的）に」行動する様子を表す。arbitrarily は、「ランダムに、適当に」という意味。例 choose arbitrarily（適当に選ぶ）
	副 積極的に、先手を打って	
	arbitrarily	
	副 ランダムに、適当に	

我々は、積極的に環境問題に対処すべきだ。

814	**(B) odorless**	odor（匂い）が less（ない）こと。Part 7では、「odorless → no smell（匂いがない）」の言い換えに注意。intuitive は、「(ソフトウエアが直観的で)使いやすい」の意味での出題例がある。例 intuitive software（使いやすいソフトウエア）
	形 無臭の	
	intuitive	
	形 直観的な、(ソフトウエアが)使いやすい	

その塗料は無臭だ。

815	**(B) accountable**	be accountable to X（Xに対して責任を負う）と be accountable for X（Xの責任がある）は重要表現。例 You are accountable for your actions.（あなたは自分の行動に責任がある）prime は、prime location（最高の立地）や prime concern（最大の関心事）といった形で用いられる。
	形 説明責任を負う、責任がある	
	prime	
	形 最高の、主な 名 全盛期	
	□ **auditor** 名 会計監査官 □ **board** 名 取締役会	

社外監査役は、取締役会に対し、直接の説明責任を負っている。

816	**(A) authenticate**	authenticate an account(アカウント認証する)、authenticate an e-mail address(メールアドレスを認証する)、authenticate a document (書類が本物だと証明する)といった形でも用いられる。towはPart 1でも出るのに注意。図 A car is being towed. (車がけん引されている)
	動 本物だと証明する、認証する	
	tow	
	動 (車や船をロープ等で) けん引する	
	オークションの前に絵画を本物だと証明する	

817	**(B) handy**	keep X handy(Xを手元に置く)に加え、come in handy(役立つ)の表現もLで出る。図 This app comes in handy when you travel abroad. (このアプリは海外旅行の際に役立ちます)　vulnerableは、vulnerable to X (Xに弱い)の形を押さえておこう。
	形 手元にある、役立つ、手先が器用な	
	vulnerable	
	形 ぜい弱な	
	□ reference **名** 参照	
	将来の参照用として、マニュアルは手元に保管しておいてください。	

818	**(B) odometer**	Part 7の製品回収の告知や、販売中の中古車の走行距離の表示等で出る。onboardingは、ビジネス用語で、新規業者や新入社員が組織の一員としてうまく機能するよう、必要な手続きやサポートを行うこと。ビジネス用語の sales pitch (営業トーク)も出題例がある。
	名 走行距離計	
	onboarding	
	名 業者の新規登録、新人のサポート体制	
	□ recall **動** 回収する　□ vehicle **名** 乗り物　□ inaccurate **形** 不正確な □ reading **名** 測定値	
	走行距離計の測定値が不正確な車両を回収する	

819	**(A) impeccable**	impeccable timing (完璧なタイミング)やimpeccable manners (完璧な行儀作法)といった形でも用いられる。viralは、go viral (ネットで拡散する)の表現を頭に入れよう。図 The video went viral. (その動画はネットで拡散した)
	形 完璧な、非の打ち所がない	
	viral	
	形 ウイルス (性) の、ネットで拡散している	
	そのレストランは、完璧なサービスで知られている。	

820	**(B) proficiency**	proficiency in/with X(Xのスキルの高さ)の形で主に出る。図 proficiency with computers (コンピューターを使いこなす能力)　contingencyは、contingency plan (非常時の計画)が重要表現。
	名 スキルの高さ、熟達	
	contingency	
	名 不測の事態	
	優れた英語力を持つ学生	

821

publish a -------
(A) novice
(B) periodical

822

Teaching is a ------- job.
(A) dietary
(B) demanding

823

Ms. McElroy's closing argument was
-------.
(A) compelling
(B) cozy

824

Please kindly ------- my previous e-mail.
(A) disregard
(B) skyrocket

825

------- donations for a restoration project
(A) solicit
(B) thrive

826

update safety -------
(A) glitches
(B) protocols

827

Attendance at the meeting is -------.
(A) privileged
(B) mandatory

828

store ------- food in a refrigerator
(A) perishable
(B) impending

829

establish good ------- with diners
(A) insulation
(B) rapport

830

I hope your vocabulary has grown -------.
(A) exponentially
(B) fondly

821	**(B) periodical**	weekly（週刊誌）や monthly（月刊誌）のように、一定の period（期間）ごとに発行される出版物のこと。Part 7では、「newspaper → periodical」といった言い換えに注意。noviceは、主にPart 7で、初心者向けの教室や本の紹介といった文脈で出る。
	名 定期刊行物　形 定期的な	
	novice	
	名 初心者	
	□ **publish** 動 出版する	
	定期刊行物を出版する	

822	**(B) demanding**	「かなりの努力やスキルを demand（求め）られる」という意味。人も表す。例 demanding customer（厳しいお客様）TOEICの世界では、special dietary requirements（特別な食事の要求）に対応するため、ベジタリアン向けの料理を提供する店が人気。
	形 大変な、骨が折れる	
	dietary	
	形 食事の	
	教師は大変な仕事だ。	

823	**(A) compelling**	「聞かず（読まず）にはいられない、納得せざるを得ない」イメージの形容詞。例 compelling story（魅力的なストーリー）cozyは、「小さくてアットホームな」イメージで、ホテルやレストランを表す際に主に出る。例 cozy atmosphere（居心地の良い雰囲気）
	形 説得力がある、魅力的な	
	cozy	
	形 居心地の良い、小ぢんまりした	
	□ **closing argument** 最終弁論	
	McElroyさんの最終弁論は説得力があった。	

824	**(A) disregard**	「前回のメールは無視してください」「もし、すでにご登録済みでしたら、このお知らせは無視してください」といった文脈で主にRで出る。skyrocketは文字通り、「ロケットのように急上昇する」イメージ。例 Gas prices have skyrocketed.（ガス価格が急上昇した）
	動 無視する	
	skyrocket	
	動 急上昇する	
	□ **kindly** 副 親切に、何卒	
	私の前回のメールはご放念ください。	

825	**(A) solicit**	お金や助けを求めること。例 solicit funding（資金提供を求める）、solicit feedback（意見を求める）thriveは、「すくすく育つ」イメージ。例 plants that thrive in the shade（日陰で育つ植物）、Our business is thriving.（当社のビジネスは好調です）
	動 求める、募る、嘆願する	
	thrive	
	動 力強く成長する	
	□ **donation** 名 寄付　□ **restoration** 名 修復	
	修復プロジェクトへの寄付を募る	

826	**(B) protocols**	safety/security protocols (安全手順) は重要表現。glitch は、システムや機器の一時的な不具合を主に表し、「technical glitches (技術的な不具合) が発生し、ご不便をおかけし申し訳ございません」といった Part 7 のお知らせで出る。
	protocol 名 (実験や治療等の正しい) 手順、通信規約	
	glitches	
	glitch 名 (突発的な) 問題	
	安全手順を更新する	

827	**(B) mandatory**	「ルールで義務付けられている」という意味。Attendance is mandatory. (参加必須です) は重要表現。privileged は、be privileged to do (〜できて光栄だ) の形で出る。 例 I'm privileged to be involved in this project. (このプロジェクトに関われて光栄です)
	形 必須の、強制の、義務の	
	privileged	
	形 特権を持った	
	□ attendance 名 出席	
	その会議への出席は必須です。	

828	**(A) perishable**	短時間のうちに傷んでしまう食べ物を表し、R で出る。impending は、impending merger (間近に迫った合併) といった形で用いられる。
	形 傷みやすい、腐りやすい	
	impending	
	形 間近に迫った、差し迫った	
	□ store 動 保管する	
	傷みやすい食品を冷蔵庫に保管する	

829	**(B) rapport**	教師と生徒、上司と部下、店員と客のような、立場や役割が異なる者同士が、お互いを理解して信頼し合う良い関係のこと。insulation は、「(音や熱、寒さ、電気等を) 防ぐこと」で、文脈によって、「防音、断熱、防寒、絶縁」といった意味になる。 例 sound insulation (防音)
	名 良い関係、親密さ、親しさ	
	insulation	
	名 (音・熱・電気等を) 防ぐこと	
	□ establish 動 確立する □ diner 名 食事客	
	食事客と良い関係を築く	

830	**(A) exponentially**	😊 単語1000本ノック、お疲れさまでした。本書が皆様のスコアアップのお役に立てますこと、著者として心から願っています。
	副 加速度的に、指数関数的に	
	fondly	
	副 懐かしく	
	皆様のボキャブラリーが加速度的に増えたことを願っています。	

押さえておきたい
定型表現・語句・熟語

1	a couple of	2、3の
2	above all	とりわけ、何よりも
3	account for	～の割合を占める、～の原因となる、～を説明する
4	All sales are final.	返品・返金不可。
5	along with	～と一緒に
6	among other things	数ある中で、とりわけ
7	as early as	早ければ
8	aside from	～は別として、～に加えて
9	at all times	常時
10	at the latest	遅くとも
11	banquet hall	宴会場
12	be about to do	まさに～するところだ
13	be running late	（予定より）遅れている
14	be running low	残り少なくなっている
15	box office	チケット売り場
16	bulk order	大量注文、大口発注
17	bulletin board	掲示板
18	business contacts	仕事上の人脈
19	cardboard box	段ボール箱
20	carry out	～を実行する
21	carry-on	（機内・車内への）持ち込みの、持ち込み荷物

22	circulation desk	図書館の貸出・返却デスク
23	come along	(物事が)進む、一緒に来る
24	come up with	～を思いつく
25	concession stand	売店
26	conference call	電話会議
27	could use	～が必要だ、～があるとありがたい
28	CV	履歴書　圏 résumé
29	draw up	～を作成する、書き上げる
30	drop by	立ち寄る
31	drop off	～を預ける、置いていく
32	Either is fine.	どちらでも構いません。
33	end up doing	結局～する
34	every other day/week/month	1日・週・月おきに
35	figure out	～を理解する、(答えなどを)見つけ出す
36	fill in for	～の代わりを務める
37	get in touch with	～と連絡を取る
38	get to work	出勤する、仕事に取り掛かる
39	give a ride	車に乗せる
40	go out of business	商売をやめる、閉店する
41	go over	～をくわしく検討する
42	hand in	～を提出する
43	hear from	～から連絡がある
44	in a batch	まとめて、一括で
45	in a row	連続で、一列で
46	in detail	くわしく
47	in for a treat	楽しみなことがある、お楽しみに

48		in general	一般的に、全体的に
49		in keeping with	〜に合わせて
50		in place of	〜の代わりに
51		in progress	進行中
52		in return	お返しに、見返りに
53		in shape	体調が万全である
54		in short	要するに
55		in the long run	長期的には
56		in the meantime	それまでの間、さしあたって
57		in the process of	〜の最中
58		job opening	職の空き、求人
59		just in case	万一に備えて
60		just so you know	念のために知らせておきますが、ちなみに
61		keep in mind (that)	〜を念頭に置く
62		keep up with	〜に遅れずについていく
63		look into	〜を調査する、のぞき込む
64		look over	〜にざっと目を通す
65		look to do	〜しようとする
66		look up	(情報を求めて)調べる
67		lost and found	遺失物取扱所
68		make room for	〜のためにスペースを空ける
69		make sense	理にかなう、当然である
70		not only X but (also) Y	XだけでなくYも
71		not only X but Y as well	XだけでなくYも
72		on a budget	限られた予算内で
73		on back order	入荷待ちで

74	on display	展示中で、陳列中で
75	on such short notice	急な知らせで
76	on the other hand	その一方で
77	on time	時間通りに
78	out of order	故障中
79	out of paper	紙切れ
80	out of print	絶版の
81	out of service	運転休止中
82	out of shape	体調が万全ではない
83	out of stock	在庫切れ
84	out of town	町を離れて、出張中で
85	packaging material	梱包材
86	pay off	（努力等が）実を結ぶ、完済する
87	pick out	～を選ぶ
88	pick up	～を受け取る、拾い上げる、車で拾う
89	point out	～を指摘する
90	press conference	記者会見
91	press release	報道用資料
92	pros and cons	良い点と悪い点、長所と短所
93	rain date	雨天の予備日
94	real estate agency	不動産屋
95	report to work	出勤する
96	right away	ただちに
97	room and board	部屋代と食事代
98	round-trip ticket	往復のチケット
99	run into	～と出くわす

100	send in	～を提出する
101	set aside	～を取っておく、取り置きする
102	set X apart from Y	XをYから際立たせる
103	settle in/into	～に慣れる、慣れて落ち着く
104	sign up for	～に申し込む、登録する
105	stand out	抜きん出る、目立つ
106	stationery store	文具店
107	take a break	休憩する
108	take inventory	棚卸をする、在庫を数える
109	take over	～を引き継ぐ
110	take part in	～に参加する
111	take turns	順番に行う、交替でする
112	tear down	～を取り壊す
113	to this end	この目的のため、このため
114	To whom it may concern	ご担当者様
115	turn down	～を断る、(音量や温度を)下げる
116	turn in	～を提出する
117	turn off	(電源を)オフにする、(水を)止める、(電気を)消す
118	turn on	(電源を)オンにする、(水を)出す、(電気を)点ける
119	turn out to be	～だと判明する、わかる
120	up and running	始動する、ちゃんと動き出す
121	upon delivery	配達次第、配達後すぐに
122	used to do	かつて～した
123	when it comes to	～に関していえば
124	within walking distance	徒歩圏内
125	world premiere	世界初上映、世界初公演

Index

著者紹介　TEX 加藤（テックス・かとう）

1967年大阪府生まれ。神戸市外国語大学外国語学部英米学科卒。一般企業での約20年の勤務を経て、2010年、TOEIC TEST 講師に転身。現在、専門学校神田外語学院で専任講師を務める。2008年以降、10年以上にわたり TOEIC TEST を継続受験し、最新の傾向を授業や著書に反映している。TOEIC公開テストの通算満点取得回数は110回を超える。2019・20・21年に受験した TOEIC公開テスト全20回、すべて「990点」。英検1級。著書に、『TOEIC® L&R TEST 出る単特急　金のフレーズ』、『TOEIC® L&R TEST 出る単特急　銀のフレーズ』、『TOEIC® L&R TEST 出る単特急　金のセンテンス』『TOEIC® L&R TEST 出る問特急 金の文法』（以上、小社）、『TOEIC® L&R テスト 文法問題 でる1000問』（アスク）、共著に、TOEIC® L&R TEST 読解特急シリーズなど多数。著書の累計発行部数は300万部を超える。

TOEIC® L&R TEST　出る単特急
金の1000問

2023 年 2 月 28 日　第 1 刷発行
2024 年 3 月 10 日　第 3 刷発行

著　者	TEX 加藤
発行者	宇都宮 健太朗
装　丁	川原田 良一
本文デザイン	コントヨコ
似顔絵イラスト	cawa-j ☆ かわじ
印刷所	大日本印刷株式会社
発行所	朝日新聞出版

〒104-8011　東京都中央区築地 5-3-2
電話 03-5541-8814（編集）　03-5540-7793（販売）
© 2023 TEX Kato
Published in Japan by Asahi Shimbun Publications Inc.
ISBN 978-4-02-332278-3
定価はカバーに表示してあります。
落丁・乱丁の場合は弊社業務部（電話 03-5540-7800）へご連絡ください。
送料弊社負担にてお取り替えいたします。